NEW TEPS
완벽 반영

뉴텝스 시 넥서스!

그냥 믿고 따라와 봐!

600점 만점!!

마스터편
실전 500+

독해 정일상, 넥서스TEPS연구소 지음 | 17,500원 **문법** 테스 김 지음 | 15,000원 **청해** 라보혜, 넥서스TEPS연구소 지음 | 18,000원

500점

실력편
실전 400+

독해 정일상, 넥서스TEPS연구소 지음 | 18,000원 **문법** 넥서스TEPS연구소 지음 | 15,000원 **청해** 라보혜, 넥서스TEPS연구소 지음 | 17,000원

400점

기본편
실전 300+

독해 정일상, 넥서스TEPS연구소 지음 | 19,000원 **문법** 장보금, 써니 박 지음 | 17,500원 **청해** 이기헌 지음 | 19,800원

300점

입문편
실전 250+

독해 넥서스TEPS연구소 지음 | 18,000원 **문법** 넥서스TEPS연구소 지음 | 15,000원 **청해** 넥서스TEPS연구소 지음 | 18,000원

MP3 듣기
모바일 단어장
온라인 받아쓰기
정답 자동 채점

넥서스
NEW TEPS
시리즈

목표 점수 달성을 위한
뉴텝스 기본서 + 실전서

뉴텝스 실전 완벽 대비
Actual Test 수록

고득점의 감을 확실하게 잡아 주는
상세한 해설 제공

모바일 단어장, 어휘 테스트 등
다양한 부가자료 제공

LEVEL CHART

		초1	초2	초3	초4	초5	초6	중1	중2	중3	고1	고2	고3
VOCA	초등필수 영단어 1-2 · 3-4 · 5-6학년용												
	The VOCA + (플러스) 1~7												
	THIS IS VOCABULARY 입문 · 초급 · 중급												
	THIS IS 고급 · 어원 · 수능 완성 · 뉴텝스												
	WORD FOCUS 중등 종합 5000 · 고등 필수 5000 · 고등 종합 9500												
Grammar	초등필수 영문법 + 쓰기 1~2												
	OK Grammar 1~4												
	This Is Grammar Starter 1~3												
	This Is Grammar 초급~고급 (각 2권: 총 6권)												
	Grammar 공감 1~3												
	Grammar 101 1~3												
	Grammar Bridge 1~3												
	중학영문법 뽀개기 1~3												
	The Grammar Starter, 1~3												
	구사일생 (구문독해 Basic) 1~2												
	구문독해 204 1~2												
	그래머 캡처 1~2												
	[특급 단기 특강] 어법어휘 모의고사												

초1	초2	초3	초4	초5	초6	중1	중2	중3	고1	고2	고3

Writing

공감 영문법+쓰기 1~2

도전만점 중등내신 서술형 1~4

영어일기 영작패턴 1-A, B · 2-A, B

Smart Writing 1~2

Reading

Reading 101 1~3

Reading 공감 1~3

This Is Reading Starter 1~3

This Is Reading 전면 개정판 1~4

This Is Reading 1-1 ~ 3-2 (각 2권; 총 6권)

원서 술술 읽는 Smart Reading Basic 1~2

원서 술술 읽는 Smart Reading 1~2

[특급 단기 특강] 구문독해 · 독해유형

Listening

Listening 공감 1~3

The Listening 1~4

After School Listening 1~3

도전! 만점 중학 영어듣기 모의고사 1~3

만점 적중 수능 듣기 모의고사 20회 · 35회

TEPS

NEW TEPS 입문편 실전 250+ 청해 · 문법 · 독해

NEW TEPS 기본편 실전 300+ 청해 · 문법 · 독해

NEW TEPS 실력편 실전 400+ 청해 · 문법 · 독해

NEW TEPS 마스터편 실전 500+ 청해 · 문법 · 독해

NEW
TEPS
기본편
실전 300+ 독해

NEW TEPS 기본편(실전 300+) 독해

지은이 정일상 · 넥서스TEPS연구소
펴낸이 임상진
펴낸곳 (주)넥서스

출판신고 1992년 4월 3일 제311-2002-2호 ⑩
10880 경기도 파주시 지목로 5
Tel (02)330-5500 Fax (02)330-5555
ISBN 978-11-6165-414-0 14740
        978-11-6165-412-6 14740 (SET)

www.nexusbook.com

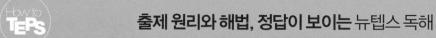

출제 원리와 해법, 정답이 보이는 뉴텝스 독해

NEW
TEPS

기본편
실전 300+ 독해

정일상 · 넥서스TEPS연구소 지음

Reading

NEXUS Edu

TEPS 점수 환산표 [TEPS → NEW TEPS]

TEPS	NEW TEPS	TEPS	NEW TEPS	TEPS	NEW TEPS	TEPS	NEW TEPS
981~990	590~600	771~780	433~437	561~570	303~308	351~360	185~189
971~980	579~589	761~770	426~432	551~560	298~303	341~350	181~184
961~970	570~578	751~760	419~426	541~550	292~297	331~340	177~180
951~960	564~569	741~750	414~419	531~540	286~291	321~330	173~177
941~950	556~563	731~740	406~413	521~530	281~285	311~320	169~173
931~940	547~555	721~730	399~405	511~520	275~280	301~310	163~168
921~930	538~546	711~720	392~399	501~510	268~274	291~300	154~163
911~920	532~538	701~710	387~392	491~500	263~268	281~290	151~154
901~910	526~532	691~700	381~386	481~490	258~262	271~280	146~150
891~900	515~525	681~690	374~380	471~480	252~257	261~270	140~146
881~890	509~515	671~680	369~374	461~470	247~252	251~260	135~139
871~880	502~509	661~670	361~368	451~460	241~247	241~250	130~134
861~870	495~501	651~660	355~361	441~450	236~241	231~240	128~130
851~860	488~495	641~650	350~355	431~440	229~235	221~230	123~127
841~850	483~488	631~640	343~350	421~430	223~229	211~220	119~123
831~840	473~481	621~630	338~342	411~420	217~223	201~210	111~118
821~830	467~472	611~620	332~337	401~410	212~216	191~200	105~110
811~820	458~465	601~610	327~331	391~400	206~211	181~190	102~105
801~810	453~458	591~600	321~327	381~390	201~206	171~180	100~102
791~800	445~452	581~590	315~320	371~380	196~200		
781~790	438~444	571~580	309~315	361~370	190~195		

※ 출처: 한국영어평가학회

보다 세분화된 환산표는
www.teps.or.kr에서
내려받을 수 있습니다.

오랫동안 텝스 수험생과 강사들의 사랑을 가장 많이 받았던 베스트셀러인 〈How to TEPS 시리즈〉가 새롭게 시작하는 서울대텝스관리위원회의 뉴텝스 신유형 문제를 완벽하게 분석, 반영하여 출간 되었습니다.

어떠한 영어 시험이든 실제 그 사람이 가진 순수한 영어 실력만을 평가할 수는 없습니다. 시험마다 문제 구성, 난이도, 평가 체계 등이 다르기 때문에 그에 맞게 준비를 하고 시험장에 가야 합니다. 그러니 시험의 성격조차 파악하지 않고 단순히 지문을 읽고 문제를 푼다는 것은 어찌 보면 개인의 소중한 시간을 고스란히 내다 버리는 일이 됩니다.

특히 뉴텝스는 다른 공인 영어 시험과 차별화된 고유한 문제 스타일이 있습니다. 영어 실력이 주변 사람들보다 월등한데 실제 시험에서는 상대적으로 낮은 점수를 받는다면, 이는 뉴텝스 시험 자체를 제대로 파악하지 못했기 때문입니다. 뉴텝스의 4개 영역(청해, 어휘, 문법, 독해)이 어떻게 바뀌었는지, 각 파트별로는 어떤 차이가 있는지 문제 유형별로 분석하여 시험의 감을 잡는다면, 결국 원하는 결과를 얻게 될 것입니다.

총 4개 파트로 이루어진 뉴텝스 독해는 지문 속 빈칸 채우기, 문맥상 어색한 내용 고르기, 지문을 읽고 가장 적절한 답 고르기(주제 찾기, 세부 내용 파악, 추론하기), 뉴텝스의 신유형으로 등장하는 1지문 2문항 등 크게 네 가지 유형으로 이루어져 있습니다. 독해 지문은 편지나 광고 등 다양한 상황의 실용적인 지문과 과학, 문학, 예술, 철학, 역사 등을 다루는 학술적인 지문으로 나눌 수 있습니다.

〈NEW TEPS 기본편(실전 300+) 독해〉에는 뉴텝스 독해의 고유한 특성과 최신 기출 문제의 경향을 보여 주는 동시에 문제 유형별 전략까지 제시합니다. 독해에 꼭 필요한 15가지 문법과 문제 유형별 전략 및 주제별 빈출 어휘 학습을 통해 뉴텝스 독해의 기본을 다질 수 있으며, 마지막에 뉴텝스 문제 유형을 가장 잘 반영한 실전 모의고사 5회분을 풀면서 실전 감각을 높일 수 있습니다.

탄탄한 기초 공사 없이 단기간에 원하는 점수를 받는 비법은 어느 시험에서도 없습니다. 하지만 효율적으로 원하는 점수를 얻고 전반적인 영어 실력까지 높이는 길은 우리가 찾을 수 있고, 없다면 만들어 낼 수도 있습니다. 아무쪼록 〈NEW TEPS 기본편(실전 300+) 독해〉를 통해 뉴텝스에 대한 이해를 높이고, 여러분 모두 실전에서 원하는 점수를 받을 수 있기를 바랍니다.

넥서스TEPS연구소

Contents

•	구성과 특징	8
•	NEW TEPS 정보	10

I NEW TEPS 독해 전략

1. 올바른 독해를 위한 문법

Unit 01	5형식 문장 파악하기	32
Unit 02	도치된 문장 파악하기	34
Unit 03	관계 대명사 잡기	36
Unit 04	관계 부사 잡기	38
Unit 05	분사 제대로 알기	40
Unit 06	명사로 온 to부정사	42
Unit 07	수식하는 to부정사	44
Unit 08	부분 부정과 전체 부정	46
Unit 09	seem · believe 바로 알기	48
Unit 10	병렬 구조 문장 이해하기	50
Unit 11	종속 접속사 파악하기	52
Unit 12	동격의 접속사 that	54
Unit 13	so ~ that절	56
Unit 14	가정법 문장 제대로 알기	58
Unit 15	조동사 have p.p.	60

2. 독해 유형별 공략법

PART 1

Unit 01	빈칸에 알맞은 구/절 고르기	66
Unit 02	연결어 고르기	72

PART 2

Unit 03	어울리지 않는 문장 찾기	80

PART 3

Unit 04	주제나 목적 찾기	86
Unit 05	세부 내용 찾기	92
Unit 06	추론하기	98

누텝스 신유형
PART 4

Unit 07	1지문 2문항	104

3. 주제별 필수 어휘

Unit 01 실용문   113

     A 환경 · 날씨

     B 교통 · 통신

     C 직장 · 주거 · 생활

     D 여행 · 여가 · 모임

     E 쇼핑 · 패션

     F 방송 · 광고 · 출판

     G 음식

Unit 02 학술문   120

     A 경제 · 사회

     B 교육 · 학업

     C 심리 · 철학

     D 법 · 정치

     E 과학 · IT

     F 예술 · 공연 · 문학

     G 의학

     H 역사

Ⅱ NEW TEPS 실전 모의고사

ACTUAL TEST **1**   134

ACTUAL TEST **2**   154

ACTUAL TEST **3**   174

ACTUAL TEST **4**   194

ACTUAL TEST **5**   214

 정답 및 상세한 해설 (부록)

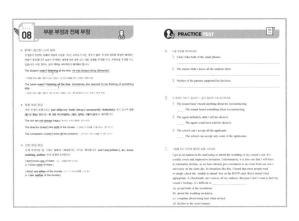

올바른 독해를 위한 문법

문장 구조 이해의 기본 바탕인 문법을 독해에 꼭 필요한 것만 선별해 15개 unit으로 정리하였습니다.

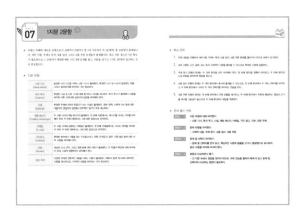

독해 유형별 공략법

뉴텝스 독해의 문제 유형을 7개 unit으로 나눠 각 유형에 맞는 독해 전략을 구사할 수 있도록 하였습니다.

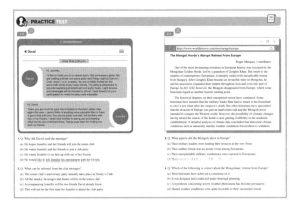

PRACTICE TEST

뉴텝스 독해 전략에는 실전 모의고사 5회분을 풀기 전에 몸풀기를 할 수 있도록 각 unit마다 연습 문제를 실었습니다. 문법과 독해 유형 연습으로 실전의 감을 잡을 수 있도록 구성하였습니다.

주제별 필수 어휘

뉴텝스 독해 지문에서 자주 나오는 주제를 실용문과 학술문 두 개로 분류하여 빈출 어휘만을 선별해 시간 대비 효율적으로 공부할 수 있도록 정리하였습니다.

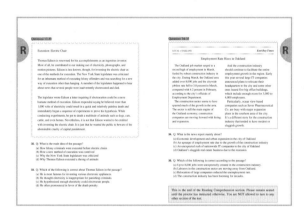

NEW TEPS 실전모의고사 5회분

뉴텝스에 맞춘 문제들로 구성된 ACTUAL TEST를 총 175문제, 5회분 모의고사로 준비하여, 고득점에 다가갈 수 있도록 하였습니다.

상세한 해설 수록

알기 쉬운 해석과 어휘 정리는 물론, 상세하고 친절한 해설을 수록하여 혼자 공부해도 뉴텝스 독해에 만반의 준비를 할 수 있도록 구성하였습니다.

TEPS는 Test of English Proficiency developed by Seoul National University의 약자로 서울대학교 언어교육원에서 개발하고, TEPS관리위원회에서 주관하는 국가공인 영어 시험입니다. 1999년 1월 처음 시행 이후 2018년 5월 12일부터 새롭게 바뀐 NEW TEPS가 시행되고 있습니다. TEPS는 정부기관 및 기업의 직원 채용이나 인사고과, 해외 파견 근무자 선발과 더불어 국내 유수의 대학과 특목고 입학 및 졸업 자격 요건, 국가고시 및 자격 시험의 영어 대체 시험으로 활용되고 있습니다.

1 / NEW TEPS는 종합적 지문 이해력 평가를 위한 시험으로, 실제 영어 사용 환경을 고려하여 평가 효율성을 높이고 시험 응시 피로도는 낮춰 수험자의 내재화된 영어 능력을 평가합니다.

2 / 편법이 없는 시험을 위해 청해(Listening)에서는 시험지에 선택지가 제시되어 있지 않아 눈으로 읽을 수 없고 오직 듣기 능력에만 의존해야 합니다. 청해나 독해(Reading)에서는 한 문제로 다음 문제의 답을 유추할 수 있는 가능성을 배제하기 위해 1지문 1문항을 고수해 왔지만 NEW TEPS부터 1지문 2문항 유형이 새롭게 추가되었습니다.

3 / 실생활에서 접할 수 있는 다양한 주제와 상황을 다룹니다. 일상생활과 비즈니스를 비롯해 문학, 과학, 역사 등 학술적인 소재도 출제됩니다.

4 / 청해, 어휘, 문법, 독해의 4영역으로 나뉘며, 총 135문항에 600점 만점입니다. 영역별 점수 산출이 가능하며, 점수 외에 5에서 1+까지 10등급으로 나뉩니다.

NEWTEPS 시험 구성

영역	문제 유형	문항수	제한 시간	점수 범위
청해 Listening Comprehension	Part I : 한 문장을 듣고 이어질 대화로 가장 적절한 답 고르기 (문장 1회 청취 후 선택지 1회 청취)	10	40분	0~240점
	Part II : 짧은 대화를 듣고 이어질 대화로 가장 적절한 답 고르기 (대화 1회 청취 후 선택지 1회 청취)	10		
	Part III : 긴 대화를 듣고 질문에 가장 적절한 답 고르기 (대화 및 질문 1회 청취 후 선택지 1회 청취)	10		
	Part IV : 담화를 듣고 질문에 가장 적절한 답 고르기 (1지문 1문항) (담화 및 질문 2회 청취 후 선택지 1회 청취)	6		
	Part V : 담화를 듣고 질문에 가장 적절한 답 고르기 (1지문 2문항) (담화 및 질문 2회 청취 후 선택지 1회 청취)	신유형 4		
어휘 Vocabulary	Part I : 대화문의 빈칸에 가장 적절한 어휘 고르기	10	변경 통합 25분	0~60점
	Part II : 단문의 빈칸에 가장 적절한 어휘 고르기	20		
문법 Grammar	Part I : 대화문의 빈칸에 가장 적절한 답 고르기	10		0~60점
	Part II : 단문의 빈칸에 가장 적절한 답 고르기	15		
	Part III : 대화 및 문단에서 문법상 틀리거나 어색한 부분 고르기	5		
독해 Reading Comprehension	Part I : 지문을 읽고 빈칸에 가장 적절한 답 고르기	10	40분	0~240점
	Part II : 지문을 읽고 문맥상 어색한 내용 고르기	2		
	Part III : 지문을 읽고 질문에 가장 적절한 답 고르기 (1지문 1문항)	13		
	Part IV : 지문을 읽고 질문에 가장 적절한 답 고르기 (1지문 2문항)	신유형 10		
총계	14개 Parts	135문항	105분	0~600점

청해 (Listening Comprehension) _40문항

정확한 청해 능력을 측정하기 위하여 문제와 보기 문항을 문제지에 인쇄하지 않고 들려줌으로써 자연스러운 의사소통의 인지 과정을 최대한 반영하였습니다. 다양한 의사소통 기능(Communicative Functions)의 대화와 다양한 상황(공고, 방송, 일상생활, 업무 상황, 대학 교양 수준의 강의 등)을 이해하는 데 필요한 전반적인 청해력을 측정하기 위해 대화문(dialogue)과 담화문(monologue)의 소재를 균형 있게 다루었습니다.

어휘 (Vocabulary) _30문항

문맥 없이 단순한 동의어 및 반의어를 선택하는 시험 유형을 배제하고 의미 있는 문맥을 근거로 가장 적절한 어휘를 선택하는 유형을 문어체와 구어체로 나누어 측정합니다.

문법 (Grammar) _30문항

밑줄 친 부분 중 오류를 식별하는 유형 등의 단편적이며 기계적인 문법 지식 학습을 조장할 우려가 있는 분리식 시험 유형을 배제하고, 의미 있는 문맥을 근거로 오류를 식별하는 유형을 통하여 진정한 의사소통 능력의 바탕이 되는 살아 있는 문법, 어법 능력을 문어체와 구어체를 통하여 측정합니다.

독해 (Reading Comprehension) _35문항

교양 있는 수준의 글(신문, 잡지, 대학 교양과목 개론 등)과 실용적인 글(서신, 광고, 홍보, 지시문, 설명문, 양식 등)을 이해하는 데 요구되는 총체적인 독해력을 측정하기 위해서 실용문 및 비전문적 학술문과 같은 독해 지문의 소재를 균형 있게 다루었습니다.

청해 Listening Comprehension

★ PART I (10문항)

두 사람의 질의응답 문제를 다루며, 한 번만 들려줍니다. 내용 자체는 단순하고 기본적인 수준의 생활 영어 표현으로 구성되어 있지만, 교과서적인 지식보다는 재빠른 상황 판단 능력이 필요합니다. Part I에서는 속도 적응 능력뿐만 아니라 순발력 있는 상황 판단 능력이 요구됩니다.

Choose the most appropriate response to the statement.

W I heard that it's going to be very hot tomorrow.

M _____

(a) It was the hottest day of the year.
(b) Be sure to dress warmly.
(c) Let's not sweat the details.
(d) It's going to be a real scorcher.

W 내일은 엄청 더운 날씨가 될 거래.

M _____

(a) 일 년 중 가장 더운 날이었어.
(b) 옷을 따뜻하게 입도록 해.
(c) 사소한 일에 신경 쓰지 말자.
(d) 엄청나게 더운 날이 될 거야.

정답 (d)

★ PART II (10문항)

짧은 대화 문제로, 두 사람이 A-B-A 순으로 보통의 속도로 대화하는 형식입니다. 소요 시간은 약 12초 전후로 짧습니다. Part I과 마찬가지로 한 번만 들려줍니다.

Choose the most appropriate response to complete the conversation.

M Would you like to join me to see a musical?

W Sorry no. I hate musicals.

M How could anyone possibly hate a musical?

W _____

(a) Different strokes for different folks.
(b) It's impossible to hate musicals.
(c) I agree with you.
(d) I'm not really musical.

M 나랑 같이 뮤지컬 보러 갈래?

W 미안하지만 안 갈래. 나 뮤지컬을 싫어하거든.

M 뮤지컬 싫어하는 사람도 있어?

W _____

(a) 사람마다 제각각이지 뭐.
(b) 뮤지컬을 싫어하는 것은 불가능해.
(c) 네 말에 동의해.
(d) 나는 그다지 음악에 재능이 없어.

정답 (a)

앞의 두 파트에 비해 다소 긴 대화를 들려줍니다. NEW TEPS에서는 대화와 질문 모두 한 번만 들려 줍니다. 대화의 주제나 주로 일어나고 있는 일, 화자가 갖고 있는 문제점, 세부 내용, 추론할 수 있는 것 등에 대해 묻습니다.

Choose the option that best answers the question.

W I just went to the dentist, and he said I need surgery.

M That sounds painful!

W Yeah, but that's not even the worst part. He said it will cost $5,000!

M Wow! That sounds too expensive. I think you should get a second opinion.

W Really? Do you know a good place?

M Sure. Let me recommend my guy I use. He's great.

Q: Which is correct according to the conversation?

(a) The man doesn't like his dentist.

(b) The woman believes that $5,000 sounds like a fair price.

(c) The man thinks that the dental surgery is too costly for her.

(d) The woman agrees that the dental treatment will be painless.

W 치과에 갔는데, 의사가 나보고 수술을 해야 한대.

M 아프겠다!

W 응, 하지만 더 심한 건 수술 비용이 5천 달러라는 거야!

M 왜! 너무 비싸다. 다른 의사의 진단을 받아 보는 게 좋겠어.

W 그래? 어디 좋은 곳이라도 알고 있니?

M 물론이지. 내가 가는 곳을 추천해 줄게. 잘하시는 분이야.

Q 대화에 의하면 다음 중 옳은 것은?

(a) 남자는 담당 치과 의사를 좋아하지 않는다.

(b) 여자는 5천 달러가 적당한 가격이라고 생각한다.

(c) 남자는 치과 수술이 여자에게 너무 비싸다고 생각한다.

(d) 여자는 치과 시술이 아프지 않을 것이라는 점에 동의한다.

정답 (c)

★ PART IV (6문항)

이전 파트와 달리, 한 사람의 담화를 다룹니다. 방송이나 뉴스, 강의, 회의를 시작하면서 발제하는 것 등의 상황이 나옵니다. Part IV, Part V는 담화와 질문을 두 번씩 들려줍니다. 담화의 주제와 세부 내용, 추론할 수 있는 것 등에 대해 묻습니다.

Choose the option that best answers the question.

Tests confirmed that a 19-year-old woman recently died of the bird flu virus. This was the third such death in Indonesia. Cases such as this one have sparked panic in several Asian nations. Numerous countries have sought to discover a vaccine for this terrible illness. Officials from the Indonesian Ministry of Health examined the woman's house and neighborhood, but could not find the source of the virus. According to the ministry, the woman had fever for four days before arriving at the hospital.

Q: Which is correct according to the news report?
(a) There is an easy cure for the disease.
(b) Most nations are unconcerned with the virus.
(c) The woman caught the bird flu from an unknown source.
(d) The woman was sick for four days and then recovered.

최근 19세 여성이 조류 독감으로 사망한 것이 검사로 확인되었고, 인도네시아에서 이번이 세 번째이다. 이와 같은 사건들이 일부 아시아 국가들에게 극심한 공포를 불러 일으켰고, 많은 나라들이 이 끔찍한 병의 백신을 찾기 위해 힘쓰고 있다. 인도네시아 보건부의 직원들은 그녀의 집과 이웃을 조사했지만, 바이러스의 근원을 찾을 수 없었다. 보건부에 의하면, 그녀는 병원에 도착하기 전 나흘 동안 열이 있었다.

Q 뉴스 보도에 의하면 다음 중 옳은 것은?
(a) 이 병에는 간단한 치료법이 있다.
(b) 대부분의 나라들은 바이러스에 대해 관심이 없다.
(c) 여자는 알려지지 않은 원인에 의해 조류 독감에 걸렸다.
(d) 여자는 나흘 동안 앓고 나서 회복되었다.

정답 (c)

이번 NEW TEPS에 새롭게 추가된 유형으로 1지문 2문항 유형입니다. 2개의 지문이 나오므로 총 4문항을 풀어야 합니다. 주제와 세부 내용, 추론 문제가 섞여서 출제되며, 담화와 질문을 두 번씩 들려줍니다.

Choose the option that best answers each question.

Most of you have probably heard of the Tour de France, the most famous cycling race in the world. But you may not be familiar with its complex structure and award system. The annual race covers about 3,500 kilometers across 21 days of racing. It has a total of 198 riders split into 22 teams of 9. At the end of the tour, four riders are presented special jerseys.

The most prestigious of these is the yellow jerseys. This is given to the rider with the lowest overall time. The white jersey is awarded on the same criterion, but it's exclusive to participants under the age of 26. The green jersey and the polka-dot jersey are earned based on points awarded at every stage of the race. So what's the difference between these two jerseys? Well, the competitor with the most total points gets the green jersey, while the rider with the most points in just the mountain sections of the race receives the polka-dot one.

Q1: What is the talk mainly about?

(a) How the colors of the Tour de France jerseys were chosen.

(b) How the various Tour de France jerseys are won.

(c) Which Tour de France jerseys are the most coveted.

(d) Why riders in the Tour de France wear different colored jerseys.

Q2: Which jersey is given to the rider with the most points overall?

(a) The yellow jersey   (c) The green jersey

(b) The white jersey   (d)   The polka-dot jersey

여러분은 아마도 세계에서 가장 유명한 사이클링 대회인 투르 드 프랑스에 대해 들어보셨을 것입니다. 하지만 여러분은 그 대회의 복잡한 구조와 수상 체계에 대해서는 잘 모를 것입니다. 매년 열리는 이 대회는 21일 동안 약 3,500킬로미터를 주행하게 되어있습니다. 이 대회에서 총 198명의 참가자가 각각 9명으로 구성된 22팀으로 나뉩니다. 대회 마지막에는 4명의 선수에게 특별한 저지를 수여합니다.

가장 영예로운 것은 노란색 저지입니다. 이것은 가장 단시간에 도착한 참가자에게 수여됩니다. 흰색 저지는 같은 기준에 의하여 수여되는데, 26세 미만의 참가자에게만 수여됩니다. 녹색 저지와 물방울무늬 저지는 대회의 매 단계의 점수에 기반하여 주어집니다. 그럼 이 두 저지의 차이점은 무엇일까요? 자, 가장 높은 총점을 딴 참가자는 녹색 저지를 받고, 산악 구간에서 가장 많은 점수를 딴 참가자는 물방울무늬 저지를 받습니다.

Q1 담화문의 주제는 무엇인가?

(a) 투르 드 프랑스 저지의 색깔은 어떻게 정해지는가

(b) 다양한 투르 드 프랑스 저지가 어떻게 수여되는가

(c) 어떤 투르 드 프랑스 저지가 가장 선망의 대상이 되는가

(d) 투르 드 프랑스의 선수들이 다양한 색의 저지를 입는 이유는 무엇인가   정답 (b)

Q2 가장 많은 총점을 획득한 선수에게 어떤 저지가 주어지는가?

(a) 노란색 저지   (c) 녹색 저지

(b) 흰색 저지   (d) 물방울무늬 저지   정답 (c)

어휘 Vocabulary

★ PART I (10문항)

구어체로 되어 있는 A와 B의 대화 중 빈칸에 가장 적절한 단어를 고르는 문제입니다. 단어의 단편적인 의미보다는 문맥에서 쓰인 의미가 더 중요합니다. 한 개의 단어로 된 선택지뿐만 아니라 두세 단어 이상의 구를 이루는 선택지도 있습니다.

Choose the option that best completes the dialogue.

A Congratulations on your _____ of the training course.

B Thank you. It was hard, but I managed to pull through.

(a) improvement
(b) resignation
(c) evacuation
(d) completion

A 훈련 과정을 완수한 거 축하해.
B 고마워. 어려웠지만 가까스로 끝낼 수 있었어.

(a) 개선
(b) 사임
(c) 철수
(d) 완료

정답 (d)

★ PART II (20문항)

하나 또는 두 개의 문장 속의 빈칸에 가장 적당한 단어를 고르는 문제입니다. 어휘력을 늘릴 때 한 개씩 단편적으로 암기하는 것보다는 하나의 표현으로, 즉 의미 단위로 알아 놓는 것이 제한된 시간 내에 어휘 시험을 정확히 푸는 데 많은 도움이 됩니다. 후반부로 갈수록 수준 높은 어휘가 출제되며, 단어 사이의 미묘한 의미의 차이를 묻는 문제도 출제됩니다.

Choose the option that best completes the sentence.

Brian was far ahead in the game and was certain to win, but his opponent refused to _____.

(a) yield
(b) agree
(c) waive
(d) forfeit

브라이언이 게임에 앞서 가고 있어서 승리가 확실했지만 그의 상대는 굴복하려 하지 않았다.

(a) 굴복하다
(b) 동의하다
(c) 포기하다
(d) 몰수당하다

정답 (a)

★ PART I (10문항)

A와 B 두 사람의 짧은 대화를 통해 구어체 관용 표현, 품사, 시제, 인칭, 어순 등 문법 전반에 대한 이해를 묻습니다. 대화 중에 빈칸이 있고, 그곳에 들어갈 적절한 표현을 고르는 형식입니다.

Choose the option that best completes the dialogue.

A I can't attend the meeting, either.

B Then we have no choice _____ the meeting.

(a) but canceling

(b) than to cancel

(c) than cancel

(d) but to cancel

A 저도 회의에 참석할 수 없어요.

B 그러면 회의를 취소하는 수밖에요.

(a) 그러나 취소하는

(b) 취소하는 것보다

(c) 취소하는 것보다

(d) 취소하는 수밖에

정답 (d)

★ PART II (15문항)

Part I에서 구어체의 대화를 나눴다면, Part II에서는 문어체의 문장이 나옵니다. 서술문 속의 빈칸을 채우는 문제로 수 일치, 태, 어순, 분사 등 문법 자체에 대한 이해도는 물론 구문에 대한 이해력이 중요합니다.

Choose the option that best completes the sentence.

_____ being pretty confident about it, Irene decided to check her facts.

(a) Nevertheless

(b) Because of

(c) Despite

(d) Instead of

그 일에 대해 매우 자신감이 있었음에도 불구하고 아이린은 사실을 확인하기로 했다.

(a) 그럼에도 불구하고

(b) 때문에

(c) 그럼에도 불구하고

(d) 대신에

정답 (c)

★ PART III (대화문: 2문항 / 지문: 3문항)

① A–B–A–B의 대화문에서 어법상 틀리거나 문맥상 어색한 부분이 있는 문장을 고르는 문제입니다. 이 영역 역시 문법 뿐만 아니라 정확한 구문 파악과 대화 내용을 이해하는 능력이 중요합니다.

Identify the option that contains a grammatical error.

(a) A: What are you doing this weekend?

(b) B: Going fishing as usual.

(c) A: Again? What's the fun in going fishing? Actually, I don't understand why people go fishing.

(d) B: For me, I like being alone, thinking deeply to me, being surrounded by nature.

(a) A 이번 주말에 뭐해?

(b) B 평소처럼 낚시 가.

(c) A 또 가? 낚시가 뭐 재미있니? 솔직히 난 사람들이 왜 낚시를 하러 가는지 모르겠어.

(d) B 내 경우엔 자연에 둘러 싸여서 혼자 깊이 생각해 볼 수 있다는 게 좋아.

정답 (d) me → myself

---

② 한 문단을 주고 그 가운데 문법적으로 틀리거나 어색한 문장을 고르는 문제입니다. 문법적으로 틀린 부분을 신속하게 골라야 하므로 독해 문제처럼 속독 능력도 중요합니다.

Identify the option that contains a grammatical error.

(a) The creators of a new video game hope to change the disturbing trend of using violence to enthrall young gamers. (b) Video game designers and experts on human development teamed up and designed a new computer game with the gameplay that helps young players overcome everyday school life situations. (c) The elements in the game resemble regular objects: pencils, erasers, and the like. (d) The players of the game "win" by choose peaceful solutions instead of violent ones.

(a) 새 비디오 게임 개발자들은 어린 게이머들의 흥미 유발을 위해 폭력적인 내용을 사용하는 불건전한 판도를 바꿔 놓을 수 있기를 바란다. (b) 비디오 게임 개발자들과 인간 발달 전문가들이 공동으로 개발한 새로운 컴퓨터 게임은 어린이들이 매일 학교에서 부딪히는 상황에 잘 대처할 수 있도록 도와준다. (c) 실제로 게임에는 연필과 지우개 같은 평범한 사물들이 나온다. (d) 폭력적인 해결책보다 비폭력적인 해결책을 선택하면 게임에서 이긴다.

정답 (d) by choose → by choosing

★ PART I (10문항)

지문 속 빈칸에 알맞은 것을 고르는 유형입니다. 글 전체의 흐름을 파악하여 문맥상 빈칸에 들어갈 내용을 찾아야 하는데, 주로 지문의 주제와 관련이 있습니다. 마지막 두 문제, 9번과 10번은 빈칸에 알맞은 연결어를 고르는 문제입니다. 문맥의 흐름을 논리적으로 파악할 수 있어야 합니다.

Read the passage and choose the option that best completes the passage.

Tech industry giants like Facebook, Google, Twitter, and Amazon have threatened to shut down their sites. They're protesting legislation that may regulate Internet content. The Stop Online Piracy Act, or SOPA, according to advocates, will make it easier for regulators to police intellectual property violations on the web, but the bill has drawn criticism from online activists who say SOPA will outlaw many common internet-based activities, like downloading copyrighted content. A boycott, or blackout, by the influential web companies acts to _____.

(a) threaten lawmakers by halting all Internet access
(b) illustrate real-world effects of the proposed rule
(c) withdraw web activities the policy would prohibit
(d) laugh at the debate about what's allowed online

페이스북, 구글, 트위터, 아마존과 같은 거대 기술업체들이 그들의 사이트를 닫겠다고 위협했다. 그들은 인터넷 콘텐츠를 규제할지도 모르는 법령의 제정에 반대한다. 지지자들은 온라인 저작권 침해 금지 법안으로 인해 단속 기관들이 더 쉽게 웹상에서 지적 재산 침해 감시를 할 수 있다고 말한다. 그러나 온라인 활동가들은 저작권이 있는 콘텐츠를 다운로드하는 것과 같은 일반적인 인터넷 기반 활동들이 불법화될 것이라고 이 법안을 비판하고 있다. 영향력 있는 웹 기반 회사들에 의한 거부 운동 또는 보도 통제는 <u>발의된 법안이 현실에 미치는 영향을 보여 주기 위한</u> 것이다.

(a) 인터넷 접속을 금지시켜서 입법자들을 위협하기 위한
(b) 발의된 법안이 현실에 미치는 영향을 보여 주기 위한
(c) 그 정책이 금지하게 될 웹 활동들을 중단하기 위한
(d) 온라인에서 무엇이 허용될지에 대한 논쟁을 비웃기 위한

정답 (b)

★ PART II (2문항)

글의 흐름상 어색한 문장을 고르는 문제로, 전체 흐름을 파악하여 지문의 주제나 소재와 관계없는 내용을 고릅니다.

Read the passage and identify the option that does NOT belong.

For the next four months, major cities will experiment with new community awareness initiatives to decrease smoking in public places. (a) Anti-tobacco advertisements in recent years have relied on scare tactics to show how smokers hurt their own bodies. (b) But the new effort depicts the effects of second-hand smoke on children who breathe in adults' cigarette fumes. (c) Without these advertisements, few children would understand the effects of adults' hard-to-break habits. (d) Cities hope these messages will inspire people to think about others and cut back on their tobacco use.

향후 4개월 동안 주요 도시들은 공공장소에서의 흡연을 줄이기 위해 지역 사회의 의식을 촉구하는 새로운 계획을 시도할 것이다. (a) 최근에 금연 광고는 흡연자가 자신의 몸을 얼마나 해치고 있는지를 보여 주기 위해 겁을 주는 방식에 의존했다. (b) 그러나 이 새로운 시도는 어른들의 담배 연기를 마시는 아이들에게 미치는 간접흡연의 영향을 묘사한다. (c) 이러한 광고가 없다면, 아이들은 어른들의 끊기 힘든 습관이 미칠 영향을 모를 것이다. (d) 도시들은 이러한 메시지가 사람들에게 타인에 대해서 생각해 보고 담배 사용을 줄이는 마음이 생기게 할 것을 기대하고 있다.

정답 (c)

★ PART III (13문항)

글의 내용 이해를 측정하는 문제로, 글의 주제나 대의 혹은 전반적 논조를 파악하는 문제, 세부 내용을 파악하는 문제, 추론하는 문제가 있습니다.

Read the passage, question, and options. Then, based on the given information, choose the option that best answers the question.

In theory, solar and wind energy farms could provide an alternative energy source and reduce our dependence on oil. But in reality, these methods face practical challenges no one has been able to solve. In Denmark, for example, a country with some of the world's largest wind farms, it turns out that winds blow most when people need electricity least. Because of this reduced demand, companies end up selling their power to other countries for little profit. In some cases, they pay customers to take the leftover energy.

Q: Which of the following is correct according to the passage?

(a) Energy companies can lose money on the power they produce.

(b) Research has expanded to balance supply and demand gaps.

(c) Solar and wind power are not viewed as possible optlons.

(d) Reliance on oil has led to political tensions in many countries.

이론상으로 태양과 풍력 에너지 발전 단지는 대체 에너지 자원을 제공하고 원유에 대한 의존을 낮출 수 있다. 그러나 사실상 이러한 방법들은 아무도 해결할 수 없었던 현실적인 문제에 부딪친다. 예를 들어 세계에서 가장 큰 풍력 에너지 발전 단지를 가진 덴마크에서 사람들이 전기를 가장 덜 필요로 할 때 가장 강한 바람이 분다는 것이 판명되었다. 이러한 낮은 수요 때문에 회사는 결국 그들의 전력을 적은 이윤으로 다른 나라에 팔게 되었다. 어떤 경우에는 남은 에너지를 가져가라고 고객에게 돈을 지불하기도 한다.

Q 이 글에 의하면 다음 중 옳은 것은?

(a) 에너지 회사는 그들이 생산한 전력으로 손해를 볼 수도 있다.

(b) 수요와 공급 격차를 조정하기 위해 연구가 확장되었다.

(c) 태양과 풍력 에너지는 가능한 대안으로 간주되지 않는다.

(d) 원유에 대한 의존은 많은 나라들 사이에 정치적 긴장감을 가져왔다.

정답 (a)

이번 NEW TEPS에 새롭게 추가된 유형으로 1지문 2문항 유형입니다. 5개의 지문이 나오므로 총 10문항을 풀어야 합니다. 주제와 세부 내용, 추론 문제가 섞여서 출제됩니다.

> **Read the passage, questions, and options. Then, based on the given information, choose the option that best answers each question.**
>
> You seem exasperated that the governor's proposed budget would triple the funding allocated to state parks. What's the problem? Such allocation hardly represents "profligate spending," as you put it. Don't forget that a third of all job positions at state parks were cut during the last recession. This left the parks badly understaffed, with a dearth of park rangers to serve the 33 million people who visit them annually. It also contributed to deterioration in the parks' natural beauty due to a decrease in maintenance work.
>
> These parks account for less than 1% of our state's recreational land, yet they attract more visitors than our top two largest national parks and national forests combined. They also perform a vital economic function, bringing wealth to nearby rural communities by attracting people to the area. The least we can do is to provide the minimum funding to help keep them in good condition.
>
> Q1: What is the writer mainly trying to do?
> (a) Justify the proposed spending on state parks
> (b) Draw attention to the popularity of state parks
> (c) Contest the annual number of state park visitors
> (d) Refute the governor's stance on the parks budget
>
> Q2: Which statement would the writer most likely agree with?
> (a) Low wages are behind the understaffing of the state parks.
> (b) State parks require more promotion than national parks.
> (c) The deterioration of state parks is due mainly to overuse.
> (d) The state parks' popularity is disproportionate to their size.

여러분은 주립 공원에 할당된 예산을 세배로 증가시키려는 주지사의 제안을 듣고 분노할지도 모른다. 무엇이 문제일까? 그와 같은 할당은 여러분들이 말하듯이 '낭비적인 지출'이라고 말하기 힘들다. 지난 경제 침체기 동안 주립 공원 일자리의 1/3이 삭감되었다는 사실을 잊지 말기 바란다. 이 때문에 공원은 부족한 관리인들이 매년 공원을 방문하는 3천3백만 명의 사람들을 처리해야 하는 인력 부족에 시달리고 있다. 또 그 때문에 관리 작업 부족으로 공원의 자연 경관이 망가지게 되었다.

이 공원들은 주의 여가지의 1%도 차지하지 않지만, 규모가 가장 큰 2개의 국립공원과 국립 숲을 합친 것보다 많은 방문객을 끌어들인다. 그들은 사람들을 그 지역으로 끌어들여 부를 주변의 공동체에게 가져다줌으로써 중요한 경제적 기능을 한다. 우리가 할 수 있는 최소한의 일은 공원이 잘 관리될 수 있도록 최소한의 자금을 조달하는 것이다.

Q1 작가가 주로 하고 있는 것은?

(a) 주립 공원 예산안을 정당화하기

(b) 주립 공원 인기에 대한 주의를 환기시키기

(c) 매년 주립 공원을 방문하는 사람 수에 대한 의문 제기하기

(d) 공원 예산에 대한 주지사의 입장에 대해 반박하기

정답 (a)

Q2 저자가 동의할 것 같은 내용은?

(a) 인력난에 시달리는 주립 공원의 배경에는 낮은 임금이 있다.

(b) 주립 공원은 국립공원보다 더 많은 지원이 필요하다.

(c) 주립 공원은 지나친 사용 때문에 망가지고 있다.

(d) 주립 공원의 인기는 그 규모와는 어울리지 않는다.

정답 (b)

※ 독해 Part 4 뉴텝스 샘플 문제는 서울대텝스관리위원회에서 제공한 문제입니다. (www.teps.or.kr)

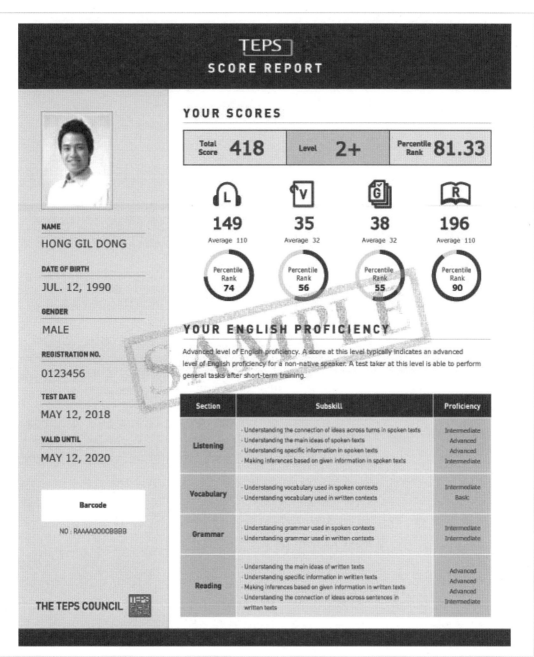

1 / 시험 접수는 어떻게 해야 하나요?

정기 시험은 회차별로 지정된 접수 기간 중 인터넷(www.teps.or.kr) 또는 접수처를 방문하여 접수하실 수 있습니다. 정시 접수의 응시료는 42,000원입니다. 접수기간을 놓친 수험생의 응시편의를 위해 마련된 추가 접수도 있는데, 추가 접수 응시료는 45,000원입니다.

2 / 텝스관리위원회에서 인정하는 신분증은 무엇인가요?

아래 제시된 신분증 중 한 가지를 유효한 신분증으로 인정합니다.

일반인, 대학생	주민등록증, 운전면허증, 기간 만료전의 여권, 공무원증, 장애인 복지카드, 주민등록(재)발급 확인서 *대학(원)생 학생증은 사용할 수 없습니다.
중·고등학생	학생증(학생증 지참 시 유의 사항 참조), 기간 만료 전의 여권, 청소년증(발급 신청 확인서), 주민등록증(발급 신청 확인서), TEPS신분확인증명서
초등학생	기간 만료 전의 여권, 청소년증(발급신청확인서), TEPS신분확인증명서
군인	주민등록증(발급신청확인서), 운전면허증, 기간만료 전의 여권, 현역간부 신분증, 군무원증, TEPS신분확인증명서
외국인	외국인등록증, 기간 만료 전의 여권, 국내거소신고증(출입국 관리사무소 발행)

*시험 당일 신분증 미지참자 및 규정에 맞지 않는 신분증 소지자는 시험에 응시할 수 없습니다.

3 / TEPS 시험 볼 때 꼭 가져가야 하는 것은 무엇인가요?

신분증, 컴퓨터용 사인펜, 수정테이프(컴퓨터용 연필, 수정액은 사용 불가), 수험표입니다.

4 / TEPS 고사장에 도착해야 하는 시간은 언제인가요?

오전 9시 30분까지 입실을 완료해야 합니다. (토요일 시험의 경우 오후 2:30까지 입실 완료)

5 / 시험장의 시험 진행 일정은 어떻게 되나요?

	시험 진행 시간	내용	비고
시험 준비 단계 (입실 완료 후 30분)	10분	답안지 오리엔테이션	1차 신분확인
	5분	휴식	
	10분	신분확인 휴대폰 수거 (기타 통신전자기기 포함)	2차 신분확인
	5분	최종 방송 테스트 문제지 배부	
본 시험 (총 105분)	40분	청해	쉬는 시간 없이 시험 진행 각 영역별 제한시간 엄수
	25분	어휘/문법	
	40분	독해	

*시험 진행 시험 당일 고사장 사정에 따라 변동될 수 있습니다.
*영역별 제한 시간 내에 해당 영역의 문제 풀이 및 답안 마킹을 모두 완료해야 합니다.

6 / 시험 점수는 얼마 후에 알게 되나요?

TEPS 정기시험 성적 결과는 시험일 이후 2주차 화요일 17시에 TEPS 홈페이지를 통해 발표되며 우편 통보는 성적 발표일로부터 7~10일 가량 소요됩니다. 성적 확인을 위해서는 성적 확인용 비밀번호를 반드시 입력해야 합니다. 성적 확인 비밀번호는 가장 최근에 응시한 TEPS 정기 시험 답안지에 기재한 비밀번호 4자리입니다. 성적 발표일은 변경될 수 있으니 홈페이지 공지사항을 참고하시기 바랍니다. TEPS 성적은 2년간 유효합니다.

※자료 출처 : www.teps.or.kr

NEWTEPS 등급표

등급	점수	영역	능력검정기준(Description)
1+	526~600	전반	외국인으로서 최상급 수준의 의사소통 능력 교양 있는 원어민에 버금가는 정도로 의사소통이 가능하고 전문분야 업무에 대처할 수 있음 (Native Level of English Proficiency)
1	453~525	전반	외국인으로서 최상급 수준에 근접한 의사소통능력 단기간 집중 교육을 받으면 대부분의 의사소통이 가능하고 전문분야 업무에 별 무리 없이 대처할 수 있음 (Near-Native Level of Communicative Competence)
2+	387~452	전반	외국인으로서 상급 수준의 의사소통능력 단기간 집중 교육을 받으면 일반 분야업무를 큰 어려움 없이 수행할 수 있음 (Advanced Level of Communicative Competence)
2	327~386	전반	외국인으로서 중상급 수준의 의사소통능력 중장기간 집중 교육을 받으면 일반분야 업무를 큰 어려움 없이 수행할 수 있음 (High Intermediate Level of Communicative Competence)
3+	268~326	전반	외국인으로서 중급 수준의 의사소통능력 중장기간 집중 교육을 받으면 한정된 분야의 업무를 큰 어려움 없이 수행할 수 있음 (Mid Intermediate Level of Communicative Competence)
3	212~267	전반	외국인으로서 중하급 수준의 의사소통능력 중장기간 집중 교육을 받으면 한정된 분야의 업무를 다소 미흡하지만 큰 지장 없이 수행할 수 있음 (Low Intermediate Level of Communicative Competence)
4+	163~211	전반	외국인으로서 하급수준의 의사소통능력 장기간의 집중 교육을 받으면 한정된 분야의 업무를 대체로 어렵게 수행할 수 있음 (Novice Level of Communicative Competence)
4	111~162		
5+	55~110	전반	외국인으로서 최하급 수준의 의사소통능력 단편적인 지식만을 갖추고 있어 의사소통이 거의 불가능함 (Near-Zero Level of Communicative Competence)
5	0~54		

NEW TEPS
독해 전략

1. 올바른 독해를 위한 문법

2. 독해 유형별 공략법

3. 주제별 필수 어휘

NEW TEPS
실전 모의고사

ACTUAL TEST **1**

ACTUAL TEST **2**

ACTUAL TEST **3**

ACTUAL TEST **4**

ACTUAL TEST **5**

1. 올바른 독해를 위한 문법

독해의 기본은 문장을 정확히 해석해 내는 것입니다. 간단한 문장은 문제가 되지 않지만, 길고 복잡한 문장을 짧은 시간 안에 정확하게 해석하는 것은 쉽지 않은 일입니다. 바로 이런 경우에 문법적인 구조에 대한 이해가 빛을 발하게 됩니다. 정확한 독해에 꼭 필요한 문법을 정리한 15개의 unit으로 문법 구조를 분석해 보고, 직독직해를 연습하여 독해의 기본 기를 확실히 다질 수 있을 것입니다.

★ 읽기의 기본 규칙

영어의 문장 구조는 한국어의 문장 구조와 확연히 다르기 때문에 읽으면서 그 의미를 우리말로 구성하기란 쉽지 않습니다. 문장 속 의미의 단위대로 끊어 읽으면서 의미 단위가 어떻게 연결되어 문장을 만드는지 알면 지문 전체 맥락을 올바로 이해하는 데 큰 도움이 됩니다. 의미 단위란 몇 개의 단어들이 모여서 문장 내에서 한 가지 품사의 역할(명사, 동사, 형용사, 부사 등)을 하는 구 또는 절입니다. 이러한 의미의 단위별로 묶어 독해하는 것을 끊어 읽기라고 합니다.

★ 구 파악하기

몇 개의 단어가 모여 문장 내에서 하나의 품사 역할을 하는 것을 구(phrase)라고 합니다.

(1) 명사구: 문장의 주어, 목적어, 보어 역할을 하며, to부정사구, 동명사구, 의문사+to부정사구 등이 있습니다.

Across the South, rallies were held to protest other forms of segregation including keeping black people from voting. (including의 목적어)
남부 지역 곳곳에서 흑인들이 투표하지 못하게 하는 것을 포함한 다른 유형의 차별에 저항하기 위해 집회가 열렸다.

(2) 형용사구: 전치사구, 분사구, to부정사구가 주로 이러한 역할을 합니다.

The man talking with Jane in her office is the programmer who designed the security program run on these computers. ('~하고 있는', the man 수식)
제인과 그녀의 사무실에서 얘기하고 있는 남자는 이 컴퓨터들에 운영되고 있는 보안 프로그램을 설계한 프로그래머다.

(3) 부사구: 전치사구, 분사구, to부정사구가 주로 이러한 역할을 합니다.

Disappointed with the result, Ericson left the place the contest was held with his face frowning. ('~해서', 이유 설명)
그 결과에 실망하여, 에릭슨은 대회가 열린 장소를 찌푸린 얼굴로 떠났다.

★ 절 파악하기

〈접속사+주어+동사〉가 문장 내에서 하나의 품사 역할을 하는 것을 절(clause)이라고 합니다.

(1) 명사절: that절, what절, 의문사절이 주로 이러한 역할을 합니다.

Some leaders are overly secretive and don't want others to know <u>what is going on.</u> (know의 목적어)

몇몇 지도자들은 지나치게 비밀스럽고, 무슨 일이 진행되고 있는지 다른 사람들이 알기를 원하지 않는다.

(2) 형용사절: 관계 대명사절, 관계 부사절이 주로 이러한 역할을 합니다.

While walking around the park, I bumped into a friend <u>who I had not seen for a long time.</u> (a friend 수식)

공원을 걷던 중, 나는 오랫동안 못 만났던 친구와 마주쳤다.

(3) 부사절: 이유, 조건, 때, 양보 등을 나타내는 절이 있습니다.

<u>Since he is the right man for that position,</u> we think he'll be promoted to the position of manager of the sales department. ('~ 때문에', 이유 설명)

그가 그 자리의 적임자이기 때문에 우리는 그가 영업부 부장으로 승진할 것이라고 생각한다.

★ 뼈대와 거품 파악하기

뼈대란 문장의 주요 성분인 명사와 동사를 말합니다. 반면, 거품이란 뼈대를 수식해 주는 부수적인 형용사와 부사를 가리킵니다. 문장의 뼈대를 잘 잡아낸다면 수식어와 함께 그 핵심 의미를 파악하기가 훨씬 쉬워집니다. 그러기 위해서는 거품(수식어구)을 괄호로 묶어 잘 걷어낼 수 있어야 합니다.

> ① 주절이 시작되기 전에 부사구나 부사절이 있다면 끊기
> ② 주절의 동사 앞에서 끊기
> ③ 주어와 동사 사이에 수식어구가 있다면 괄호로 묶기
> ④ 동사 뒤에 목적어나 보어를 찾아 끊기
> ⑤ 그 외 수식어구가 이어진다면 괄호로 묶기

<u>While she / was focusing / on making sure / her husband ate crackers, //</u>
부사절

① **her husband** (③ in his bed) / ② **was not recognizing** / ④ his **wife.**
주절

그녀가 남편에게 크래커를 먹이는 데 집중하는 동안, 남편은 침대에 누워 자기 아내를 알아보지 못하고 있었다.

5형식 문장 파악하기

★ **5형식 문장이란?**

주어＋동사＋목적어＋목적격 보어의 구조를 갖는 문장을 말합니다. 문장의 기본 요소에 수식어구가 붙으면 자칫 잘못된 해석을 할 수도 있으니 해석의 패턴을 반드시 알아 놓도록 합시다. 5형식 문장은 **주어는 [목적어가 목적격 보어 하도록]** ～하다의 해석 패턴으로 기억해 둡니다. 목적어에 대한 설명인 목적격 보어를 알아보고 해석할 수 있어야 합니다.

His parents / allowed / [him to go out]. 그의 부모님은 [그가 외출하도록] 허락했다.
　　주어　　　　동사　　목적어 목적격 보어

★ **목적격 보어의 종류**

주어＋동사＋목적어＋목적격 보어의 구조에서 목적격 보어는 주로 동사의 종류와 〈목적어＋목적격 보어〉의 의미적인 관계에 따라 다양하게 사용됩니다. 각각의 경우에 맞는 목적격 보어 형태를 알면 5형식 문장이 한결 쉬워집니다.

(1) 주어＋call [name / consider] ＋목적어＋**명사** '(목적어를 **명사**로) 부르다 / 이름 짓다 / 여기다'

Many people / considered / the medicine / a reliable treatment.
많은 사람들이 그 약품을 믿을 수 있는 치료제로 여겼다.

(2) 주어＋make [get / keep / leave / find / think / believe / consider] ＋목적어＋**형용사**
'(목적어를 **형용사**하게) 만들다 / 내버려 두다 / 여기다'

The company / was able to make / their cars / fast and fuel-efficient.
회사는 차를 빠르고 연비가 좋게 할 수 있었다.

(3) 주어＋have [let / make / feel / hear / see / observe / watch / notice] ＋목적어＋**동사원형**
'(목적어를 **동사원형**하도록) 만들다 / 느끼다 / 보다'

Their acts on the stage / made / the audience / wonder what would happen next.
무대 위 그들의 행동은 관객들로 하여금 다음에 무슨 일이 일어날지 궁금하게 만들었다.

(4) 주어＋allow [enable / encourage / advise / ask / force / want / tell / order] ＋목적어＋**to부정사**
'(목적어를 **to부정사**하도록) 허락하다 / 할 수 있게 하다 / ～하게 충고[권고]하다'

Taking breaks every hour / allows / your brain / to rest and recharge.
매시간 쉬면 당신의 뇌가 쉬고 재충전할 수 있다.

(5) 주어＋동사＋목적어＋**p.p. / -ing** '(목적어가 p.p.되도록 / -ing하는 것을) ～하다'
동사의 종류를 암기할 필요 없이 목적어와 목적격 보어와의 수동/능동의 관계에 집중하세요.

The mechanics / had / my old van / repaired and polished. 정비공들이 나의 낡은 밴을 수리하고 광을 냈다.

PRACTICE TEST

A. 다음 문장을 해석하세요.

1. The couple got the fence painted white.

   _____

2. She was allowed to attend the party.

   _____

3. My cats and dogs don't leave me alone.

   _____

B. 주어진 동사를 이용하여 빈칸에 알맞은 형태로 바꾸세요.

1. The teacher saw him [cheat] _____ on the test.

2. The doctor advised me [stop] _____ drinking.

3. He got the old chairs [change] _____ with new ones.

C. 다음을 읽고 알맞은 답을 고르세요.

Imagine that you are on the steps of the Lincoln Memorial, appreciating the view toward the Washington Monument. A huge crowd has convened — more than 180,000 people — from all over the country. It was August 1963, when people came to Washington to call for change. In some parts of the nation, black people were not treated the same as whites. The marchers wanted that to end. They wanted fair and equal treatment for everyone, regardless of the color of their skin.

Q: Which of the following is correct according to the passage?

(a) People gathered from the southern part of the country.

(b) People wanted to end moving towards the Washington Monument.

(c) In the 1960s, every part of the country treats black people fairly.

(d) People congregated to eliminate racial discrimination.

Unit 02 도치된 문장 파악하기

★ 도치 구문이란?

〈주어+동사〉의 일반적인 어순이 아닌 **동사+주어**의 어순을 갖는 문장입니다. 평소 도치 문장에 대한 훈련을 해 두지 않으면, 이러한 문장을 만났을 때 바로 의미 파악을 하기가 쉽지 않습니다. 독해력 향상을 위해서 도치 구문은 반드시 넘어야 할 산입니다.

★ 도치된 문장 유형

특정한 조건이 갖추어지면 주어와 동사의 위치가 바뀌는데, 다음 4가지로 정리할 수 있습니다.

(1) 가정법 if절에서 접속사 if를 생략하는 경우

If you should have any question, please contact us.

⇨ **Should you have** any question, please contact us. 질문이 있으시면, 저희에게 연락 주십시오.

If I had known that, I would have told you.

⇨ **Had I known** that, I would have told you. 내가 그것을 알았더라면, 너에게 말을 했을 텐데. (몰라서 말 못했다)

(2) 부정어 혼자, 또는 부사(구/절)나 목적어 등과 함께 문장 앞으로 오는 경우

I have rarely seen such a big apple.

⇨ Rarely **have I** seen such a big apple. 나는 이렇게 큰 사과는 거의 본 적이 없다.

We could not find him until midnight.

⇨ Not until midnight **could we find** him. 자정이 되어서도 우리는 그를 찾을 수 없었다.

> 부정어에 해당하는 표현
> no, not, never, hardly, rarely, seldom, few, little
> *제한을 나타내는 어구가 문장 앞에 와도 도치가 일어납니다.

(3) 장소를 나타내는 부사구가 자동사와 함께 쓰여 앞으로 오는 경우

Deer and rabbits abound in this forest.

⇨ In this forest **abound deer and rabbits**. 숲 속에는 사슴과 토끼들이 많이 있다.

(4) 보어(분사, 형용사, 전치사구)가 be동사류와 함께 쓰여 앞으로 오는 경우

Being punctual is of great importance.

⇨ Of great importance **is being punctual**. 시간을 정확히 지키는 것은 굉장히 중요하다.

A. 다음 문장을 해석하세요.

1. Only when it's done can we go out for some rest.

   _____

2. Hardly had he got home than the phone rang.

   _____

3. Not until father gets back do the kids have dinner.

   _____

4. Enclosed is the invoice you required.

   _____

5. Among those students was the friend I was looking for.

   _____

B. 다음 문장을 도치 문장으로 바꿔 보세요.

1. The result that I got on the test was so disappointing.

   = So _____ .

2. He had no sooner left home than it began to rain.

   = No sooner _____ .

3. If she had prepared more thoroughly, she would not have failed on the test.

   = Had _____ .

4. He hadn't opened the gift until his wife arrived there.

   = Not until _____ .

5. The scenery that we saw there was amazing.

   = Amazing _____ .

Unit 03 관계 대명사 잡기

★ 관계 대명사란?

관계 대명사는 앞에 오는 명사(선행사)를 가리키는 대명사이자, 절과 절을 이어주는 접속사의 역할을 합니다. 관계 대명사가 이끄는 절은 선행사를 수식하는 **형용사절의 역할**을 합니다. 문장에서 관계 대명사 which, of which, that, who, whose 등을 잡아내는 것이 중요합니다.

I visited a rural village (**which** is famous for its idyllic landscape).
나는 (전원적 풍경으로 유명한) 시골 마을을 방문했다.

My brother likes the girl at the bus stop (**whose** hair is red).
형은 버스 정류장에 있는 (머리색이 붉은) 소녀를 좋아한다.

★ 〈전치사+관계 대명사〉 구조

〈전치사+관계 대명사〉는 관계 대명사가 전치사의 목적어로 사용되는 경우를 말합니다. 이러한 구문을 만나면 관계 대명사에 선행사의 의미를 넣어서 해석하면 간단합니다.

He told me about the test. + He had studied for the test for about 1 year.

⇒ He told me about the test (**for which** he had studied for about 1 year).
그는 그가 1년 정도 (그 시험을 위해) 공부해 온 시험에 대해 나에게 이야기해 주었다.

I want to know the age. + Jane got the doctor's degree at the age.

⇒ I want to know the age (**at which** Jane got the doctor's degree).
나는 제인이 박사 학위를 (그 나이에) 받은 나이를 알고 싶다.

★ 〈some of+관계 대명사〉 구조

부분을 나타내는 **some, one, all, most, many, both**가 관계 대명사와 만나는 구문은 '그리고[그런데] 선행사 중의 일부는[대부분은] ~'으로 해석합니다.

There were many travelers at the airport, **some of whom** were from Italy.
공항에는 여행객이 많이 있었다. 그런데 그들 중 일부는 이탈리아에서 온 사람들이었다.

We've hired five new employees, **all of whom** are motivated and competent.
우리는 다섯 명의 신입 사원를 뽑았다. 그리고 그들은 모두 의욕에 차 있고 유능하다.

A. 다음 문장을 해석하세요.

1. I ran into a teacher who taught me English during middle school.

   _____

2. The manner in which the decision was made was regrettable.

   _____

3. A refrigerator is an appliance in which food can be preserved at low temperatures.

   _____

4. The church at which their wedding ceremony was held was such a peaceful place.

   _____

5. Informal care, most of which is unpaid, plays a major role in the childcare system.

   _____

6. There are so many writers, some of whose work we admire.

   _____

B. 두 문장을 관계 대명사를 이용하여 한 문장으로 만드세요.

1. The witness was talking with the man. The man is in critical condition.

   ⇨

2. A person can marry without parents' permission at an age. The age varies from country to country.

   ⇨

3. Your metabolic rate is the speed. Your body transforms food into energy at the speed.

   ⇨

4. They didn't tell me the date. The renovation would be completed by the date.

   ⇨

Unit 04 관계 부사 잡기

★ 관계 부사란?

관계 부사는 관계 대명사와 마찬가지로 선행사를 수식하는 형용사절의 역할을 합니다. 선행사에 따라 시간
(when), 장소(where), 이유(why), 방법(how)의 4가지 의미가 있습니다. 의문사가 쓰였다고 관계 부사를
의문사로 오해하고 간접 의문문으로 해석하지 않도록 주의하세요.

The author visited the village (**where** she grew up during childhood).
그 작가는 <u>어린 시절에 자랐던</u> **마을**을 방문했다. (where: ~한 곳)

The reporter told me the time (**when** he was supposed to be back here).
기자가 내게 <u>그가 이곳에 돌아오기로 되어 있는</u> **시간**을 알려줬다. (when: ~한 때)

The CEO doesn't know the reason (**why** the meeting has been delayed).
그 최고경영자는 <u>회의가 연기된</u> **이유**를 모르고 있다. (why: ~한 이유)

The way (the craftsman carved a statue) was amazing.
= **How** the craftsman carved a statue was amazing.
그 장인이 <u>조각상에 새기는</u> **방식**은 정말 놀라웠다. (how: ~한 방법)

> *the way와 how는 함께 사용되지 않습니다.

★ 선행사가 생략된 문장

관계 부사 앞의 선행사가 the place, the time, the reason 등인 경우, 관계 부사 앞의 선행사는 생략될 수
있습니다. 생략되어도 해석은 같습니다.

The police wouldn't tell us (the place) **where** the accident happened.
경찰은 <u>그 사고가 일어난</u> **장소**를 우리에게 말해 주려 하지 않았다.

That's (the time) **when** the main character met the enemy in person.
그때가 바로 <u>주인공이 적을 직접 만난</u> **때**이다.

Please tell me (the reason) **why** the singer left the party so early.
<u>그 가수가 파티를 그렇게 빨리 떠난</u> **이유**를 알려 주세요.

A. 다음 문장을 해석하세요.

1. I can remember when seat belts were not compulsory.

2. He grew up in a city where violence was rampant.

3. There are many reasons why dreams are forgotten.

4. Let me know when you arrive at work.

5. I attended a lecture on the way the law works.

6. I taught him how people get to build personal relationships.

B. 다음을 읽고 알맞은 답을 고르세요.

If you're one of those still looking for work, what should you do to land a job? The answer is both simple and yet not fully obvious: Show clearly how you meet the employers' needs, both in terms of your technical skills and your intangible qualities. A cardinal rule is that your technical skills get you invited for an interview, but intangible qualities get you the job offer. Employers ultimately screen applicants according to these needs and not by brightest résumé, which, therefore, doesn't guarantee that you will land the job.

Q: Which of the following is correct according to the passage when applying for a job?

(a) Writing a sharp résumé is not important at all.

(b) You should demonstrate that you have the skills for the position.

(c) People tend to focus on showing off to get a job.

(d) Employers don't always hire those with the best technical skills.

분사 제대로 알기

★ 분사란?

분사는 동사에 -ing 혹은 -ed(p.p.)를 붙여 문장에서 형용사나 부사의 역할을 하는 것을 말합니다. 〈동사-ing〉 형태의 현재 분사는 ~**하고 있는(능동, 진행)**의 의미로, 〈동사-ed(p.p.)〉 형태의 과거 분사는 ~**되어진(수동, 완료)**의 의미로 해석할 수 있습니다.

Those **studying** students are preparing for the mathematical contest.
저기 (공부하고 있는) 학생들은 수학경시대회를 준비 중이다.

My mother bought a book **written** by a Spanish writer.
어머니께서는 (스페인 작가에 의해 쓰인) 책을 한 권 사셨다.

★ 분사 구문

부사절(때, 이유, 조건, 양보 등)의 접속사와 주어를 생략하고, 분사 형태를 이용하여 부사구로 바꾼 것을 분사 구문이라고 합니다. 따라서 분사 구문의 해석은 문장의 논리에 따라 **때, 이유, 조건, 양보** 등으로 문맥에 맞게 선택해야 합니다. 분사 구문을 해석할 때는 몇 가지 유의해야 할 사항이 있습니다.

(1) 기본 분사 구문

When I met him yesterday, I couldn't recognize him at first.

⇒ **Meeting** him yesterday, I couldn't recognize him at first.
그를 어제 만났을 때, 처음에는 그를 알아보지 못했다.

(2) -ing 분사 구문은 능동으로, -ed(p.p.) 분사 구문은 수동으로 해석한다.

Seen from a distance, the rock looked like a human.
멀리서 보면, 그 바위는 사람처럼 보였다.

(3) 접속사가 생략되지 않아도 해석은 같다.

When seen from a distance, the rock looked like a human.
멀리서 보면, 그 바위는 사람처럼 보였다.

(4) Having -ed(p.p.)는 주절보다 먼저 일어난 일로 해석한다.

Having been built 50 years ago, the warehouse looks run-down.
50년 전에 지어져서, 그 창고는 황폐해 보인다.

(5) 주절의 주어와 부사절의 주어가 다른 경우도 있다.

His parents not allowing him to attend the party, he can't be here today.
그의 부모님이 그가 파티에 참석하도록 허락을 안 해 주셔서, 그는 오늘 여기 올 수 없다.

A. 다음 문장을 해석하세요.

1. While fixing dinner, she listened to music from the radio.

2. He opened the door, letting the dog into his house.

3. It raining heavily, we just stayed in the mountain cabin.

B. 다음 문장을 분사를 이용하여 분사 구문으로 만드세요.

1. The man was running on the treadmill while he was watching the screen.

   ⇒

2. Sylvia, as she had grown up in the countryside, knew well about plants and animals.

   ⇒

C. 다음을 읽고 알맞은 답을 고르세요.

Is any phone call or text worthy of risking your life – or someone else's? New statistics showed a sharp increase in the number of fatal crashes related to distracted driving. About 30% of the deaths from car crashes so far this year were due to distracted driving. "It was frustrating to see distracted drivers continue to pose a risk to road users," a researcher stated. "If people didn't get the message before, let us hope these new statistics will help drivers keep in mind a simple fact: Distracted driving is dangerous."

Q: What is the main purpose of the passage?

(a) To show how many car accidents occurred this year

(b) To let people know the fatality rate has increased this year

(c) To persuade people to drive safely and slowly while using a phone

(d) To raise awareness on the danger of using a cell phone while driving

Unit 06 명사로 온 to부정사

★ to부정사란?

to+동사원형의 형태로, 문장에서 **명사, 형용사, 부사의 역할**을 합니다. 다양한 역할을 하기 때문에 문장의 구조를 제대로 파악하고 올바른 해석을 할 수 있어야 합니다.

명사의 역할   <u>It</u> is important **to be punctual.** 시간을 잘 지키는 것은 중요하다. (주어: ~하는 것, ~하기)

형용사의 역할   I need <u>a chair</u> **to sit on.** 나는 앉을 의자가 필요하다. (명사(구) 수식: ~할, 해야 할)

부사의 역할   Kevin <u>studied</u> really hard **to pass the exam.**
케빈은 시험에 합격하기 위해 정말 열심히 공부했다. (동사 수식: ~하기 위해[목적])

★ it 가주어-진주어

to부정사가 주어일 때, 대부분 to부정사는 맨 뒤로 보내고 가주어인 it을 주어 자리에 채웁니다. 가주어 it은 해석하지 않고 to부정사를 주어로 해석합니다.

<u>It</u> makes sense **to deal with urgent issues first.** 긴급한 문제부터 처리하는 것이 타당하다.

★ it 가목적어-진목적어

make, believe, think, consider, find 등의 동사가 오는 5형식 문장에서 to부정사가 목적어일 때, to부정사는 목적격 보어의 뒤로 보내고 가목적어인 it을 목적어 자리에 놓습니다.

Jack made <u>it</u> a rule **to work out every morning.** 잭은 매일 아침 운동하는 것을 규칙으로 삼았다.

★ hard vs. likely

to부정사 앞의 형용사에 따라 to부정사의 주어와 목적어가 달라질 수 있습니다.

He is **hard** to understand. (우리가) 그를 이해하기는 힘들다.
(= It is **hard** to understand <u>him</u>.)

He is **likely** to understand the problem. 그는 그 문제를 이해할 것 같다.
(= It is **likely** that <u>he</u> understands the problem.)

> hard류 형용사
> easy, nice, awkward, difficult, convenient, impossible
>
> likely류 형용사
> sure, certain, hesitant, willing, anxious, eager

PRACTICE TEST

A. 다음 문장을 해석하세요.

1. She is reluctant to accept the offer from the firm.

   _____

2. It is crucial for you to focus on your goal.

   _____

3. Having a master's degree might make it easier to get a job.

   _____

4. It is certain that the candidate will be here on time.

   _____

5. It is considered unfair to give an opportunity differently according to race.

   _____

6. They consider it easy to gain access to the information.

   _____

B. 다음을 읽고 알맞은 답을 고르세요.

An unusual swan recently appeared walking along a city highway. Witnesses said the swan began its journey near Events Center in Mill Basin. It's not clear what urged the bird to travel on the road, but soon it was waddling along the side of the highway. Intrigued commuters called 911, which dispatched a scooter cop to keep an eye on the swan to make sure it didn't veer into traffic. Luckily, the bird followed the rules of the road, although it occasionally did stop for a drink at every puddle it came across. Finally it was carried to a pond next to the highway.

Q: Which of the following is correct according to the passage?

(a) People found it interesting to see a swan on a highway.

(b) The swan led to an accident while waddling along the highway.

(c) The police found the swan waddling while patrolling the highway.

(d) People knew how and why the swan got to the highway.

Unit 07 수식하는 to부정사

★ 형용사로 온 to부정사

to부정사가 앞에 오는 명사를 수식하는 경우 **~할, ~해야 할**로 해석합니다.

My son wants some <u>books</u> **to read** during his hospitalization.
아들이 입원한 동안 읽을 책을 원한다.

His secretary has much <u>work</u> **to get done** by this Friday.
그의 비서는 이번 금요일까지 끝내야 할 일이 많다.

The instructor told us <u>a topic</u> **to write about** during weekend.
그 강사는 주말 동안 (그것에 대해) 써야 할 주제를 알려 주었다.

The baby's mother required <u>water</u> (for the baby) **to drink**.
그 아이의 엄마는 (아기가) 마실 물을 요구했다.

★ 부사로 온 to부정사

(1) '~하기 위해'(=in order to/ so as to)

Robert <u>bought</u> some flowers **to give** to his wife.
로버트는 아내에게 주기 위해 꽃을 몇 송이 샀다.

(2) '~해서'(감정을 나타내는 형용사 뒤)

The CEO was so <u>surprised</u> **to hear the news**.
그 최고경영자는 그 소식을 듣고 매우 놀랐다.

(3) '(~의 결과로) ~하다'

The young man <u>grew up</u> **to be a dentist**.
그 청년은 자라서 치과 의사가 되었다.

(4) '했으나 ~하다'(only to의 형태로 쓰임)

Matilda <u>tried so hard</u> **only to fail the test**.
마틸다는 매우 열심히 노력했으나 시험에서 떨어졌다.

(5) '~하기에 ...한'(형용사나 부사 수식)

The movie is <u>difficult</u> (for us) **to understand fully**.
그 영화는 우리가 완전히 이해하기에 어렵다.

PRACTICE TEST

A. 다음 문장을 해석하세요.

1. The police searched for evidence all night only to find nothing.

   _____

2. The governor ran to his office in order not to be late.

   _____

3. The lecture was informative and easy to understand.

   _____

4. The man asked me if I could give him some food to feed his dog.

   _____

5. With the sun shining, the water was warm to swim in.

   _____

6. The manager assigned the man some work to do during the weekend.

   _____

7. My boss is so picky that he is impossible to satisfy.

   _____

B. 주어진 동사를 이용하여 문장의 빈칸을 알맞은 형태로 바꾸세요.

1. We think it interesting [learn] _____ the vocabulary this way.

2. Do you have any movie CD [watch] _____ tonight?

3. For the homework [do] _____, you are advised to look up the dictionary.

4. The castle is thought [build] _____ 100 years ago.

5. My teacher is always reminding us [concentrate] _____ during the class.

Unit 08 부분 부정과 전체 부정

★ 문맥이 중요한 not의 범위

부정문이 TEPS 독해의 정답과 오답을 가르는 포인트가 되는 경우가 많아, 부정의 범위를 확실히 해석하는 연습이 중요합니다. not이 수식하는 범위에 따라 뒤에 오는 내용 전체를 부정할 수도, 부분만을 부정할 수도 있습니다. 이런 경우는 글의 맥락을 파악하면서 해석해야 합니다.

The student **wasn't listening** all the time. He was always being distracted.

그 학생은 항상 귀를 기울이지 않고 있었다. 그는 항상 집중을 못하고 있었다. (전체 부정)

The panel **wasn't listening all the time**. Sometimes she seemed to be thinking of something else.

그 패널이 항상 귀를 기울이는 것은 아니었다. 때때로 그녀는 다른 생각을 하고 있는 듯했다. (부분 부정)

★ 부분 부정 문장

부분 부정의 표현으로는 **not+all[every/ both/ always/ necessarily/ definitely]** 등이 있으며 '**모두[둘 다/ 항상/ 반드시] ~한 것은 아니다**(일부는 그렇고, 일부는 그렇지 않다)'로 해석합니다.

The rich are **not always** happy. 부자라고 언제나 행복한 것은 아니다.

The director doesn't like **both** of the movies. 그 감독이 두 영화를 다 좋아하는 것은 아니다.

The contestant couldn't solve **all** the problems. 그 참가자가 모든 문제를 푼 것은 아니다.

★ 전체 부정 문장

전체 부정이란 말 그대로 '**모두가 ~아니다**'라는 의미로 해석합니다.
not+any[either], no, none, nothing, neither 등의 표현에 유의합니다.

I don't know **any** of them. 나는 그것들을 전부 모르겠다.
(= I know **none** of them.)

I didn't see **either** of the movies. 나는 그 두 편의 영화를 다 안 봤다.
(= I saw **neither** of the movies.)

PRACTICE TEST

A. 다음 문장을 해석하세요.

1. I don't like both of the smart phones.

   _____

2. The trainer didn't know all the students there.

   _____

3. Neither of his parents supported his decision.

   _____

B. 두 문장의 의미가 같으면 =, 같지 않으면 ≠로 표시하세요.

1. The tenant hasn't heard anything about the reconstructing.

   _____ The tenant heard something about reconstructing.

2. The agent definitely didn't tell her about it.

   _____ The agent could have told her about it.

3. The school can't accept all the applicants.

   _____ The school can accept only some of the applicants.

C. 다음을 읽고 빈칸에 알맞은 답을 고르세요.

I got an invitation in the mail today to attend the wedding of my cousin's son. It's a really sweet and impressive invitation. Unfortunately, it is also one that I will have to reluctantly decline, as we have already got a invitation to an event from our son's university on the same day. In situations like this, I heard that most people tend to simply check the 'unable to attend' box on the RSVP card. But it doesn't feel appropriate. A checkmark can't convey all my sadness. Because I don't want to hurt my cousin's feelings, it's difficult to _____.

(a) accept both of the invitations

(b) attend the wedding invitation

(c) complain about being hurt when invited

(d) decline in the usual manner

Unit 09 seem·believe 바로 알기

★ It seems that절

seem, **appear** 등의 동사는 다양한 구조로 '~인 것 같다'라는 의미입니다. that절이 아닌 to부정사를 이용해 표현할 수 있습니다.

(1) 주어 seem to 동사원형

It seems that my mother likes the TV show.

⇨ My mother seems to like the TV show. 어머니가 그 TV 프로그램을 좋아하시는 것 같다.

(2) 주어 seem (to be) 형용사

It seems that the assignment is challenging.

⇨ The assignment seems (to be) challenging. 그 과제는 어려운 것 같다.

> It seems that the newcomer **grew** up in a foreign country. 그 신참은 외국에서 자란 것 같다.
> ⇨ The newcomer **seems to have grown** up in a foreign country.
> that절이 시제(grew 과거)가 주절 시제(seems 현재)보다 앞서는 경우 seem to have p.p.의 형태가 됩니다.

★ It is believed that절

believe, **say**, **think**, **report**, **consider**, **expect**, **assume**, **know**, **suppose** 등의 동사 또한 같은 의미를 나타내면서도 다양한 구조로 쓸 수 있습니다. 어떤 동사가 사용되든지 해석은 '~라고들 한다, ~로 여겨진다' 정도로 볼 수 있고 **They[People] say that** ~의 의미를 가집니다. 대표적인 형태는 〈주어 is believed[said / thought / reported / considered / expected / assumed / known / supposed] to 동사원형〉입니다.

Matt Damon **is thought to be** one of the best actors in Hollywood.
맷 데이먼은 할리우드에서 가장 훌륭한 배우 중 한 명이라고들 한다.

(= It is thought that Matt Damon is one of the best actors in Hollywood.)

A. 다음 문장을 해석하세요.

1. The psychiatrist seems to know something about the matter.

   _____

2. They are considered to have done the job perfectly.

   _____

3. It is commonly believed that working out regularly is very healthy.

   _____

4. The book is believed to have been written around 300 B.C.

   _____

5. The assignment seemed like a piece of cake to me.

   _____

B. 두 문장의 의미가 같으면 =, 같지 않으면 ≠로 표시하세요.

1. They are thought to have studied hard for the test.

   _____ It is thought that they studied hard for the test.

2. It appears that the castle was built more than 100 years ago.

   _____ The castle appears to have been built more than 100 years ago.

3. People say that the singer is dating his stylist.

   _____ The singer is dating his stylist.

4. They say that the anchor graduated from Harvard University.

   _____ The anchor is said to graduate from Harvard University.

5. People believe that working out every day is good for health.

   _____ Working out every day is believed to be good for health.

병렬 구조 문장 이해하기

★ 병렬 구조란?

등위 접속사 **and**, **or**, **but**, **yet**으로 연결되는 구조를 병렬 구조라고 합니다. 이 등위 접속사의 앞뒤로 공통되는 부분이 생략될 수 있기 때문에 접속사 뒤가 앞의 어떤 부분과 연결되는지 파악해야 합니다. 또한 등위 접속사 앞뒤에 오는 공통적인 구조나 형태를 찾아 문장을 적절한 곳에서 끊어 읽는 것이 정확한 독해에 도움이 됩니다.

(1) 반복되는 동사구 생략

Some students went back by bus, **and** others by subway.

= Some students went back by bus, and others (went back) by subway.
어떤 학생들은 버스로 돌아갔고, 다른 학생들은 지하철로 돌아갔다.

(2) 〈동사+목적어+전치사구〉 생략

Roja met Margaret in Seoul last year, **but** I this year.

= Roja met Margaret in Seoul last year, but I (met Margaret in Seoul) this year.
로자는 작년에 서울에서 마가렛을 만났지만, 나는 올해 만났다.

(3) 동등한 형태의 병렬 구조로 끊기

등위 접속사 앞뒤의 병렬 구조를 정확히 나누면, 긴 문장이라 하더라도 내용 파악이 훨씬 간단해질 수 있습니다.

They / are designed to allow / students / to study more efficiently **and** / (to) prepare for the exam more easily.
그것들은 학생들이 더 효율적으로 공부하고, 더 쉽게 시험에 대비할 수 있도록 고안되었다.

Findings indicate / that children (from poorer families) had higher levels of / externalizing symptoms, (such as aggression and delinquency,) **and** internalizing symptoms, (such as depression, and low self-esteem,) / when they slept poorly.
연구 결과에 의하면, 가난한 가정의 아이들은 잠을 제대로 못 자면 공격성과 비행 같은 외부적 증상과 우울증이나 낮은 자존감 같은 내부적 증상을 더 많이 갖게 된다고 한다.

PRACTICE TEST

A. 다음 문장을 해석하세요.

1. People like to go shopping on weekdays, but not on weekends.

   _____

2. We should have made it by 5 to meet them and prepared better for the meeting.

   _____

3. The book you bought me and the DVD I bought you have a common topic.

   _____

4. Time files so fast now that we are in our 30's and all married.

   _____

5. Anna let the stray cat get inside and have canned tuna.

   _____

B. 다음 문장에서 틀린 곳을 찾아 고치세요.

1. If he wants to succeed, he should be more hard-working and punctually.

   ⇨

2. Molina got to know the fact, and decides to tell her family about it.

   ⇨

3. Social referencing is the ability to search for and uses social signals to guide one's behavior in a new situation.

   ⇨

4. People used to hunt animals and gathered fruits for their daily diet.

   ⇨

5. They don't spend all their money but saved some of it for their future.

   ⇨

Unit 11 종속 접속사 파악하기

★ 간접 의문문이란?

평서문에서 의문사를 주어절이나 목적절, 보어절을 이끄는 종속 접속사로 이용하는 것을 간접 의문문이라고 합니다. 일반적인 의문문과 달리 〈의문사 + 주어 + 동사〉의 어순이며, 의문사의 의미를 살려서 해석합니다. 단, **whether** 또는 **if**로 시작하는 경우 '**∼ 하는지 안 하는지**'로 해석합니다.

The conductor knows **when** the bus will arrive.
안내원이 버스가 언제 도착할 것인지를 안다. (know의 목적절)

The receptionist told me **where** the conference would be held.
접수 직원이 어디에서 회의가 열리는지를 알려 주었다. (tell의 목적절)

Whether the client wants it or not doesn't matter.
의뢰인이 그것을 원하는지 안 하는지는 중요하지 않다. (주어절)

★ 복합 관계사란?

의문사+−ever 형태의 접속사를 복합 관계사라고 합니다. 공통적으로 '**∼하든 간에**'를 의미하며, 종류에 따라 문장에서 명사절과 부사절의 역할을 합니다.

(1)
whatever	무엇이든 간에	
whichever	어떤 것이든 간에	명사절, 부사절의 역할
whoever	누구든 간에	

Whoever comes first will get the prize.
누구든 처음 오는 사람이 이 상을 받게 될 것이다. (명사절)

Whoever comes first, I will give the prize to him.
처음 오는 사람이 누구든 간에, 나는 그에게 이 상을 줄 것이다. (부사절)

(2)
wherever	어디든 간에	
whenever	언제든 간에	부사절의 역할
however	어떻든 간에 *접속 부사	

However tired you are, you should do your duties.
얼마나 피곤하든지 간에, 당신의 의무를 다해야 합니다. (부사절)

PRACTICE TEST

A. 다음 문장을 해석하세요.

1. Whichever you choose of the two agendas, I will support your decision.

   _____

2. Wherever the celebrity went, he ran into reporters.

   _____

3. My therapist advised me to go jogging every night whether hot or cold.

   _____

B. 문장 속 빈칸에 적절한 접속사로 채우세요.

1. Tell me _____ comes with you. Is it your best friend?

2. These two are very similar, so I will choose _____ is cheaper.

3. _____ hard you tried, you couldn't catch up with the medalist.

C. 다음을 읽고 알맞은 답을 고르세요.

I was glad to attend the Health Network engagement session recently. I would like to tell you how thrilling it was to see the room full of over 90 local residents who are obviously interested in the future of health care. This meeting gave an opportunity for our local residents to discuss their experiences and to share personal insight that will help with making improvements. Many opinions were voiced at the meeting with regard to health care services given in this community. I would like to thank everyone who took their time to attend.

Q: What is the passage mainly about?

(a) It was a precious experience to attend the meeting to share opinions.

(b) The meeting the writer attended was not as informative as expected.

(c) It is important to express one's opinion in the meeting.

(d) People who participated in the meeting were local residents.

Unit 12 동격의 접속사 that

★ 〈명사+that〉 동격절

동격절은 **명사＋that**절(완전한 절)의 형태로 등장합니다. 해석은 '**주어가 동사한다는 명사**'로 합니다. 명사와 동등한 내용을 지칭하므로 that절은 명사와 동격절의 기능을 합니다. 뒤에 동격절을 자주 취하는 명사로는 **thought, belief, opinion, theory, idea, news, fact** 등이 있습니다.

Principal Karen told me **the news that** Ms. Hall had retired.
카렌 교장은 할 선생님이 은퇴했다는 소식을 내게 말해 주었다. (소식 = 할 선생님이 은퇴했다)

They have **a firm belief that** they would enter the heaven after death.
그들은 사후에 자신들이 천국에 갈 것이라는 확고한 믿음을 가지고 있다. (믿음 = 사후에 자신들이 천국에 갈 것)

★ It ~ that 강조 구문

주어, 목적어, 부사구[절] 등 강조하고자 하는 부분을 that 앞에 두고, 문장의 나머지 부분은 모두 that절 뒤에 둡니다. '**~하는 것은 바로 (강조하는 내용)이다**'로 해석할 수 있는데, 이때 that은 관계사의 기능을 하며, 따라서 that은 강조하는 것이 사람이면 who와 whom으로, 사물이면 which로, 장소이면 where, 시간이면 when으로 바꾸어 사용할 수 있습니다.

Mr. Holmes met the widow in London last week. 홈즈 씨는 지난주 런던에서 그 미망인을 만났다.

⇨ **It was** Mr. Holmes **that[who]** met the widow in London last week.
　지난주 런던에서 그 미망인을 만난 사람은 바로 홈즈 씨였다. (주어 강조)

⇨ **It was** the widow **that[whom]** Mr. Holmes met in London last week.
　홈즈 씨가 지난주 런던에서 만난 사람은 바로 그 미망인이었다. (목적어 강조)

⇨ **It was** in London **that[where]** Mr. Holmes met the widow last week.
　홈즈 씨가 지난주 그 미망인을 만난 곳은 바로 런던이었다. (장소 강조)

⇨ **It was** last week **that[when]** Mr. Holmes met the widow in London.
　홈즈 씨가 런던에서 그 미망인을 만난 때는 바로 지난주였다. (시간 강조)

It was after he graduated from college **that** Jack read the book.
잭이 그 책을 읽은 것은 그가 대학을 졸업한 뒤였다. (부사절 강조)

It was not until their boss got back to the office **that** they had lunch.
그들이 점심을 먹은 것은 사장이 사무실로 들어온 뒤였다. (부사절 강조)

PRACTICE TEST

A. 다음 문장을 해석하세요.

1. The accountant knows the fact that the boss embezzles company funds.

   _____

2. It is when it rains softly that my dog likes to go for a walk.

   _____

3. He supported a theory that animals in large social groups have bigger brains.

   _____

B. 다음 문장에서 틀린 곳을 찾아 고치세요.

1. They didn't tell us the news which Nex and Chrome would merge.

   ⇨

2. It was my sister whom broke the rules we had agreed to.

   ⇨

3. It was before I finished my breakfast I heard an explosion.

   ⇨

C. 다음을 읽고 알맞은 답을 고르세요.

Australia is a peaceful, multicultural nation with great health care, quality of life, public education, civil liberties and political rights. It is for sightseeing, vacation or business that people from all around the world come to Australia. And its growing economy is also an attraction to many immigrants. Now, with the intention to boost its economy, the Australian government has opened 100,000 job positions for young, English-speaking professionals who have expertise in particular occupations needed in Australia.

Q: Which of the following is correct according to the passage?

(a) In Australia they have many job openings in nearly all fields.

(b) The Australian government hasn't been interested in luring immigrants.

(c) Australia has a good health care system, but not education.

(d) For those who seek to move to a foreign country, Australia can be an answer.

Unit 13 so ~ that절

so ~ that절은 that절의 앞뒤 구성에 따라, 결과의 의미를 갖기도 하고 목적의 의미를 갖기도 합니다.

★ 결과의 의미

(1) '매우 ~하여 (결과적으로) …하다' 〈주어+동사 so 형용사[부사] that절〉

I studied **so** hard **that** I passed the exam.
나는 매우 열심히 공부하여 시험에 합격했다.

> 〈주어+동사 such (a) (형용사) 명사 that절〉
> She was such a lovely girl that everyone liked her.
> 그녀는 너무나 사랑스러운 아이여서 누구나 좋아했다.

(2) '…할 수 있을 정도로 ~하다' 〈주어+동사 so 형용사[부사] (that)절〉

I studied **so** hard **(that)** I could pass the exam.
나는 시험에 합격할 수 있을 정도로 매우 열심히 공부했다. (that절에 조동사를 쓴다.)

(3) '~하여 (결과적으로) …하다' 〈주어+동사 so (that)절〉

I studied hard **so (that)** I passed the exam.
나는 열심히 공부하여 (그 결과) 시험에 합격했다. (that절에 조동사를 쓰지 않는다.)

★ 목적의 의미

(1) '…하기 위해 ~하다' 〈주어+동사 ~ so that절〉

I studied hard **so that** I could pass the exam.
나는 시험에 합격하기 위하여 열심히 공부했다. (that절에 조동사를 쓴다.)

(2) '…하기 위해 ~하다' 〈주어+동사 ~ in order that절〉

I studied hard **in order that** I could pass the exam.
나는 시험에 합격하기 위하여 열심히 공부했다. (that절에 조동사를 쓴다.)

(3) '…하지 않기 위해 ~하다' 〈주어+동사 lest 주어 (should) 동사원형〉

I studied hard **lest** I (should) fail the exam.
나는 시험에 떨어지지 않기 위하여 열심히 공부했다.

A. 다음 문장을 해석하세요.

1. Their daughter worked so hard that she got promoted this month.

   _____

2. They prepared for the contest so thoroughly that they could get the first prize.

   _____

3. The song is such a good one that everyone here likes it.

   _____

4. The applicant had her hair cut so that she could look more professional.

   _____

5. We should have common budget and fiscal policies in order that we can reach economic unification.

   _____

6. Jim wrote down the numbers on his notebook lest he forget it later.

   _____

B. 두 문장의 의미가 같으면 =를, 다르면 ≠를 표시하세요.

1. The professor assigned homework so that students could review the material.

   _____ The professor assigned homework so students reviewed the material.

2. The test taker was so anxious about the result that she hardly slept that night.

   _____ The test taker was so anxious about the result that she could hardly sleep that night.

3. When they bumped into each other again, they were so excited that they yelled out in delight.

   _____ When they bumped into each other again, they were so excited as to yell out in delight.

Unit 14 가정법 문장 제대로 알기

★ **가정법 문장**

가정법은 사실과는 다르지만 한번 가정해 보는 내용으로, 시제에 따른 규칙과 의미를 알면 생각보다 간단히 파악할 수 있는 문장입니다.

	If절 (사실이 아님)	주절 (사실이 아님)	사실은?
가정법 과거	**If 주어+동사의 과거형** 현재 사실[조건] 반대 (~라면)	**주어+조동사+동사원형** 현재 사실[결과] 반대 (...할 텐데)	사실은 ~ 아니어서 ... 하지 못한다.
	If I **had** time, I **would go** with you. 내가 시간이 있다면, 너랑 같이 갈 텐데.		사실은 시간이 없어서 너와 함께 못 간다.
가정법 과거 완료	**If 주어 had p.p.** 과거 사실[조건] 반대 (~했더라면)	**주어+조동사 have p.p.** 과거 사실[결과] 반대 (...했을 텐데)	사실은 ~ 아니었기 때문에 ... 하지 못했다.
	If I **had had** time, I **would have gone** with you. 내가 시간이 있었다면, 너랑 같이 갔을 텐데.		사실은 시간이 없었기 때문에 너와 함께 못 갔다.
혼합 가정법	**If 주어 had p.p.** 과거 사실[조건] 반대	**주어+조동사+동사원형** 현재 사실[결과]반대	사실은 ~ 아니었기 때문에 ... (지금) 하지 못한다.
	If I **had finished** it, I **could go** with you now. 내가 그것을 끝냈더라면, 지금 너랑 같이 갈 수 있을 텐데.		사실은 그것을 못 끝냈기 때문에 지금 너와 못 간다.

★ **가정법에서 If가 생략된 문장**

일반적인 조건절과 달리 가정법의 조건절에서 If를 생략하고 분사 구문으로 만들지 않습니다. 하지만 If를 생략하고 어순을 〈**동사＋주어**〉로 **도치**시킨 문장이 올 수 있습니다. (*Unit 2 참고) 가정법 과거에서는 일반 동사의 경우 거의 도치되지 않고 be동사인 were가 도치됩니다.

Were I you, I would go with this. 내가 너라면, 이것을 선택할 텐데.

(= If I were you, I would go with this.)

Had I had time, I would have gone with you. 내가 시간이 있었다면, 너랑 같이 갔을 텐데.

(= If I had had time, I would have gone with you.)

PRACTICE TEST

A. 다음 문장을 해석하세요.

1. If you had known that, you could have told me in advance.

   _____

2. If it were not for air, we could not live any more.

   _____

3. Had it not been for your help, I could not have passed the exam.

   _____

4. If they had not broken up, they would be here together now.

   _____

5. Were I with you now, I would show the pictures.

   _____

B. 다음을 읽고 빈칸에 알맞은 답을 고르세요.

This week, the Architecture Museum's long-awaited exhibition "Never Built: Los Angeles" opens, showing plans for the city that never came to reality. In the exhibition, we get to take a tour through the L.A. that could have existed today if these plans had been realized. In this imagined version of L.A., the city maintains its hilltop homes, and celebrity-centric Hollywood, but other elements absolutely look and feel different.

Q: What can be inferred from the passage?

(a) "Never Built: Los Angeles" cannot be opened to the public.

(b) "Never Built: Los Angeles" shows Los Angeles in its earliest years.

(c) The proposals for Los Angeles were all accepted by its government.

(d) There were different ways to build Los Angeles which weren't adopted.

Unit 15 조동사 have p.p.

★ **조동사란?**

주어＋조동사＋본동사의 형태로 본동사에 의미를 더해 주는 동사들을 말합니다. 시제와 용법에 따라 의미가 달라지므로 조동사가 사용되는 맥락을 반드시 알아 두어야 합니다.

★ **조동사 have p.p.**

have p.p.가 나타내듯이, 과거에 대해 추측하거나 가정할 때 씁니다.

(1) 사실 진위를 모르는 일반적인 추측을 나타내는 경우

　－ **must have p.p.** '〜이었음이 틀림없다'

　　The lawyer **must have called** my office.
　　변호사가 분명 내 사무실에 전화했을 것이다.

　－ **can have p.p.** '〜이었을 것 같다'

　　The lawyer **can have called** my office.
　　변호사가 내 사무실에 전화했을 수 있다.

　－ **cannot have p.p.** '〜이었을 리가 없다'

　　The lawyer **cannot have called** my office.
　　변호사가 내 사무실에 전화했을 리가 없다.

　－ **may have p.p.** '〜이었을 수도 있다'

　　The lawyer **may have called** my office.
　　변호사가 내 사무실에 전화했을 수도 있다. (반반의 가능성이 있다.)

(2) 사실을 알지만 반대 상황에 대해 가정하는 경우

　－ **would have p.p.** '(상황이 달랐더라면 분명) 〜이었을 것이다'

　　The lawyer **would have called** my office.
　　(상황이 달랐더라면) 변호사가 내 사무실에 분명 전화했을 것이다. (전화 안 했음)

　－ **should[ought to] have p.p.** '〜했어야 했다 (그러나 실제로는 못했다)'

　　The lawyer **should have called** my office.
　　변호사가 내 사무실에 전화했어야 했다. (그러나 전화 안 했음)

(3) 맥락에 따라 가정 또는 추측하는 경우

could have p.p.와 might have p.p. 두 표현은 가정할 때나 추측할 때 모두 사용되므로 맥락을 통해서 파악해야 합니다.

The lawyer could have called my office.

① 가정: (상황이 달랐더라면) 변호사가 내 사무실에 전화할 수 있었을 텐데. (실제로는 전화를 못 했다.)

② 추측: 변호사가 내 사무실에 전화했을 수 있다. (안 했을 수도 있지만)

The lawyer might have called my office.

① 가정: (상황이 달랐더라면) 변호사가 내 사무실에 전화했을 텐데. (실제로는 전화를 안 했다.)

② 추측: 변호사가 내 사무실에 전화했을지도 모른다. (안 했을 수도 있지만)

★ 빈출 조동사

(1) **would 동사원형** '(과거에) ~하고는 했다'

My grandfather **would** take a walk with his dog after breakfast.

할아버지께서는 아침 식사 후에 개와 함께 산책하곤 했다.

(2) **used to 동사원형** '(과거에) ~하고는 했다, (과거 한때) ~이었다'

She **used to practice** playing the piano before going to school.

그녀는 학교 가기 전에 피아노 연주를 연습하곤 했다. (동작)

There **used to be** an elementary school near here.

이 근처에 학교가 있었다. (지금은 없다) (상태)

(3) **be used to 명사[동명사]** '~에 익숙하다'

The American actor **is used to using** chopsticks.

그 미국 영화배우는 젓가락을 사용하는 데 익숙하다.

(4) **be used to 동사원형** '~위해 사용되다'

Cans and bottles **were used to make** this miniature of a castle.

캔과 병이 이 성의 모형을 만드는 데에 사용됐다.

A.   다음 문장을 해석하세요.

1. All employees ought to have finished the job last week.
   _____

2. She used to be a long distance runner when she was younger.
   _____

3. The inspector's not used to the weather here yet. He's finding it very cold.
   _____

4. I might have passed the test if I had worked harder.
   _____

5. My friend bought a lottery ticket. She could have had the winning ticket.
   _____

B.   다음 우리말과 같은 뜻이 되도록 주어진 단어를 활용하여 빈칸을 채우세요.

1. 그 살인자는 이 창문을 통해 탈출했을 리가 없다. (escape)

   = The murderer _____ _____ _____ through this window.

2. 우리는 제시간에 학교에 도착할 수 있었는데. (실제로는 못했다) (arrive)

   = We _____ _____ _____ at school on time.

3. 너는 그의 사과를 받아줬어야 했어. (실제로는 못했다) (accept)

   = You _____ _____ _____ his apology.

4. 그 길가에는 많은 화랑이 있었다. (지금은 없다) (be)

   = There _____ _____ _____ a lot of art galleries on the street.

5. 그들은 나를 보지 못한 게 틀림없다. (see)

   ▪ They _____ _____ _____ _____ me.

C. 다음을 읽고 알맞은 답을 고르세요.

People have passed them down over the ages. They are called old wives' tales. They're the things your mother often told you to watch out for. Many of these are related with health and medicine. Today let's examine a few of these. A typical example would be: "Don't read in the dark, it'll strain your eyes." The truth is your eyes will be fine even though you read in the dark. Your eye has an iris that acts like a camera lens. And it constricts as there's bright light and dilates as the light is dim. For example, Abraham Lincoln used to read all of his law books by candlelight and turned out all right.

Q: What is the main topic of the passage?

(a) The disadvantages when reading in the dark

(b) The examination of things you've often been warned against

(c) The valuable lessons of old wives' tales you've been told

(d) The truths that have been passed down for generations

D. 다음을 읽고 빈칸에 알맞은 답을 고르세요.

It's common knowledge that an avalanche happens when large amounts of snow and ice slip down a mountain at a high rate of speed. But many people aren't aware there are a variety of different types of avalanches, based on whether the frozen material is wet or dry and how tightly packed together it is. These landslides of snow can be very dangerous. Often when people are injured or killed in an avalanche, it's because someone traveling in the area disturbed the unsteady placement of the snow. In that sense, you could say _____.

(a) avalanches are one of the most deadly disasters

(b) snow is more versatile than most people realize

(c) something as simple as snow is quite powerful

(d) few people understand the risks they are taking

2. 독해 유형별 공략법

★ NEW TEPS 독해 파트의 구성

파트	문제 번호	문제 수	문제 유형	문제당 푸는 시간
Part 1	1~8	8	문맥에 맞는 내용으로 빈칸 채우기	50초 내외
	9~10	2	문맥에 맞는 연결어 찾기	50초 내외
Part 2	11~12	2	문맥에 어울리지 않는 문장 찾기	1분 내외
Part 3	13~16	4	글의 주제나 목적 찾기	50초 내외
	17~22	6	글의 내용과 일치하는 세부 내용 찾기	1분 10초 내외
	23~25	3	글에서 추론할 수 있는 내용 고르기	1분 10초 내외
Part 4	26~35	10	1지문 2문항 유형	1분 30초 내외
독해	1~35번	총 35문항		답안지 마킹 시간 포함 총 40분

★ 다양한 소재의 지문

TEPS 독해의 지문은 크게 실용문과 학술문 두 가지로 나눌 수 있습니다. 분야별로 다양한 소재와 주제가 폭넓게 출제되고 있으며, 때로는 내용의 심오함으로 응시자들을 괴롭히기도 합니다. 평소에 다양한 분야의 영어 문장을 읽어 보고, 주제별로 어휘를 익히도록 합니다.

★ 어휘력은 기본

TEPS 독해는 다른 영어 시험보다 어휘의 수준이 높은 편입니다. 특히 TEPS에 처음 입문한 초급자의 경우 어휘의 벽이 높게만 느껴지기 마련입니다. 그러나 이러한 어휘의 벽을 넘지 못하면 절대로 원하는 점수를 얻을 수 없습니다. 힘들더라도 모든 문제와 주제별 어휘 정리가 필수입니다. 어휘력 향상을 위한 TEPS 주제별 필수 어휘를 정리해 놓았으니 목록에 있는 어휘들은 반드시 암기하도록 합니다.

★ 어휘는 반복 학습

어휘는 독해의 기본입니다. 어휘 암기의 어려운 점은 반복해서 단어에 노출되지 않으면 우리 뇌에 오래 저장될 수 없다는 것입니다. 끈기를 갖고 반복적으로 암기하고 학습한다면 머릿속에 오래 남아 어휘력을 올릴 수 있고, 독해 실력도 눈에 띄게 향상할 수 있습니다.

★ 속독을 위한 끊어 읽기

TEPS 독해 영역은 40분 안에 35문제를 모두 풀고 답안지에 마킹까지 해야 합니다. 문제당 평균 1분 안에 풀어야 하는데 어휘와 구문의 수준, 그리고 선택지의 까다로움을 생각하면 굉장한 속독을 요구하는 시험입니다. 독해가 빨리 되지 않는 사람들은 TEPS 특유의 길고 복잡한 문장을 빠르고 정확하게 끊어서 직독직해하는 훈련이 필요합니다. 긴 문장을 끊어 읽기 위해서는 기본 문법도 탄탄해야 합니다. 독해 문제를 푼 후에는 지문을 다시 보면서 한 번에 파악되지 않았던 복잡한 문장을 분석하며 끊어 읽는 실력을 연마해야 합니다.

★ 중심 내용 파악

TEPS 독해의 문제들은 대부분 지문의 주제와 깊은 연관이 있습니다. 지문의 주제 문장(main idea)과 부수 문장(supporting idea)을 구별하는 훈련을 통해 주제 문장은 집중해서 읽고, 부수 문장들은 훑어보는 식으로 시간을 효율적으로 쓰면 고득점에 한 발짝 가까워질 수 있습니다.

★ 패러프레이징(paraphrasing)

지문을 정확히 파악했다 하더라도 패러프레이징된 선택지를 보면 초급자일수록 정답을 고르기가 어렵습니다. 그 이유는 지문에 언급된 문장을 그대로 정답 선택지에 옮겨 놓지 않고 말을 바꿔서(패러프레이징) 다르게 표현해 놓기 때문입니다. 고득점을 위해 마지막 순간까지 훈련해야 하는 것이 바로 패러프레이징입니다. 선택지는 지문의 패러프레이징을 통해 정답과 오답을 만들기 때문에 그 미묘한 말의 차이를 정확히 짚어 낼 수 있어야 합니다. 결국 답을 고를 때는 정답과 오답의 근거를 충분히 생각해야 합니다. 문제를 풀어 본 후에도 정답 선택지와 오답 선택지의 차이를 분명히 인지하고 넘어가야 합니다.

★ 문제는 항상 제한 시간 안에 푸는 연습

TEPS는 제한된 시간 내에 빠르게 문제를 풀어야 하는 시험입니다. 여기에 대비하지 않으면 실전에서 무척 당황할 수밖에 없습니다. 매번 문제를 풀 때마다 최대 1분의 제한 시간을 반드시 지켜서 그 시간 안에 문제를 푸는 연습을 하세요. 연습이 거듭되면서 어휘력 향상과 함께 끊어 읽기, 중심 내용 파악, 패러프레이징 실력이 쌓이고, 처음에는 턱없이 부족했던 제한 시간이 점점 부담이 되지 않는 뿌듯한 경험을 하게 될 것입니다.

Unit 01 · 빈칸에 알맞은 구/절 고르기

★ 뉴텝스 독해의 첫 번째 유형은 지문 속 빈칸에 알맞은 구나 절을 고르는 문제로, 1번부터 8번까지 총 8문제 입니다. 빈칸은 지문의 중심 내용인 경우가 많으므로 글의 맥락을 잘 이해하는 것이 중요합니다.

핵심	빈칸은 글의 중심 내용이거나 그 변형된 내용이므로 글의 주제를 찾는 것을 우선 목표로 한다.		
함정	① 빈칸이 있는 문장에 부정을 나타내는 표현(not, no, lest 등)이 있으면 문맥에 반대되는 내용이 정답일 수 있다. ② 지문에 나온 표현이 그대로 선택지에 쓰였다면 함정일 수 있다.		
빈칸의 위치	마지막에 있는 경우 (3~5문항)	첫 문장에 있는 경우 (3~4문항)	지문 중간에 있는 경우 (0~2문항)

예문 Read the passage and choose the option that best completes the passage.

People willing to go through extreme physical pain and stress commonly have distinctive personalities. These people tend to be achievers who set high standards for themselves in general as well as in sports. They enjoy tough challenges and are not satisfied with goals that are easy to accomplish. Also, when they set goals, they usually do not focus on winning the race, but on beating their own previous performances. For these athletes, the main thing is _____.

(a) winning the game and breaking other's previous records

(b) trying out only challenging and dangerous sports

(c) doing their personal best and pushing themselves to improve

(d) setting new goals that others cannot accomplish

해석 강한 육체적 고통과 스트레스를 기꺼이 겪어 내려는 사람들에게는 공통된 특별한 특성이 있다. 이러한 사람들은 그들 스스로 스포츠뿐만 아니라 일반적인 분야에서도 높은 목표를 설정하고 성공하는 사람들인 경향이 있다. 그들은 어려운 도전을 즐기고, 이루기 쉬운 목표에는 만족하지 않는다. 또한, 그들이 목표를 설정할 때에는 보통 시합에서 이기는 데에 초점을 맞추는 것이 아니라 그들의 예전 기록을 경신하는 데에 집중한다. 이러한 선수들에게 있어서 중요한 것은 최선을 다하여 스스로를 발전시키는 것이다.
    (a) 시합에서 이기고 다른 이들의 기록을 깨는 것
    (b) 보기에 어렵고 위험한 운동만 시도하는 것
    (c) 최선을 다하여 스스로를 발전시키는 것
    (d) 다른 사람들은 성취할 수 없는 새로운 목표를 설정하는 것

해설 이들의 특성으로 어려운 도전을 즐기고, 시합에서의 승리가 아닌 본인의 이전 기록 경신에 집중한다고 했으므로 이들에게는 최선을 다해 스스로를 발전시키는 것이 중요하다고 볼 수 있다.

정답 (c)

★ 문제 풀이 전략

전략 1 ▸ **빈칸의 위치를 파악한다.**

빈칸의 위치에 따라 글의 전개가 다를 수 있기 때문에 빈칸의 위치에 따라 전략을 달리하면 시간을 효율적으로 사용할 수 있다.

빈칸의 위치	전략
마지막 문장	① 첫 문장부터 글의 주제 문장을 찾아 읽어 간다. ② 글의 중심 내용을 찾고, 마지막 빈칸의 맥락에 맞는 답을 선택한다.
첫 문장	① 빈칸을 제외한 첫 문장의 내용을 파악한다. ② 두 번째 문장의 핵심을 파악하여 빈칸에 알맞은 문장의 단서를 찾는다.
지문 중간	빈칸이 있는 문장의 앞 내용은 글의 배경이나 전제가 되는 경우가 많으므로 빈칸 뒤의 내용에서 중심 내용을 파악한다.

전략 2 ▸ **지문의 중심 내용 파악을 1차 목표로 삼는다.**

빈칸에 알맞은 답은 대부분 글의 중심 내용이거나 그 변형된 내용이므로 항상 글의 중심 내용을 먼저 찾도록 한다. 그리고 빈칸을 중심으로 무엇과 관계된 내용인지 염두에 두면서 읽는다.

전략 3 ▸ **주제 문장에 집중하고, 부수적인 문장은 간단히 읽고 넘어간다.**

지문을 읽는 시간을 줄이기 위해서는 부연 설명이나 예시 등 핵심적이 내용이 아닌 문장은 자세히 보지 않고 그 문장이 부수적인 문장임을 파악함과 동시에 건너뛰어서 시간을 절약하도록 한다. 반면, 정답과 밀접한 관련이 있는 문장은 상대적으로 시간이 걸리더라도 정확히 해석한다. 빈칸 앞에 부정을 나타내는 표현이 있는지를 정확히 살펴야 한다. 중심 내용의 반대 표현이 정답이 될 수 있기 때문이다.

전략 4 ▸ **패러프레이징된 선택지를 파악한다.**

정답 선택지에는 지문 속의 말을 다른 말로 표현하는 패러프레이징이 적용된다. 오답 선택지에는 오히려 지문의 주요 어휘가 그대로 쓰여 정답인 것처럼 위장하고 응시자가 고르게끔 유도한다는 것에 유의하자.

The settlement of the Angles and Saxons into Celtic Britain was made easier by the fact that _____ Germanic dialects of the Great North German Plain. Thus they could more easily communicate with the natives and they did not look too dramatically different from the Celts, enabling them eventually to blend in with the local population. The first Germanic tribesmen to arrive settled mostly in Kent, while the Saxons occupied the lands south of the Thames. The Angles settled the huge area from north of the Thames to the Highlands of Scotland.

해석 고대 영국에 앵글로 색슨족의 정착은 그들이 북독일 평원의 게르만족의 방언과 연관된 언어를 썼다는 사실 때문에 더 쉽게 이루어졌다. 따라서 그들은 더 쉽게 원주민들과 의사소통할 수 있었고 켈트족과 매우 다르게 생기지 않았기 때문에 결국 지역 주민과 섞일 수 있었다. 색슨족이 템스 강 남부 영토를 점령한 반면 첫 게르만족 구성원들은 거의 켄트 지역에 정착했다. 앵글로 색슨족은 템스 강 북부부터 스코틀랜드 고지까지 광대한 지역에 정착했다.

Step 1 ▸ **빈칸은 첫 문장에 있다.**
"고대 영국에 앵글로 색슨속의 성착은 ~라는 사실 때문에 너 쉽게 이루어졌나."
⇨ 첫 문장을 해석하고 정착이 쉬워진 핵심 이유를 묻는 문제라는 것을 파악할 수 있다. 이것이 중심 내용이다.

Step 2 ▸ **빈칸 뒤의 맥락을 알자.**
"그들은 쉽게 서로 의사소통할 수 있고, 매우 다르게 생기지 않았다."
⇨ 보다 쉽게 정착하게 된 이유를 설명하므로 정답의 근거가 된다.

Step 3 ▸ **나머지 지문은 건너뛰자.**
중반 이후는 어떤 부족이 어느 지역에 정착했는지 등 부수적인 내용이 이어진다. 역접의 접속사 등 문맥 전환을 위해 쓰는 표현이 없다면 나머지 지문은 빠르게 훑으면서 시간을 절약하도록 한다.

Step 4 ▸ **이제 선택지를 분석하자.**

(a) they knew little about   잘 몰랐다는 것은 지문과 반대의 내용이다. (오답)

(b) they spoke closely related   연관된 언어를 썼다는 내용이 빈칸 뒤의 문장과 이어진다. (정답)

(c) they oppressed the use of   언어 사용을 억압했다는 내용은 없다. (오답)

(d) they liked the sounds of   독일 방인의 소리(sound)를 좋아히어 시로 갈 이울킬 수 이므고 주장한 내용은 없다. (오답)

★ 문제의 함정

1. 빈칸 앞뒤에 not, no, lest 등의 부정을 나타내는 표현이 오면 주의해야 합니다. 여러분이 파악한 중심 내용이 정답이 아니라 부정어와 엮이는 경우, 그 반대의 표현이 답이 되기 때문입니다. 아래 예문을 보면 빈칸 앞의 but과 no가 정답을 찾는 중요 포인트가 됩니다.

> The 1950s featured a great push for equality. King, a minister himself, was a leader in the fight for civil rights. He preached the power of love over hate. He urged people to challenge unfair legal systems and actions, but to do so peacefully. King said black people should work with white people to obtain equality. Not everyone agreed with him, but there was no _____.

정답   doubt that his was a powerful voice

오답   hope that everyone would be treated fairly

1950년대 평등사상을 주창했던 왕에 대해 이야기하며 빈칸을 포함한 마지막 문장에서 "모두가 왕의 의견에 동의한 것은 아니지만 ~가 없었다"고 한다. but there was no와 연결되는 자연스러운 내용은 '그의 의견이 영향을 미쳤다는 데에 대한 의심'이라는 내용일 것이다. 빈칸 앞에 no가 있기 때문인데, '의심'이라는 표현은 겉으로 보기에는 주제가 아닌 듯 보이지만 실제로 문맥을 연결하면 "그의 의견이 영향을 미쳤다는 데에 대한 의심의 여지가 없다"로 주제문이 될 수 있는 것이다. 오답에 쓰인 표현 treated fairly는 글의 중심 내용인 equality와 밀접한 표현이지만 이 문맥에는 알맞지 않다.

2. 지문의 핵심 단어를 포함했으나 지문의 일부 내용만 담고 있는 선택지도 오답의 함정입니다.

주제   the advantages and disadvantages of watching TV

정답   some effects of watching TV

오답   the strong points of watching TV

TV 시청의 장단점이 중심 내용일 때, 장점만 언급하는 선택지는 오답이다. TV 시청의 장단점을 모두 포괄하는 말은 'TV 시청의 영향'으로 볼 수 있다.

3. 선택지 패러프레이징에도 유의해야 합니다. 패러프레이징이란 같은 의미의 말을 다른 말로 바꾸어서 표현하는 것입니다. 지문에 쓰인 단어는 아니지만 같은 내용을 전달하는 것이므로 정답으로 잘 활용됩니다.

> ★ 동의어나 관련 어휘를 이용하는 경우
> I should reschedule the flight. ⇨ I need to alter the itinerary.
>
> ★ 부정어와 그 반의어를 이용하는 경우
> The working schedule is flexible. ⇨ The working hours are not fixed.
>
> ★ 범위를 넓히거나 구체화하는 경우
> He has lost his uncle. ⇨ His relative has passed away.

1. The Lunar Spectrum Probe is_____. It's the first atmospheric spectral spacecraft designed by NASA and the first one to use a modular body. It's 7 feet high, 5 feet deep and 5 feet wide, and powered by several solar cells. It will carry four different scientific instruments, three to measure things about the lunar exosphere and one for laser communication. Scientists hope that the probe will add greatly to the information gathered from previous such craft.

    (a) a spaceship run by solar cells designed to help with satellite communications

    (b) a space shuttle designed to carry astronauts to the moon

    (c) the first unmanned spacecraft that NASA invented as a lunar probe

    (d) a robotic orbital mission that is going to circle the moon

2. Self-esteem is the way you look at yourself. Those with healthy self-esteem love themselves and value their achievements. While everyone sometimes loses some of their confidence, _____ almost always feel unhappy or unsatisfied with themselves. They can remedy this but it requires attention and daily practice to boost their self-esteem. Go see a doctor for information and advice if you're having difficulty improving your self-esteem or if low self-esteem is leading to problems such as depression.

    (a) those with healthy self-esteem

    (b) those with low self-esteem

    (c) those without attention on self-esteem

    (d) those without information on self-esteem

3. A painting which lay for six decades in an attic after the owner was told it was a fake
Van Gogh was _____, making it the first full-size
canvas to be discovered since 1928. Experts at the Van Gogh Museum authenticated the
1888 landscape "Sunset at Montmajour" with the help of Vincent Van Gogh's letters,
chemical analysis of the pigments and X-rays of the canvas. The museum director who
found the painting called the discovery a once-in-a-lifetime experience.

(a) pronounced the real thing

(b) discovered by an artist

(c) restored for exhibition

(d) bought for an art patron

4. This is to inform you that our Handicraft Seminar has added another session in order
to _____. The original engagement on April 23 is
fully booked due to overwhelming interest and demand. Hence, a second presentation
is scheduled to open the following day, April 24. You are on the waiting list for this
second session. The venue and time will be emailed to you as it becomes determined.
The panel of speakers is expected to be identical on both dates. Thank you for your
enthusiastic participation for our program.

(a) introduce the community to other experts in the field

(b) include more participants interested in the program

(c) allow more people the opportunity to give presentations

(d) extend the activities offered and provide extensive courses

Unit 02 연결어 고르기

★ 뉴텝스 독해의 두 번째 유형은 지문 속 빈칸에 알맞은 연결어를 고르는 문제로, 9번부터 10번까지 총 2문제
입니다. 알맞은 연결어를 고르기 위해서는 글의 논리적인 흐름을 잘 이해하는 것이 중요합니다.

핵심	지문 속 빈칸의 앞 문장과 뒤 문장 간의 관계 파악을 우선 목표로 한다.			
함정	앞뒤 문장만 읽어도 정답이 나오는 문제가 있는가 하면, 그 두 문장으로는 어떤 맥락의 논리적 관계인지 모를 수도 있다. 이럴 경우에는 글의 첫 문장부터 읽을 수밖에 없다.			
연결 관계	첨가 '게다가'	역접 '그러나'	인과 '따라서'	순서 '그 후'

예문 Read the passage and choose the option that best completes the passage.

There may be several types of bad bosses, but one that really seems offensive is that of power-hungry leaders. Those leaders do not share leadership or power with their employees. _____, they try to hold all the power of their positions for themselves. They consider power as a fixed sum—if one person has more, than others have less.

(a) Instead

(b) However

(c) Even so

(d) Nevertheless

해석 나쁜 지도자의 유형에는 여러 가지가 있을 수 있지만, 많은 이들에게 정말 불쾌하게 보이는 것은 권력에 굶주린 지도자이다. 그러한 지도자들은 절대로 리더십이나 권력을 직원들과 나누지 않는다. 오히려 그들의 지위에서의 모든 권력을 자신에게만 가지고 있으려고 노력한다. 그들은 권력을 누군가 더 가지면 다른 이들은 덜 갖는 고정된 합계로만 생각한다.

(a) 오히려
(b) 그러나
(c) 그렇기는 하지만
(d) 그럼에도 불구하고

해설 가장 불쾌한 유형의 지도자들은 권력을 나누려 하지 않고 자신만 모든 권리를 갖고 있으려고 한다는 내용이므로, 'A는 X가 아니다. 오히려 A는 Y이나'가 분맥상 어울린다. 따라서 앞의 내용을 상상하는 연결어가 딜맞다.

정답 (a)

★ 새로운 내용을 첨가하는 연결어　　　　　　　　* 빈출 어휘: ☆

In addition	
Moreover ☆	
Furthermore	
Besides	게다가
Also	(앞의 내용에 또 내용을 첨가할 때)
On top of that	
What is more	
Indeed ☆	실제로
In fact	(앞의 내용에 대해 자세한 내용을 덧붙여 강조할 때)
Meanwhile ☆	(그리고) 동시에, 그동안에
At the same time ☆	
In the meantime ☆	그동안에
In particular	특히
To be sure	확실히
Admittedly	명백히
Granted	～이므로
Alternately ☆	혹은 (그게 아니면)

★ 비슷한 내용을 반복하는 연결어

In other words	
Namely	즉, 다시 말하면
That is	
For example ☆	예를 들어
For instance	
For one thing	우선 한 가지 예를 들면

★ 앞 내용에 반대되는 내용을 잇는 연결어

Even so ☆	
For all that ☆	
However	
Nevertheless ☆	그럼에도 불구하고
Still	
That (being) said ☆	

★ 앞 내용과 대조를 이루는 연결어

Actually	
In effect	실제로는 (앞의 내용과 반대 내용을 강조)
In fact ☆	
However	그러나
On the other hand ☆	다른 한편으로는
In contrast ☆	그와는 반대로
Conversely	정반대로, 역으로
At the same time ☆	(그러나) 동시에
Meanwhile ☆	
After all	(예상과는 달리) 결국에는
Of course	(앞의 내용과 달리) 물론

★ 비교를 나타내는 연결어

Likewise ☆	마찬가지로 (앞의 내용과 논리는 같고 대상은 다를 때)
Similarly	

★ 앞 내용을 정정하는 연결어

Instead ☆	오히려
On the contrary ☆	(A는 X가 아니다. 오히려 (그게 아니라, 그 반대로) A는 Y이다.)
Rather ☆	

★ 앞 내용을 일축하는 연결어

Anyhow	
At any rate	어쨌든
In any case	

★ 인과관계에 의한 결과를 나타내는 연결어

Accordingly ☆	
As a result ☆	
Consequently ☆	
For this(that) reason	
In conclusion	따라서
Hence ☆	
Therefore	
Thus	

★ 인과관계에 상관없이 결과를 나타내는 연결어

Eventually	결국, 끝내
In turn	(앞의 일에 대한) 결과로
Ultimately ☆	결국, 마침내, 궁극적으로

★ 가정적인 결과를 나타내는 연결어

In that case	그런 경우
Otherwise	그렇지 않으면

★ 순서를 나타내는 연결어

Next	
Subsequently ☆	그 후
Then	
Thereafter	

★ 결론적인 마지막 사실을 나타내는 연결어

Finally ☆	마침내, 결국
In the end	

★ 기타 연결어

Up to now	지금까지
In short	요약하자면
In brief	
In summary	
To sum up	
All in all	대체로

★ 순접과 역접에 모두 사용 가능한 연결어

1. at the same time

① '(그리고) 동시에' (순접의 연결)

He has tried to save as much as possible. **At the same time**, he has checked his spending habits to reduce his cost of living.

그는 되도록 많이 저축하려고 노력했다. (그리고) 동시에 그는 생활비 감축을 위해 그의 소비 습관을 점검해 왔다.

② '(그러나) 동시에' (역접의 연결)

The newly designed instrument has many advantages. **At the same time**, it also has side effects.

새로 고안된 기구는 많은 장점을 가지고 있다. (그러나) 동시에 부작용도 있다.

2. in fact

① '실제로' (앞의 내용에 자세한 내용을 덧붙여 강조)

The demand for printed newspapers has decreased since the emergence of online newspapers. **In fact**, a survey shows the number of people who read an online newspaper was twice as high as with printed versions.

인쇄된 신문에 대한 수요가 온라인 신문의 등장 이후로 감소해 왔다. 실제로 조사 결과 온라인 신문을 읽는 사람의 수가 인쇄된 것을 보는 사람보다 두 배 많다는 것이 드러났다.

② '실제로는' (앞의 내용과 반대 내용을 강조)

Many people think it the most important thing to work out when wanting to lose weight. **In fact**, it is of utmost importance to eat properly.

많은 사람들이 살을 빼려고 할 때 운동이 가장 중요하다고 생각한다. (그러나) 실제로는 제대로 먹는 것이 가장 중요하다.

1. They maintained an optimistic view of the U.S. economy this year, predicting 3 percent growth in the second quarter of this year, low inflation and higher employment. It was predicted that real gross domestic product would grow at a 2.3 percent annualized rate up from 2.1 percent seen earlier in the first quarter. _____ , the unemployment rate is seen falling to 7 percent next year from 7.5 percent this year. Industry experts attribute this to the combined effects of the stimulus package as well as strengthened exports to Asia.

   (a) Instead
   (b) However
   (c) Moreover
   (d) In other words

2. A young man who suffered from a fatal brain injury has got an opportunity to study politics at a university. He is unable to walk more than a few steps without help and has speech difficulties and can hardly use his right arm. He relies on an electric wheelchair. _____ , this never prevented him from continuing his study. After his accident, he re-learned to eat and talk and began taking his first steps again. He refused to admit that he would never walk or study again. He is an optimistic and determined young man.

   (a) Rather
   (b) In fact
   (c) Accordingly
   (d) However

3. In macroeconomics, people focus on the demand and supply of all the goods and services produced by an economy. _____, the demand and supply of the money stock in an economy is the concern of a monetary policy. Data on the flow of money is carefully tracked by governments and institutions since it affects inflation, price levels, and exchange rates. There is plenty of historical evidence of a direct link between an increase in the availability of money and price inflation.

(a) Likewise

(b) Still

(c) That being said

(d) Accordingly

4. The Convention on the Prohibition of Chemical Weapons aims to eliminate all weapons of mass destruction. It prohibits the development, production, acquisition, retention, transfer or use of chemical weapons by countries that are parties to the convention. These countries, _____, are asked to enforce the prohibitions on their territory. At present, almost all countries in the world are parties to this Chemical Weapons Convention and there are only four countries that are not parties to the convention.

(a) in turn

(b) instead

(c) alternately

(d) otherwise

어울리지 않는 문장 찾기

★ 뉴텝스 독해의 세 번째 유형으로, 11번부터 12번까지 총 2문제입니다. 지문의 첫 문장은 주어지는 문장이고, 두 번째 문장부터 마지막 문장까지 4개의 선택지 중에서 글의 흐름과 관련이 없는 것을 골라야 합니다.

핵심	① 첫 문장에 반드시 주제가 나오는 것은 아니지만 글의 소재는 등장하게 되어 있다. 따라서 소재 파악 후 어떠한 방식으로 풀어나가는지, 혹은 소재의 어떠한 면을 다루고 있는지를 정확히 파악한다.
	② 선택지들 중에 소재 자체가 달라지거나 내용 전개 방향이 달라진 문장을 정답으로 파악한다. 소재가 달라지는 경우보다는 내용 전개 방향이 달라지는 경우가 자주 출제된다.
함정	앞 문장에 언급된 개념을 그대로 연결해서 마치 흐름이 자연스러운 것처럼 위장한다.

예문 Read the passage and identify the option that does NOT belong.

The Humanities Department offers classes and programs that are basic to an undergraduate liberal arts education. (a) The department focuses on qualities like communication skills, critical thinking, and understanding the history and cultures of our world. (b) We offer many essential classes and operate our own degree programs in English, History, Philosophy, Linguistics and Foreign Languages. (c) Especially Foreign Languages are critical for you, young students, living in today's globalized world. (d) Students can sign up for courses not only in your their major but also in philosophy, linguistics, and creative writing.

해석 인문학부는 학부생들의 교양 과목에 대한 기초적인 수업과 과정들을 제공합니다. (a) 인문학부는 의사소통 방식과 비판적인 사고, 그리고 우리 세계의 역사와 문화에 대한 이해와 같은 부분들을 강조합니다. (b) 우리는 영어, 역사, 철학, 언어학, 외국어 분야에서 핵심 과목들을 제공하며, 자체적인 학위 과정을 운영합니다. (c) 특히 외국어는 오늘날 세계화된 세상에 사는 젊은이들인 여러분에게 필수입니다. (d) 여러분은 자신의 전공 분야뿐만 아니라, 철학, 언어학, 창의적 글쓰기 같은 분야의 수업도 수강할 수 있습니다.

해설 첫 문장에서 인문학부가 어떤 수업을 제공하는지에 대한 이야기를 하고 있다. (a)는 인문학부 강의의 초점, (b)는 인문학부의 강의 및 과정이 이어진다. (c)는 외국어의 중요성에 대해 이야기하고 있는데, 인문학부라는 글 전체의 흐름과 맞지 않다. (d)는 인문학부에서 수강할 수 있는 과목에 대해 소개하여, 글의 흐름에 맞다.

정답 (c)

★ 문제 풀이 전략

전략1 ▶ 첫 문장을 읽으면서 글의 소재와 주제를 파악한다.

전략2 ▶ 두 번째 문장 이후를 보면서 이후의 문장들에서 공통적으로 소재를 어떠한 방향으로 다루는지 파악한다.

전략3 ▶ 글 전체 소재나 방향이 다른 내용을 찾아 정답으로 파악한다.

전략4 ▶ 정답 문장을 제외하고 그 앞뒤 문장을 연결해 본다. 논리적 전개나 지시어, 연결어가 완벽하게 연결이 되는지를 확인하여 답을 검증한다. 이런 검증은 정답 선택 후에 반드시 해야 한다.

★ 소재가 바뀌는 경우
  글의 주제 – 단백질은 우리 몸에 꼭 필요하다.
  어울리지 않는 문장 – 탄수화물도 우리 몸에서 중요한 역할을 한다.

★ 내용의 전개 방향이 바뀌는 경우
  글의 주제 – 나무를 심을 때의 주의사항
  어울리지 않는 문장 – 나무를 심으면 미학적 측면 외에도 에너지 절감 효과가 있다.

★ 다음 예시 문제를 보면서 문제 풀이 전략을 적용해 보자.

1. Known all over the world, the works of William Shakespeare have been performed in countless places for more than 350 years. (a) However, the private history of William Shakespeare has remained somewhat a mystery. (b) Even so, Shakespeare's works have been considered the best English writings ever. (c) Researchers examine two main sources for a basic outline of his life. (d) One is his works—the plays, poems and sonnets—and the other is official documentation such as church and court records.

해석 전 세계에 알려져 있는 윌리엄 셰익스피어의 작품들은 350년 이상을 셀 수 없이 많은 곳에서 공연되어 왔다. (a) 그러나 윌리엄 셰익스피어의 사적인 역사는 어느 정도 미스테리로 남아 있다. (b) 그럼에도 불구하고, 셰익스피어의 작품은 영국 최고의 작품으로 여겨진다. (c) 연구자들은 그의 인생에 대한 기본적인 개관을 위하여 두 가지 주요 출처를 연구한다. (d) 한 가지는 희곡, 시, 소넷 등 그의 작품이고, 나머지 하나는 교회나 법정 기록 같은 공식 문서이다.

주제   윌리엄 셰익스피어의 개인적 삶에 대한 증거

정답   (b) 셰익스피어 작품에 대한 평가 → 내용 전개의 변화

두 번째 문장에서 역접 혹은 내용 전환이 되는 경우 내용 전개의 흐름이 첫 문장과 달라질 가능성이 높기 때문에 이후에 이어지는 내용이 첫 문장과 연관되는지, (a) 문장과 연관되는지를 정확히 따지면서 풀어야 한다.

2. Sometime around 380 B.C. Plato established a school of learning, known as the Academy, which he presided over until his death. (a) It is thought the school was at a park named for a fabled Athenian hero. (b) The Academy remained open until about 530 A.D., when it was closed by a Roman emperor who was worried that it was a threat to Christianity. (c) Throughout its years of operation, the Academy's curriculum included astronomy, biology, mathematics, political theory and philosophy. (d) At that time, philosophy was considered the most important subject.

해석 기원전 380년경에 플라톤은 아카데미라고 알려진 배움의 학교를 설립하여, 죽을 때까지 운영하였다. (a) 그 학교는 전설적 아테네 영웅의 이름을 딴 공원에 위치해 있었다고 한다. (b) 그 아카데미는 530년까지 운영되었는데, 그것이 기독교에 위협이 될 것이라고 걱정한 로마의 황제에 의해 폐쇄되었다. (c) 학교를 운영하는 내내, 아카데미의 교과 과정들은 천문학과 생물학, 수학, 정치 이론, 철학이 있었다. (d) 그 당시에는 철학이 가장 중요한 과목으로 여겨졌다.

주제　플라톤이 세운 교육 기관인 아카데미

정답　(d) 철학의 중요성 → 소재의 변화

주제는 플라톤이 세운 교육 기관인 아카데미에 대해서 다루고 있으므로 글의 소재와 주제를 생각하며 어울리지 않는 문장을 골라내야 한다.

Practice Test

1. Physicists use the term inertia to explain the tendency of an object to resist a change in its motion. (a) This concept of inertia was not come upon by Newton for the first time. (b) An object at rest will stay at rest, forever, as long as nothing pushes or pulls on it. (c) An object in motion will stay in motion, moving along a straight line, forever, until something pushes or pulls on it. (d) For example, when a car hits a wall, the person inside the car keeps moving in a straight line and at a constant speed until an external force is encountered.

2. Some of the ideas we read in science fiction novels eventually do became reality, but must the field of "future studies" be limited only to the sciences? (a) The answer is "no" since future studies uses multiple fields of research in forecasting what is to come. (b) Thus, political and social trends are considered along with developments in science and technology. (c) Scientific progress is the main source of change in the world according to future studies. (d) For this reason, "future studies" is one of few research areas that combines experts from various disciplines.

3. A whistleblower generally needs not risk reprisal or jeopardize his or her career to expose illegal action or misconduct. (a) A whistleblower can anonymously provide the necessary information or documents regarding fraudulent or wasteful activities in government or business. (b) This allows the whistleblower to expose the wrongdoing, without the risk of his/her being attacked. (c) In the past we have worked with those who stay anonymous as whistleblowers. (d) So if you notice an unfair situation, please provide us with the evidence even if you withhold your identity.

4. Cell division is a process whereby a cell divides into two or more cells. (a) It is critical for the reproduction of creatures that reproduce asexually. (b) Sexually reproducing organisms form gametes through cell division. (c) The malfunction of a protein can bring about problems during cell division. (d) Cell division is also the source of tissue growth and repair in multicellular organisms.

주제나 목적 찾기

★ 뉴텝스 독해의 네 번째 유형은 글의 주제나 목적을 고르는 문제로, 13번부터 16번까지 총 4문제입니다. 또한 뉴 텝스 신유형인 1지문 2문항 중에서도 주제나 목적을 고르는 문제가 한두 문제씩 출제됩니다. 지문의 세부 내용 을 일일이 해석할 필요가 없다는 점에서 문제당 풀이 시간은 40~50초로 비교적 짧은 시간에 풀도록 합니다.

핵심	글의 주제를 찾으면 되기 때문에 글에서 주제가 나오는 패턴을 익히고, 패러프레이징된 부분을 정확히 따진다.			
함정	① 언급된 내용이 선택지에 존재한다고 하더라도 일부의 내용만을 나타내고 있다면 오답이다. 반드시 모든 내용을 포함하는 것이 정답이다. ② 지문에 나온 표현이 일부 그대로 선택지에 쓰였다면 오히려 함정일 수 있다.			
논리적 연결 관계	A Type 중심 생각 + 부수 내용	B Type 세부 내용 1 세부 내용 2 세부 내용 3 + (중심 생각)	C Type 일반적인 통념 역접어 + 반론 + (중심 생각)	D Type 전제/ 배경 전환어 + 중심 생각 + 부수 내용

예문 Read the passage, question, and options. Then, based on the given information, choose the option that best answers each question.

The ideal outcome for your children is that they find a place in life which feels right to them especially based on their skills, their temperaments and their passions. And what often interferes with finding one's right place in life is a preoccupation with being the best. A focus on just winning also makes people more likely to get frustrated or discouraged and quit. Focusing instead on what suits their interests and strengths, they're more likely to get both the financial capability to support themselves and the spiritual strength to cope with bumpy times.

Q: What is the main idea of the passage?

(a) Parents should encourage their kids to be good people.

(b) Parents should always focus on their kids being the best.

(c) Parents should not help their kids when they fail.

(d) Parents should help their kids find and pursue their own interests.

해석 자녀들에게 이상적인 결과는 그들이 특히 자신의 기술과 기질, 열정에 근거하여 자신에게 맞게 느껴지는 삶의 자리를 찾는 것이다. 그리고 종종 자기 자리를 찾는 데 방해가 되는 것은 최고가 되는 것에 대한 집착이다. 또한, 승리에만 집중하면 사람은 더욱 좌절하고 낙담하여 그만둘 가능성이 높아진다. 대신에 자신의 관심과 강점에 잘 맞는 부분에 집중하게 되면, 그들은 생활할 수 있는 경제력과 힘든 시간을 이겨낼 수 있는 강한 정신력 둘 다를 갖게 될 가능성이 높다.

    (a) 부모는 아이들이 좋은 사람이 되도록 격려해야 한다.

    (b) 부모는 항상 아이들이 최고가 되는 것에 집중해야 한다.

    (c) 부모는 자녀가 실패했을 때 도와주면 안 된다.

    (d) 부모는 아이들이 자신의 관심을 찾고 추구할 수 있게 도와야 한다.

해설 첫 문장에서 주장(주제)을 이야기하고, 그 이후에 첫 문장에 대한 예시와 상술을 하는 A type의 글이다. 첫 문장에서 "이상적인 결과는 그들이 자신의 기술과 기질, 열정에 근거하여 자신에게 맞게 느껴지는 삶의 자리를 찾는 것이다."라고 주장하고 있고, 나머지 문장들은 같은 내용에 대한 뒷받침이므로 가장 알맞은 보기는 (d)이다. (b)는 하지 말라고 한 내용이다.

정답 (d)

★ 문제 풀이 전략

| 전략1 ▶ | 글의 첫 문장, 혹은 두 번째 문장을 읽고 주제를 추론한다. |

확정된 주제는 아니라는 점을 인지하고 추론한다.

| 전략2 ▶ | 이후 문장들의 역할을 파악한다. |

주제 추론 후 그 이후 문장들을 주어와 동사 중심으로 보고 중요 문장(새 정보) 혹은 넘어갈 수 있는 문장(나왔던 정보) 여부를 판단하면서 각 문장의 역할을 중심으로 독해한다.

| 전략3 ▶ | 각 문장의 타입별로 다음과 같이 처리한다. |

파악한 주제에 대한 부연 설명, 상세화, 예시 등인 경우	A Type	해석하지 않고 넘어간다.
새로운 내용을 덧붙이는 경우	B Type	처음 파악한 주제와 병렬적으로 연결하여 두 내용을 결합한다.
내용이 전환, 역접이 되는 경우	C Type D Type	앞의 내용은 전제였고, 이를 바탕으로 주제가 나온다. 주제가 전환된다는 것을 명심해야 한다.

★ 타입별 지문의 특성

	특성
A Type	① 첫 문장에서 주장, 필요, 새로운 사실을 언급한다. → **주제** ② 이후 문장에는 새로운 내용이 없고 첫 주제문의 세부 사항들로 구성된다.
B Type	① 주제문이 있거나 없을 수도 있다. ② 주제문은 각 세부 사항의 내용을 합쳐야 한다. 일부만 언급하는 선택지는 오답이다.
C Type	① 첫 문장에서 일반적인 통념을 언급한다. People (usually / often / commonly) think [say / believe] that ~ It is [has been] commonly believed [thought / said] that ~ ② 역접 후 통념에 대한 반론이 나온다. → **주제**
D Type	① 앞에서보다 일반적인 패턴을 이야기한다. ② 뒤쪽에서 그에 관련되어 조금 더 세분화된 범위로 한정시켜서 이야기한다. → **주제**

★ 문제의 함정

1. B타입은 특히 주제의 일부만 포함하는 오답이 있다.

   주제 the cause and symptoms of flu 감기의 원인과 증상
   오답 the symptoms of flu 감기의 증상

2. C타입의 앞에 언급되는 통념은 결코 주제가 될 수 없다.

3. 정답은 보통 지문의 어휘를 그대로 쓰지 않고 패러프레이징된다.

4. 마지막에 선택지가 두세 개 남은 경우가 있다.
   각 선택지의 핵심 단어를 지문의 주제와 비교하면, 핵심이 분명해져서 정답의 근거와 오답의 이유가 더 명확해진다.

1. Jane Russell, famous for her roles in classic films of the 1950s, was discovered by an American director at the age of 19. During her years in Hollywood, the star of the silver screen had been married to pro football player. Later, their marriage of 24 years, ended in divorce. She then married an actor — who died four months later of a heart attack. The third and last marriage was to a developer in 1978. He died in 1999 of heart failure.

   Q: What is the passage mainly about?

   (a) Jane Russell's movie career

   (b) How Jane Russell got divorced

   (c) How Jane Russell became a star

   (d) Jane Russell's marriage life

2. Greece has been renowned as a great place to relax and travel. The most popular place in the country is the capital of Greece — Athens, which is one of the oldest and most beautiful capitals in the world. Monuments of culture, various temples, and great museums each year attract thousands of tourists here. Such beautiful places as the Acropolis and the Temple of Nike have long been symbols of ancient Greece and a place for visitors to feel history. In Athens alone, there are more than 200 museums and galleries. And the other main attraction of Greece is, absolutely, its beautiful islands, which feature famous resorts with excellent infrastructure.

   Q: What is the main point of the passage?

   (a) Greece has many wonderful museums.

   (b) People can enjoy relaxing and sightseeing in Greece.

   (c) Greece is famous for its natural scenery.

   (d) Tourists in Greece can appreciate modern facilities.

3. Developments in molecular biology are contributing to new insights in every field such as genetics, cell biology, and neuroscience. These findings help us address the grave challenges of biodiversity conservation, global climate change, and human health. Environmental biology is also at the heart of new ways of relating to other living organisms. Meanwhile, biomedicine is progressing to the point of raising new hopes of dealing with the old problems which have plagued mankind.

Q: What is the passage mainly about?

(a) The history of biology

(b) The merits of biology

(c) The questions of biology

(d) The difficulty of biology

4.
Dear Members,

Over the next few months, it's important that everyone contribute to the annual celebration. Members can assist in several ways: you can encourage friends to purchase tickets to the Back-to-School Party event; others can recruit musicians and performers; we also need a committee to oversee planning and decorations; finally, we need an experienced member to publicize the event across campus. This is our biggest project each year, and we hope it will be our most exciting festival yet. It will only succeed with your participation.

Sincerely,
Campus Life Society President

Q: What is the main purpose of the letter?

(a) To ask all members to complete the new surveys

(b) To recruit artists to volunteer for the organization

(c) To inquire about issues on campus

(d) To encourage members to participate in an event

세부 내용 찾기

★ 뉴텝스 독해의 다섯 번째 유형으로, 17번부터 22번까지 총 6문제입니다. 또한 뉴텝스 신유형인 1지문 2문항 중에서도 세부 내용 찾기 문제는 각 지문에서 꼭 출제되므로 중요한 부분을 차지합니다. 세부 사항을 묻는 문제는 모든 선택지의 내용을 정확히 판단할 수 있어야 한다는 점에서 비교적 시간이 걸리므로 충분한 문제풀이 시간을 확보하여야 합니다.

핵심	세부적인 내용들을 모두 파악해야 하므로, 독해의 정확성과 패러프레이징 능력이 관건이다.
함정	① 세부 사항 찾기 문제는 시간이 더 걸린다는 점을 미리 생각하여, 다른 유형을 풀 때 미리 시간을 단축해 놓을 필요가 있다. ② 특히 오답의 가능성이 높거나 패러프레이징으로 정답이 될 수 있는 부분들에 대해 훈련한다.

예문 Read the passage, question, and options. Then, based on the given information, choose the option that best answers each question.

Economic indicators are like a snapshot of the economy's health. For examination of the economic situation, an economist could check the basic indicators by looking at gross domestic product (GDP), unemployment rate or the consumer price index (CPI). The policy-making body of a country, therefore, examines and considers many economic indicators prior to determining any policy or issuing directives.

Q: Which is correct according to the passage?

(a) Economic policies are signs that an economy is healthy.

(b) Gross domestic product is one of the economic indicators.

(c) The policy-making body of a country is an economic research center.

(d) People make economic policy before examining economic indicators.

해석 경제 지표는 경제라는 건강의 스냅 사진과 같다. 경제 상황을 살피기 위해 경제학자는 국내 총생산, 실업률, 소비자 물가 지수 같은 기본적 지표를 살핌으로써 경제 상황을 점검한다. 한 나라의 정책 결정 기관은 정책을 결정하거나 지시를 내림에 앞서서 많은 경제 지표들을 조사하고 고려한다.

   (a) 경제 정책은 경제가 건강한지를 보여 주는 표식이다.
   (b) 국내 총생산은 경제 지표 중 하나이다.
   (c) 한 나라의 정책 결정 기관은 경제 연구소이다.
   (d) 경제 지표를 살펴보기 전에 경제 정책을 결정한다.

해설 경제 지표의 예로 국내 총생산, 소비자 물가 지수, 실업률을 들고 있으므로 가장 알맞은 보기는 (b)이다. 경제 지표를 살펴보기 전에 경제 정책을 결정하는 것이 아니라, 반대로 경제 정책을 결정하기 전에 경제 지표를 살펴본다고 하므로 (d)는 옳지 않다.

정답 (b)

★ 문제 풀이 전략

전략1 ▶ 오답으로 잘 나오는 부분을 중심으로 밑줄을 긋는다.

> ※ 오답 주의 항목들
>
> ① 숫자는 단위에 주의한다.
>
> ② 시간, 장소는 전치사에 주의한다.
>
> ③ 원인, 결과는 주어−목적어 관계, 태, 원인, 결과의 표시어를 주의한다.
>
> ④ 부분, 전체의 범위, 범주를 주의한다.
>   children under 6 ≠ boys under 6
>
> ⑤ all, every, always는 오답일 확률이 높다.
>
> ⑥ the only, 최상급, 비교급은 오답일 확률이 높다.

전략2 ▶ 지문을 읽어 내려가며 선택지의 내용과 비교한다.

전략3 ▶ 틀린 내용이라고 확신이 들면 하나씩 소거해 간다.

전략4 ▶ 정답은 반드시 지문 내용과 연관 지어 본다. 언급 안 된 오답을 답으로 하지 않도록 주의한다.

> ★ 한 번 더 확인하기
> 선택지의 답과 지문의 내용을 연결 지을 수 있어야 한다.
> 만약 연결 지을 수 있는 문장, 어구가 없다면 오답일 확률이 높다.

★ 정답 선택 전략은 패러프레이징

선택지 중 오답 가능성 높은 선택지를 소거하는 연습과 정답을 다시 한 번 확인하는 연습을 하세요.

1. 오답 패러프레이징의 예시

① The sales volume has risen by 25%. 판매량이 25%로 증가했습니다.

≠ The rate of increase has risen by 25%. 증가율이 25%로 올랐습니다.

② in decline ≠ has been stronger
　　하락세인　　　　　강세인

③ a high rate of illiteracy ≠ almost all of them are illiterate
　　높은 문맹률　　　　　　　　거의 다가 문맹이다

④ A is much like B. ≠ A is the same as B.
　　A는 B와 매우 유사하다.　　A는 B와 같다.

⑤ almost identical ≠ the same
　　거의 동일한　　　　　똑같은

⑥ applied to animals ≠ limited only for insects
　　동물에 적용한다　　　　　곤충에만 적용한다

⑦ one third ≠ almost all
　　3분의 1　　　거의 다

⑧ negative effects ≠ beneficial effects
　　부정적 영향　　　　　유익한 영향

⑨ natural increase in population ≠ migration
　　인구의 자연 증가　　　　　　　이주로 인한 증가

⑩ until 1980 ≠ since 1980
　　1980년까지　　　1980년부터

2. 정답 패러프레이징의 예시

① about 25 % of the people = about a quarter of the people
약 25%의 사람들   약 1/4의 사람들

② famine = starvation
기근   기근

③ sometimes = not always
때때로   항상 그런 것은 아닌

④ A is on a high hill, overlooking the city. A는 언덕 위에 도시를 내려 보는 곳에 있다.
= A is placed on a higher place than the city. A는 도시보다 위쪽에 있다.

⑤ There are people who can benefit from it. 그것으로부터 이익을 받는 사람들이 있다.
= Not all people can benefit from it. 모두가 그것으로부터 이익을 받는 것은 아니다.

⑥ flexible = open to many changes
유동적인   변화에 열려 있는

⑦ each state = every state
각 주에   모든 주에

⑧ different = not the same
다른   같지 않은

⑨ A was produced by B. = B was to blame for A.
A는 B에 의해 이루어진다.   A에 대해서는 B의 탓이다.

⑩ Surprisingly, it turned to be in high demand. 놀랍게도 그것에 대한 수요가 높은 것으로 드러났다.
= Strong demand was unexpected. 그것에 대한 높은 수요는 예견치 못한 것이었다.

PRACTICE TEST

1. A "supermoon," where the moon passes by Earth in its closest orbit, was seen yesterday. During this phenomenon, the moon looked 14 percent bigger and 30 percent brighter than a normal full moon. Media reports said observers enjoyed looking at the moon in its full phase and when it is closest to Earth, it's at just 356,989km away. Astronomers said this phenomenon occurred because the moon revolves around the earth along an oval-shaped orbit and hence the moon's distance from the Earth is different each month.

   Q: Which of the following is correct according to the passage?

   (a) A supermoon can be observed when the Earth is close to the sun.

   (b) The distance between the moon and the sun caused the supermoon.

   (c) The moon rotates around the Earth in an elliptical orbit.

   (d) The supermoon appeared 30 percent larger than a normal one.

2. May and June are the hottest months of the year in Singapore and Singaporeans will have to wait until late September to enjoy cooler weather. The weather forecast said that temperatures for the past week reached as high as 34°C last Saturday, and are expected to range between 30 and 33°C this weekend. Last month, temperatures climbed up to as high as 34.9°C on April 28, well over last year's record. The highest temperature this year was 36.2°C.

   Q: Which of the following is correct according to the passage?

   (a) The hot weather will continue after late September.

   (b) Last year's highest temperature was higher than that of this year.

   (c) May and June are usually the hottest months of the year worldwide.

   (d) During the next few weeks people in Singapore will experience hot weather.

3. Section A shows you data on the production, supply, and distribution of agricultural commodities. All the data is sourced from the United States Department of Agriculture. It is usually updated once a month. The data is classified by commodity, country, and variable. A supply and distribution/use table is a typical method of accounting for the total supply of a commodity. Supply and use tables are almost always on the basis of the marketing year for the commodity because that is the period in which the supply and use will balance.

Q: Which of the following is correct about section A according to the passage?

(a) It contains data about agricultural and engineering variables.

(b) Its database derives from that provided by a government institution.

(c) Its information is updated about every other month.

(d) Its supply and use tables are based on the calendar year.

4. Oil Information System (OIS) is famous for its comprehensive sources for petroleum pricing and news information. Its staff includes more than 60 information specialists, including the most seasoned editors in the business, combining over 150 years of industry experience. They cover the market and report breaking news stories as well as provide keen analysis on what the trends imply and how they could affect prices and purchasing decisions. Our clients work in various sectors like the leading oil companies, hundreds of distributors, government agencies and commercial buyers.

Q: Which of the following is correct about OIS according to the passage?

(a) It features news and analysis for government and industry.

(b) It covers only petroleum pricing and news information.

(c) It has provided news about petroleum for 100 years.

(d) Its customers are limited to the private sector.

Unit 06 추론하기

★ 뉴텝스 독해의 여섯 번째 유형은 추론할 수 있는 것을 고르는 문제로, 23번부터 25번까지 총 3문제입니다. 또한 뉴텝스 신유형 문제인 1지문 2문항에서도 꼭 등장하는 유형이라 고득점을 위해서는 시간 투자가 많이 필요합니다. 모든 선택지의 내용을 정확히 판단하면서도, 간접적으로 드러나는 추론 가능한 내용들도 답으로 골라낼 수 있어야 한다는 점에서 난이도가 높습니다.

핵심	세부적인 내용들을 모두 파악해야 하므로 독해의 정확성과 패러프레이징 능력이 관건이다. 직접적, 명시적으로 드러나지 않았더라도 내용상 추론해 낼 수 있는 내용이면 답이 될 수 있는 부분에 대한 연습이 필요하다.
함정	① 추론 문제는 세부 사항 문제와 같이 시간이 더 걸린다는 점을 미리 생각하여, 다른 유형을 풀 때 미리 시간을 단축해 풀어서 이 유형을 풀 시간을 마련해 놓는다. ② 정답의 유형과 오답의 유형에 대한 충분한 이해가 있어야 한다. ③ 추론하여 답이 될 수 있는 범위들에 대한 이해가 있어야 한다.

예문 Read the passage, question, and options. Then, based on the given information, choose the option that best answers each question.

Researchers are still estimating the effects of the 180 million gallons of oil that flooded into the Gulf after the explosion of BP's oil rig. In the following months, wildlife managers, rescue teams, scientists and researchers observed lots of immediate effects on wildlife. More than 7,000 birds, sea turtles, and marine species were found injured or dead in the six months after the spill. But the long-term damage that would be caused by the oil spill may not be exactly known for the next few years. And it will take even longer to understand the long term impacts.

Q   What can be inferred from the passage?

(a) BP intentionally blew up the oil rig without regard to the environment.

(b) There are about 7,000 kinds of birds, sea turtles, and marine species in the Gulf.

(c) The short-term effects of the oil spill remain to be seen.

(d) Researchers will continue to examine the impact of the oil spill.

해석 연구자들은 비피 사의 석유 굴착 장치의 폭발 후에 걸프 지역에 흘러들어 간 1억 8천만 갤런의 석유의 영향에 대해 아직 평가하고 있다. 몇 달 후에 야생동물 돌봄이, 구조원, 과학자들과 연구자들은 야생에 미친 많은 즉각적인 영향들을 관찰했다. 7천 마리 이상의 새와 바다거북, 해양 동물들이 유출 이후 6개월 만에 다치거나 죽은 채로 발견되었다. 그러나 석유에 의한 장기적인 영향은 몇 년이 지나도 정확히 나타나지 않을 수가 있다. 석유 재앙의 장기적인 영향을 이해하는 데에는 훨씬 더 긴 시간이 걸릴 것이다.

(a) 비피 사는 환경을 고려하지 않고 고의적으로 석유 굴착 장치를 폭발시켰다.

(b) 걸프 지역에는 7천 종 정도의 새, 바다거북, 해양 동물들이 있다.

(c) 석유 유출이 미치는 단기적 영향은 아직 두고 보아야 한다.

(d) 연구자들은 석유 유출의 영향을 계속해서 조사할 것이다.

해설 연구자들이 석유의 단기적 영향을 목격했고 영향에 대해 여전히 평가 중이라고 했으므로 석유의 바로 나타나지 않는 장기적인 영향을 알아보기 위해 작업할 것이라는 내용을 추론해 낼 수 있다. 석유 굴착 장치 폭발이 고의적이었는지는 언급되지 않았고, 7천 마리 이상의 새와 바다거북, 해상 동물들이 다치거나 죽었다고 했지 그만큼만 산다는 것은 아니다. 또한 글의 마지막에 석유의 단기적 효과가 아니라 장기적 효과를 아직 두고 보아야 한다고 마무리하고 있다.

정답 (d)

★ 문제 풀이 전략

전략1 ▶ 오답으로 잘 나오는 부분을 중심으로 밑줄을 긋는다.

전략2 ▶ 지문을 읽어 내려가며 선택지의 내용과 비교한다.

전략3 ▶ 틀린 내용이라고 확신이 들면 하나씩 소거해 간다.

전략4 ▶ 정답은 반드시 지문 내용과 연관 지어 본다. 언급 안 된 오답을 답으로 하지 않도록 주의한다.

Unit 5의 세부 내용 찾기와 전략은 비슷하다고 볼 수 있습니다.
하지만 추론 문제에서는 직접 증거가 아닌 간접 증거가 있을 수 있습니다.

As part of the initial screening process, we would like you to come to our office on January 25 at 2 p.m. for testing and a preliminary interview.
사전 선별 작업으로서, 1월 25일 2시에 오셔서 시험 및 사전 면접에 응해 주시기를 부탁드립니다.

추론 The writer has never met the receiver of the letter.
편지를 쓴 사람은 편지를 받는 사람을 만나본 적이 없다.

사전 심사를 위해 처음으로 회사에 오게 되는 것이므로 편지를 보내는 사람(직원)과 이 회사의 지원자인 수신자는 간접 증거를 통해 아직 안 만나 본 사이임을 알 수 있습니다.

★ 다음 예시 문제를 보면서 추론 문제 **정답**의 유형을 알아보자.

Nayan and Bubu had already lived in an orphanage when the 6.8 magnitude earthquake hit Haiti in 2010. A few buildings collapsed in the compound and injured some children but none were killed. The two young men see themselves as the lucky ones. Although three years have passed, many people in Haiti still live in tents, or in worse cases, without any shelter at all. There is little food or clean water to drink or wash with. But Nayan and Bubu had been safe within the high walls of the orphanage. There they were loved and well taken care of by their surrogate family.

해석 나얀과 부부는 강도 6.8의 지진이 2010년 아이티를 덮쳤을 때 이미 고아원에서 살고 있었다. 구내의 몇몇 건물이 쓰러지고, 몇 명의 아이들이 다치긴 했지만 아무도 사망하지 않았다. 두 청년은 자신들이 행운아라고 여긴다. 3년의 시간이 지났지만 아이티의 많은 사람들은 아직도 텐트에서 살거나 더 심한 경우에는 주거지도 없이 지내고 있다. 음식이나 마시고 씻을 물도 거의 없다. 그러나 나얀과 부부는 고아원의 높은 벽 안에서 안전하게 지내 왔다. 그곳에서 그들은 위탁 가정에게 사랑과 보살핌을 받고 있다.

Step 1 ▶ **주제가 정답이 된 경우**

추론 문제의 경우라 할지라도 선답을 고르고 보면 결국은 주제를 담고 있는 경우도 종종 있다. 이 경우 지문의 내용이 통념에 반대되는 주제인 경우가 많다.

Nayan and Bubu felt secured despite the disaster.

→ 나얀과 부부는 재앙에도 안전하다고 느꼈다.

Step 2 ▶ **세부 내용이 패러프레이징되어 정답이 된 경우**

문제는 추론할 수 있는 것을 묻고 있으나, 실질적으로 답은 간접적으로 추론해야 낼 수 있는 것이 아닌 직접적인 근거를 패러프레이즈한 것인 경우도 있다.

Even three years after the earthquake, the damage from it wasn't wholly restored.

→ 아직도 텐트에 살고 있는 사람들이 있고 물도 부족하므로, 피해에서 완전히 복구되지 않았다고 바꿔 표현할 수 있다.

Step 3 ▶ **숨겨진 정보를 추론해 정답이 된 경우**

진정한 추론의 결과가 정답이 되는 경우다. 주어진 지문의 내용을 통해서 간접적으로 이끌어 낼 수 있는 숨겨진 정보가 정답이다. 이 경우 지문을 통해 이끌어 낼 수 있는 결론이어야지, 자의적으로 해석한 답을 골라도 된다는 것은 아니다.

Nayan had not been living with his parents when the earthquake occurred.

→ 지진 발생 당시 고아원에 있었다는 것으로, 부모님과 살고 있지 않았다는 것을 추론해 낼 수 있다.

★ 다음 예시 문제를 보면서 추론 문제 오답의 유형을 알아보자.

Nayan and Bubu had already lived in an orphanage when the 6.8 magnitude earthquake hit Haiti in 2010. A few buildings collapsed in the compound and injured some children but none were killed. The two young men see themselves as the lucky ones. Although three years have passed, many people in Haiti still live in tents, or in worse cases, without any shelter at all. There is little food or clean water to drink or wash with. But Nayan and Bubu had been safe within the high walls of the orphanage. There they were loved and well taken care of by their surrogate family.

Step 1 ▶ **자의적인 해석**

간접적 추론이 불가능한 선택지를 자의적으로 "그렇지 않을까?"라고 해석하며 답으로 고르는 경우이다. 이러한 오답을 막기 위해서는 문제를 푼 후 반드시 왜 오답이 되는지를 점검하고 넘어가야 한다.

Nayan and Bubu had felt lonely before the earthquake.

→ 그들이 지진 전 외로웠는지 어땠는지 감정을 추론할 근거는 없다.

Step 2 ▶ **세부 내용이 패러프레이징된 경우**

언급되거나 추론할 수 있는 내용을 선택지에 표현했으나 전후 관계나 인과 관계가 반대인 오답이 출제되는 경우도 흔하다.

Nayan and Bubu got to live in an orphanage when the earthquake occurred.

→ 그들은 지진이 나서 고아원에 살게 된 것이 아니라, 지진 발생 전에 이미 고아원에서 살고 있었다.

Step 3 ▶ **언급이 안 된 경우**

언급이 안 된 오답의 경우 내용 자체만을 놓고 보면 상당히 매력적인 경우가 대부분이다. 그러나 직, 간접적 근거가 구체적으로 존재하지 않는 경우라면 아무리 매력적인 내용이라 할지라도 절대로 답이 될 수 없다.

There had been many orphanages across Haiti when the earthquake occurred.

→ 지진 발생 전에 아이티의 이곳저곳에 고아원들이 있었는지에 대해서는 아예 언급이 없으므로 답이 될 수 없다.

1. British authorities suspect Japanese organized criminals to be behind the circulation of thousands of fake tickets to a museum. The museum was alerted to the fake tickets in September when a staff member got suspicious of a ticket handed over by a Japanese tour guide. English customs officers have seized more than 4,000 forged tickets in a parcel from Japan. However, officials are wary of commenting publicly for fear of causing embarrassment. The tickets are valid for a year. Therefore, for now, there's no telling how many are in circulation and there's no way as yet of calculating the cost of this scam to the museum.

   Q: What can be inferred from the passage?

   (a) Britain doesn't want to come into conflict with Japan diplomatically.

   (b) The loss from the counterfeit tickets has been overestimated.

   (c) The museum seized a total of 4,000 fake tickets from Japanese tourists.

   (d) The forged tickets don't specify the term during which they're valid.

2. A powerful typhoon hit Taiwan on Monday, dumping heavy rains and flooding parts of Taipei, where about 300,000 people were ordered to evacuate to shelters. The typhoon was packing wind speeds of 158 kilometers per hour with an unprecedented amount of rainfall and was headed shortly toward Tainan. Besides those who sought shelter in Taipei, hundreds of thousands of others were also ordered to evacuate in western Taiwan. About 82,000 houses were without electricity in western and central Taiwan.

   Q: What can be inferred from the passage?

   (a) The storm had sweep Tainan overnight with wind speeds over 150 km per hour.

   (b) Because of this storm, about 80,000 people had to evacuate in Taiwan.

   (c) Taiwan had prepared shelters in case of flood before this typhoon.

   (d) The typhoon was so strong that it was the most powerful this year.

3. These days people tend to put value on the number of friends or followers online. But just remember that the life which we live online isn't usually a clear indicator of reality. In fact, we don't generally update when we're feeling lonely or upset. You can feel lonely when you look at others' photos online. So many people just focus on documenting what a good time they're having. But think of the great times you've had. Were you stopping repeatedly to take photos and update them online? No, you were just enjoying yourself.

Q: What can be inferred from the passage?

(a) The more friends you have online, the more happy you feel.

(b) People always enjoy looking at friends' pictures showing their great time.

(c) An excessive number of friends online only indicate you have no real ones.

(d) People are likely to show online only positive experiences.

4. For several decades, strawberry growers in the U.S. put the chemical pesticide into the soil to remove insects and encouraged the growth of the strawberry plants. But the chemical was found to be harmful and would be phased out by an international pact, since the Earth's ozone layer is thought to be thinning due to its use. Now, the U.S. regulators have enacted stricter rules to protect people from this pesticide that traditional berry growers use to help their plants grow better. The rules are leading the strawberry industry toward developing safer alternatives to chemical pesticides.

Q: What can be inferred from the passage?

(a) There is international pressure to stop using this chemical pesticide.

(b) The traditional way to grow strawberry was more environmentally friendly.

(c) Chemical pesticides are not used anymore by US farmers.

(d) U.S citizens forced regulators to enact a law to ban chemical pesticide.

Unit 07   1지문 2문항

★ 뉴텝스 독해의 새로운 유형으로서, 26번부터 35번까지 총 5개 지문에서 각 2문항씩, 총 10문항이 출제됩니다. 세부 사항, 주제나 목적, 내용 일치, 그리고 내용 추론 문제들이 출제됩니다. 최소 15분 정도의 시간 확보가 필요하므로, 1-25번까지 최대한 빠른 시간 내에 문제를 풀고, 15분을 남기고 1지문 2문항에 접근하는 것이 중요합니다.

★ 지문 유형

신문 기사 [News article]	발생한 사건 사고를 다루는 신문 기사가 출제된다. 특정한 사건 및 사고의 발생원인, 현황, 그리고 결과에 대해 파악하는 것이 중요하다.
독자 투고 [Opinion]	특정한 사설 및 신문 기사에 대해 평가하고 의견을 제시하는 독자 투고가 출제된다. 내용을 파악한 이후, 이에 대한 글쓴이의 입장을 파악해야 한다.
사설 [Editorial]	특정한 주제에 대하여 편집자가 쓰는 사설이 출제된다. 정부 정책, 사회적 이슈 등에 대한 내용이며, 편집자의 입장에서 비판적인 접근이 주로 제시된다.
채팅 메신저 [Chatting Messenger]	두 사람 사이의 채팅 메시지가 출제된다. 첫 번째 지문에서는 메시지를 보내는 이유를 파악해야 하며, 두 번째 지문에서는 그에 대한 답장으로 파악한다.
이메일 [E-mail]	두 사람 사이에 교환하는 이메일이 출제된다. 첫 번째 이메일에서는 보내는 목적을 파악해야 하며, 두 번째 지문에서는 그에 대한 답장으로 파악한다.
구인광고 [Wanted]	특정한 분야에서 사람을 찾는 구인광고이다. 직책, 자격요건, 업무, 지원 절차 등에 대한 세부 사항을 파악해야 한다.
리뷰 [Review]	새로운 도서, 연극, 그리고 영화 등에 대한 리뷰가 출제된다. 각 작품의 특징에 대해 파악해야 하며, 사회적 영향력까지 파악해야 한다.
전문 주제	다양한 주제의 전문적인 내용을 다루는 지문이 출제된다. 제목과 함께 제시되며 세부적인 사항을 제시하므로, 구체적인 내용을 파악하는 것이 중요하다.

★ 핵심 전략

1. 전체 내용을 이해하여 세부사항, 주제나 목적, 내용 일치, 내용 추론 문제를 풀어가야 하므로 속독이 요구된다.

2. 세부 사항은 시간, 날짜, 장소 등의 구체적인 사항을 물어볼 수 있으므로 특정한 사항에 집중한다.

3. 주제 찾기 유형의 문제는 두 개의 문단을 모두 파악해야 한다. 첫 번째 문단을 정확히 파악하고, 두 번째 문단의 도입 부분을 파악하여 정답을 찾는다.

4. 내용 일치 유형의 문제는 두 개의 문단에서 동시에 출제될 수 있으므로, 첫 번째 문단에서 두 개의 선택지를 파악하고, 두 번째 문단에서 나머지 두 개의 선택지를 파악하는 연습을 한다.

5. 내용 추론 유형의 문제는 첫 번째 문단에서 전체 흐름을 제시하고, 두 번째 문단에서 추론에 해당하는 정답의 근거를 제시할 가능성이 높으므로 두 번째 문단에서 정답을 추론한다.

★ 문제 풀이 전략

전략1 ▶ 지문 유형에 대해 파악한다
– 신문 기사, 독자 투고, 사설, 채팅 메신저, 이메일, 구인 광고, 리뷰, 전문 주제

전략2 ▶ 문제 유형을 파악한다
– 구체적 내용, 주제 찾기, 내용 일치, 내용 추론

전략3 ▶ 문제 및 선택지 파악하기
– 문제 및 선택지를 먼저 읽고, 핵심적인 사항에 밑줄을 긋거나 형광펜으로 표시하여 중요 사항을 파악해 두어야 한다.

전략4 ▶ 본문과 비교하면서 풀기
– 긴 지문 속에서 정답을 찾아야 하므로, 속독 연습을 통하여 빠르게 읽고 문제 및 선택지와 비교하는 훈련이 필요하다.

예문 Read the passage, question, and options. Then, based on the given information, choose the option that best answers each question.

THE NORTHERN TIMES   Q

Editorial: Council shouldn't handle its own raises

by Emma Madison

On May 8th, the City Council gave itself a raise after the state government abolished the 10% tax exemption for municipal officials. Therefore, Council members can earn the same payment as they could before the raise. Their vote was allegedly based on a favorable poll conducted last month by an independent committee. When the Council made a salary review on the basis of the poll, the Council members almost unanimously and ardently accepted the committee's suggestion without any presentation or debate.

Though I don't disagree with Council members earning the same net pay, I'm of the strong opinion that the Council should not be in charge of its own salary changes. They claimed they just referred to the salary review made in the committee's hands and trusted the outcome, but their decision was haphazardly glazed over. Unlike the council's decision, by contrast, the majority of other city councils in the state had accepted the removal of the tax exemption. Once again, I don't disagree with the City Council getting the same net pay; however, they could have dealt with the process much more fairly.

---

26. Q: What is the writer mainly trying to do?

(a) To raise an objection to an undemocratic decision-making process by the City Council

(b) To compliment City Council members on their pay raise

(c) To justify the voting process against the City Council members' pay raise

(d) To refute the City Council's favorable stance on the tax exemption policy

27. Q: Which statement would the writer most likely agree with?

(a) The net payment of the City Council members should be decreased.

(b) The City Council should go through the normal process of discussing a policy.

(c) Independent committees should not be involved in policy-making processes.

(d) The state government should force city councils to accept its proposed tax exemption policy.

해석 노던 타임즈

사설: 의회는 자신의 임금 인상을 다루지 말아야 한다

엠마 매디슨

5월 8일에, 시의회에서는 주정부가 시공무원들에 대해 10%의 세금 면제를 폐지한 이후에 스스로 급여를 인상했습니다. 따라서, 시의회 의원들은 급여 인상 이전에 받았던 만큼 동일한 임금을 받을 수 있게 되었습니다. 그들의 투표는 그들의 주장에 따르면 독립적 위원회에 의해 지난 달 시행된 찬성하는 여론 조사에 근거한 것이었습니다. 의회가 그 여론조사에 근거하여 급여 수준을 검토했을 때, 의회 의원들은 발표 혹은 논쟁 없이 거의 만장일치로 그리고 열정적으로 위원회의 제안을 수용했습니다.

비록 의회 의원들이 동일한 실질임금을 받는 것에 동의하지 않는 것은 아니지만, 저는 의회가 스스로의 임금 변화를 담당해서는 안된다고 생각합니다. 그들은 위원회에 의해 이루어진 급여 수준 검토를 참고했으며 그 결과를 신뢰한다고 주장했지만, 그들의 결정은 무턱대고 대충 이루어졌습니다. 그러나, 의회의 결정과는 다르게, 그 주에 있는 다른 시의회의 과반수는 세금 면제에 대한 폐지를 받아들였습니다. 다시 한번, 저는 시의회가 동일한 실질임금을 받는 것에 동의하지 않는 것은 아닙니다; 그러나, 그들은 훨씬 더 공정하게 그 과정을 처리할 수 있었을 것입니다.

26. Q: 작가는 주로 무엇을 하려고 하는가?

(a) 시의회에 의한 비민주주의적인 의사결정 과정에 반대하기
(b) 시의회 의원들에 대한 급여 인상에 대해 칭찬하기
(c) 시의회 의원들의 급여 인상에 반대하는 투표 과정을 정당화하기
(d) 세금 면제 정책에 대한 시의회의 호의적인 입장에 반박하기

해설 시의회 의원들의 급여 인상 투표 절차에 반대하는 글이며, "however, they could have dealt with the process much more fairly"를 통해서 실질적인 논의 절차가 공정하지 않았음을 지적하고 있다.

정답 (a)

27. Q: 작가가 동의할 것 같은 말은?

(a) 시의회 의원들의 실질 임금은 감소되어야 한다.
(b) 시의회는 정책을 논의하는 정식 절차를 거쳐야 한다.
(c) 독립 위원회들은 정책 결정 과정에 개입하지 말아야 한다.
(d) 주 정부는 시의회들이 제안된 세금 면제 정책을 수용하도록 강요해야 한다.

해설 시의회 의원들의 급여 인상 과정을 설명하는 중에, "without any presentation or debate"를 통해 그 과정에 절차대로 진행되지 않았음을 비판하고 있다.

정답 (b)

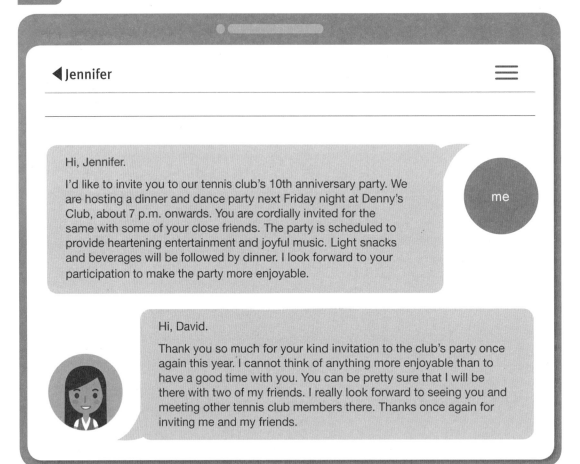

◀ Jennifer   ≡

me

Hi, Jennifer.

I'd like to invite you to our tennis club's 10th anniversary party. We are hosting a dinner and dance party next Friday night at Denny's Club, about 7 p.m. onwards. You are cordially invited for the same with some of your close friends. The party is scheduled to provide heartening entertainment and joyful music. Light snacks and beverages will be followed by dinner. I look forward to your participation to make the party more enjoyable.

Hi, David.

Thank you so much for your kind invitation to the club's party once again this year. I cannot think of anything more enjoyable than to have a good time with you. You can be pretty sure that I will be there with two of my friends. I really look forward to seeing you and meeting other tennis club members there. Thanks once again for inviting me and my friends.

1. Q: Why did David send the message?

(a) He hopes Jennifer and her friends will join the tennis club.

(b) He wants Jennifer and her friends to join a club party.

(c) He wants Jennifer to set him up with one of her friends.

(d) He would like to tell Jennifer his appointment with her friends.

2. Q: What can be inferred from the chat messages?

(a) The tennis club's anniversary party annually takes place at Denny's Club.

(b) All the snacks, beverages and dinner will be on the tennis club.

(c) Accompanying Jennifer will be two friends David already knew.

(d) This will not be the first time for Jennifer to attend the club party.

3-4

https://www.worldhistory.com/sites/mongoleurope

The Mongol Horde's Abrupt Retreat From Europe

Roger Marques / contributor

One of the most devastating invasions in European history was executed by the Mongolian Golden Horde, led by a grandson of Genghis Khan. But much to the surprise of contemporary Europeans, it abruptly ended with inexplicable retreat from Hungary. After Genghis Khan became an invincible ruler in Mongolia, he and his successors expanded their empire throughout Asia and even into part of Europe. In AD 1242, however, the Mongols disappeared from Europe, which some historians regard as another historic turning point.

The historical disputes on their unexpected retreat have continued. Some historians have insisted that the military leader Batu had to return to his homeland to elect a new khan after the emperor's death. But other historians have speculated that the invasion of Europe was just an inadvertent raid and the Mongols never intended to conquer the Western world. However, the possibility of climatic changes having turned the course of the horde is now gaining credibility in the academic establishment. A detailed analysis of climate data concluded that abnormal climate conditions such as unusually marshy weather conditions forced them to withdraw.

3. Q: What aspects did the Mongols show in Europe?

(a) Their military leaders were leading their invasion at the very front.

(b) Their sudden retreat was an arcane event among Europeans.

(c) Their unexplainable military weaknesses were exposed to Europeans.

(d) Their sequence of defeats was followed by a sudden retreat.

4. Q: Which of the following is correct about the Mongolians' retreat from Europe?

(a) Most historians have achieved a consensus on it.

(b) It was designed and conducted under thorough planning.

(c) A hypothesis concerning severe weather phenomena has become persuasive.

(d) Humid weather conditions were quite favorable to their successful retreat.

 **PRACTICE TEST**

U.K. Cultural Center Job Opening Announcement

The British Cultural Center New York at the Embassy of the U.K. is seeking qualified applicants for the following position:

A. Section: Manage Cultural Programs for Asians
B. Requirements:
  - Must be legally authorized to work in the United States.
  - Fluency in other Asian languages is preferred.
C. Duties
  - Oversee cultural events and programs for Asians.
  - Administrative assistance if necessary.
D. Terms
  - Working Hours: Mon. – Fri. 9:00 a.m. – 6:00 p.m. (full time)
  - Compensation: Negotiable
  - Starting Date: Early December, 2018
E. Application Process
  - Deadline: September 30, 2018
  - Send an email to jobopening@overseas.culture.go.uk with the subject line "Overseas Application." Include your full name and contact information in the body of the email.
  - Enclosed documents: résumé and a cover letter (a summary of your interest and capabilities)
  - Your qualifications such as degrees, transcripts, certificates, and proof of work experience will be considered.

---

5. Q: Which of the following is correct about the advertised position?

(a) The one who is selected will work in the United Kingdom.

(b) Proficiency in any foreign language will be preferred in the selecting process.

(c) Payment will be determined in accordance with prior experience.

(d) The successful candidate will begin working at the end of 2018.

6. Q: What can be inferred from the advertisement?

(a) A variety of elements will be reviewed before the first interview.

(b) Designing cultural programs for Asians is the only task for the position.

(c) The person selected should report for duty on weekends if necessary.

(d) An applicant's full name should be included in the subject line of an application.

7-8

~~~~~~

Editorial   *Washington Daily*

Nuclear Power Plant: Another Alternative Energy

Nuclear energy is a controversial issue in the renewable energy source industry. On one hand, it is the promise of a reliable and sustainable non-polluting energy source. On the other hand, some people fear the risks of radiation leaks and hazards of mining and disposing of nuclear materials, which furthermore could be used to create nuclear weapons.

However, the World Association of Nuclear Operators (WANO) has sought to improve safety at all nuclear power plants around the world since 1989. Nuclear power has indeed become safer with the organization's enhanced precautions, staff training and new facilities.

New types of nuclear reactors are also being developed to produce energy more safely. For example, though it is still being researched, a theoretically safer alternative, nuclear fusion technology, is recommended instead of the nuclear fission one being used today.

Although nuclear materials could be converted into lethal weapons, over 30 countries have created the International Framework for Nuclear Energy Cooperation (IFNEC) and sought to curb the development and spread of nuclear weapons.

7. Q: What is the main idea of the passage?

(a) A controversy on nuclear power plants is likely to continue.

(b) Nuclear power can be a safer alternative energy source.

(c) International cooperation will prevent nuclear weapons from spreading.

(d) The producers of nuclear energy should consider safety a priority.

8. Q: Which of the following is correct according to the passage?

(a) Most people are very supportive of building nuclear power plants.

(b) WANO has done nothing about enhancing the safety of power plants.

(c) Nuclear fusion reactors are likely to be an alternative to current technological limitations.

(d) IFNEC has no real authority in preventing the spread of nuclear weapons.

3. 주제별 필수 어휘

★ 뉴텝스 독해 지문

　뉴텝스 독해의 지문은 다양한 분야의 폭넓은 소재를 다루기 때문에 다른 공인 영어 시험에 비해 어휘의 수준이 높은 편입니다. 낯선 과학 용어나 정치 용어가 자주 등장하기도 하는데, 단어를 문맥에서 유추하기에는 제한된 시간의 압박이 큽니다. 평소에 어휘력을 쌓은 사람과 아닌 사람의 차이가 현격히 드러나는 부분입니다. 독해가 빨리 되지 않는다면 자신의 어휘력과 어휘 학습을 체크해 볼 필요가 있습니다.

★ 어휘를 안다는 것?

　어휘를 학습한다는 것은 간단해 보이면서도 꽤 번거로운 일입니다. 암기한다고 생각하면 언뜻 귀찮은 일이지만 시간만 투자하면 됩니다. 하지만 어휘는 반복해서 노출되지 않으면 우리 머릿속에 오래 남아 있기 힘듭니다. 지금 한순간 암기했다고 해서 시험을 보는 중에 떠오르기란 어렵습니다. 단순 암기만으로는 어휘를 제대로 안다고 볼 수 없습니다.

★ 어휘 학습

　뉴텝스 독해 문제를 풀고, 모르는 단어는 반드시 체크하여 따로 정리해 두도록 합니다. 그리고 언제든 들여다보면서 시간이 걸리는 일이지만 끈기를 갖고 다양한 방법으로 익혀야 합니다. 사전의 용례를 찾아본다든가, 인터넷에서 단어가 쓰인 문장을 검색해 볼 수도 있습니다. 문제마다 정리해 놓았던 어휘들을 주제별로 분류해 보는 것도 암기의 방법입니다. 주제별로 어휘를 모아 보면 유사한 단어와 자주 나오는 단어를 한눈에 알아볼 수 있을 것입니다.

Unit 01 실용문

A 환경·날씨

- adverse 불리한, (날씨가) 좋지 않은
- atmosphere 대기
- composite ~로 구성된; 합성물
- corrosive 부식성의
- decompose 분해하다
- devastate (국토 등을) 황폐화하다, 유린하다
- disaster 재해, 참사
- disastrous 재해의, 비참한
- dormant 휴지의
- downpour 폭우, 호우
- drizzle 이슬비, 보슬비
- drought 가뭄
- earthquake 지진
- ecology 생태학
- ecosystem 생태계
- emission 방사, 방출물
- erupt (화산 등이) 폭발[분화]하다
- evacuate (위험으로부터) 대피[피난]시키다, (집 등을) 비우다
- flood 홍수, 범람, 쇄도, 침수하다
- fog 짙은 안개
- food shortage 식량 부족
- forecast (날씨를) 예보하다, 예상
- global warming 지구 온난화
- gust 돌풍, 갑자기 부는 바람
- habitat 서식지
- hail 우박, 우박이 내리다
- harness (자연력을) 이용하다, 동력화하다
- hemisphere 반구
- herb 풀, 향료 식물
- high pressure 고기압
- humid 습기가 많은
- inclement (날씨가) 매우 좋지 않은

- inland 내륙, 내륙의(으로)
- latitude 위도
- lightning 번개
- low pressure 저기압
- mammal 포유류
- mist 안개
- moist (적당히) 습기가 있는, 촉촉한
- murky 흐린, 탁한
- pest 해충
- phenomenon 현상
- precipitation 강설, 강수(량)
- pressure 기압, 압력, 압박
- rainfall 강우(량)
- rainstorm 폭풍우
- reptile 파충류
- restraint 규제
- scorching 몹시 더운
- seismic 지진의, 지진에 의한
- severe (자연 현상 등이) 심한, 맹렬한, 엄격한
- sleet 진눈깨비
- slippery 미끄러운
- soak 적시다, 젖다, 스며들다, 담금
- species (생물 분류상의) 종
- strait 해협
- surge 큰 파도, (감정의) 격동, (파도처럼) 밀려오다, 쇄도하다, (감정이) 끓어오르다
- surround 둘러싸다
- swamp 늪, 습지, (물에) 잠기게 하다, 압도하다
- sweltering 무더운
- temperature 온도
- terrain 지대, 지역, 지형
- turbulence 난기류, 동요, 소란
- vapor 증기, 수증기
- victim 희생자, 피해자

- □ volcanic 화산의, 화산 작용에 의한
- □ weed 잡초, 잡초를 뽑다
- □ wilderness (사막과 같은) 황야, 황무지
- □ wildlife 야생 동물[생물]
- □ windy 바람이 많이 부는
- □ wreck (열차 · 자동차 등의) 충돌, 파괴, 난파(선의 잔해)

B 교통 · 통신

- □ aboard (배 · 열차 · 버스 · 비행기 등을) 타고 있는
- □ accelerate 가속화하다
- □ accident 사고
- □ air freight 항공 화물
- □ aircraft (모든 종류의) 항공기
- □ airline 항공사
- □ atmosphere 대기, 분위기
- □ atmospheric pressure 기압
- □ avalanche 눈사태
- □ aviation 비행(술)
- □ be stuck[caught] in traffic 교통 체증으로 꼼짝 못하다
- □ blast 돌풍, 폭발
- □ board (배 · 비행기 등에) 탑승하다, 승선하다
- □ breeze 미풍, 산들바람
- □ bumper-to-bumper 자동차가 꼬리를 문
- □ bypass (자동차용) 우회로
- □ calamity 큰 재난, 불행
- □ canal 운하
- □ carrier 나르는 사람[것], 운송업자(회사)
- □ casualty 사상자 수, 부상자 수
- □ catastrophe 대참사, 재앙
- □ charter (자동차 · 비행기 · 선박 등의) 전세, 전세 내다, 특허를 주다
- □ chilly 쌀쌀한, 으슬으슬한
- □ collide 충돌하다, (의견이) 상반되다
- □ commute 통근하다
- □ congest 혼잡하게 하다

- □ conservation (자연) 보호, 보존
- □ convey 운반하다, 나르다
- □ crash 충돌(사고), (비행기의) 추락, 충돌하다
- □ crosswalk 횡단보도
- □ damp 습기가 있는, 축축한
- □ delay 지체하다, 지연
- □ depart (열차 등이) 출발하다, 떠나다
- □ departure 출발
- □ detour 우회로
- □ direct 길을 가르쳐 주다
- □ directory 전화번호부, 주소록
- □ expedite 신속히 처리하다
- □ express (기차 · 버스 등의) 급행, (우편의) 속달
- □ fare 교통 요금, 운임
- □ flat tire 펑크 난 타이어
- □ freight 화물
- □ gas station 주유소
- □ give a ride 태워 주다
- □ give somebody a lift ~을 태워주다
- □ head-on collision 정면충돌
- □ heavy traffic 극심한 교통(량)
- □ jaywalk (도로를) 무단횡단하다
- □ jostle 부딪히다, 떠밀다
- □ off-road (차가) 일반 도로 밖에서 사용되도록 만들어진
- □ one-way (street) 일방통행로
- □ out of order 고장 난
- □ pedestrian 보행자
- □ pickup (사람을) 태우러 감, (물건을) 가지러 감
- □ public transportation 공공 교통수단
- □ put through to (전화를) ~로 연결하다
- □ refuel 연료를 재부급하다
- □ rescue 구조하다, 구출
- □ route 경로, 길
- □ run over (차가 사람을) 치다
- □ run 운행하다
- □ rush 서두르다

- □ ship (배로) 운반하다, 수송하다
- □ shipment 선적(화물), 적재, 발송
- □ shortcut 지름길, 최단 노선
- □ sidewalk 보도
- □ steer (배·자동차 등을) 조종하다
- □ take-off 이륙, 출발
- □ taxi stand 택시 승차장
- □ timetable (비행기·열차 등의) 시간표
- □ toll (다리·유료 도로의) 통행세, 장거리 전화 요금
- □ traffic congestion 교통 체증
- □ transfer 갈아타다, 환승하다, 환승
- □ transit (사람·화물의) 운송, 통과, 환승
- □ transportation 운송, 교통(수송)기관
- □ underpass (철도·도로 밑을 지나는) 지하도
- □ vehicle 운송 수단, 탈것, (전달의) 수단, 매체
- □ vessel (대형) 배, 선박

C 직장·주거·생활

- □ adjust 조정하다, 적응하다
- □ allocate 할당하다
- □ alternative 대안
- □ amend 변경하다
- □ anticipate 예상하다
- □ apply for ~에 지원하다
- □ appropriate 적당한, 어울리는
- □ assemble 조립하다
- □ avail 쓸모가 있다
- □ available 이용 가능한, (사람이) 시간이 나는
- □ back somebody up ~을 지지하다, 도와주다
- □ balmy 아늑한, 훈훈한
- □ barring ~이 없다면
- □ basement 지하층
- □ call it a day 마무리하다
- □ career 경력
- □ ceremony 행사
- □ chore 늘 하는 일, 잡무

- □ collaborative 공동의
- □ commence 시작하다
- □ compendium 요약, 개요
- □ complacency 안주
- □ comprise 구성되다
- □ confront 대항하다, 맞서다
- □ connoisseur (예술품·음식 등의) 감정가
- □ consistent 일관된
- □ contingency 비상사태
- □ convene (모임을) 소집하다
- □ deadline 마감 기한
- □ detached 거리가 있는
- □ detractor 헐뜯는 사람
- □ drop the ball 실수로 망치다
- □ employ 고용하다, 사용하다
- □ encourage 격려[장려]하다
- □ enhance 높이다, 강화하다
- □ equip with ~을 갖추게 하다
- □ evict (집·땅에서) 쫓아내다
- □ executive 관리의, 경영의, 집행의
- □ extension 구내전화
- □ feasible 가능한
- □ fill in ~을 대신하다
- □ finesse (교묘하게) 처리하다, 수완
- □ flexible 유연성[융통성] 있는
- □ flounder 허우적거리다, 힘들어하다
- □ grueling 힘이 드는
- □ gut 용기
- □ handle 처리하다
- □ hectic 바쁜
- □ impeccable 완벽한
- □ install (기기 등을) 설치하다, 임명하다
- □ interfere with ~을 방해[간섭]하다
- □ iron out 해결하다
- □ juggle (두 가지 일을) 병행하다
- □ jump (비용이) 뛰다, 증가하다

- keep it under one's hat 비밀로 하다
- land (직업을) 얻다, (계약을) 획득하다
- lingered 남아 있다, 머물다
- lingo (특정 집단에서 사용하는) 용어
- maintain 유지하다, 정비하다
- maintenance 유지, 보수
- manage 경영[관리]하다, 겨우 해내다 (to)
- manifold 잡다한, 동시에 여러 일을 하는
- maternity leave 출산 휴가
- meet 마주치다
- mourn (죽음을) 애도하다
- notice 통지, 통보, 알아차리다
- office supplies 사무용품
- operate 작동하다, 운영하다
- oppose 반대하다
- opulent 부유한, 호사스러운
- outfitted 갖춘
- permanent job 정규직
- perseverance 인내
- potential 가능성이 있는, 잠재적인
- premonition 예감
- promote 승진하다
- put off 연기하다
- qualms 양심의 가책
- quibbling 트집 잡는
- remiss (의무 등에) 태만한
- remote 원격의, (가능성이) 희박한
- represent 상징하다
- reprimand 질책하다
- residence 주택
- resident 거주하고 있는, 거주자
- resolve 해결하다
- retire 은퇴하다
- reward (행동 등에) 보상하다
- run a risk 위험을 무릅쓰다
- safety concerns 안전상의 걱정

- seize 붙잡다
- selected group 선별 그룹
- share 분배하다, 나누다
- skeptical 회의적인
- spare (과정을) 모면하게 하다
- spawn (결과를) 낳다
- speculation 추측
- speed up the process (일의) 속도를 높여 주다
- spendthrift 돈을 헤프게 쓰는 사람
- step down 물러나다
- stock 재고
- strenuous 힘든
- stuff 끼워 넣다
- subordinate 부하, 하급자
- suggested 제안하다
- sustain 지탱하다
- sweep (비닥을) 쓸다
- swindle 사기 치다
- time to spare (낼 수 있는) 시간
- transfer 이동하다, 전근(자)
- underscore ~을 강조하다
- urbane 도시풍의
- vacant (집이) 비어 있는
- vague 모호한
- waver 망설이다, 흔들리다

D 여행 · 여가 · 모임
- accommodate 숙박을 제공하다, 수용하다, 편의를 도모하다
- accommodations 숙박 설비
- admission 입국 (허가), 입장, 입장료
- aisle (비행기 · 열차 · 극장 등의 좌석 사이의) 통로
- alter 변경하다
- arrange 계획을 짜다, 배열하다, 정돈하다
- attendant 수행원, (호텔 · 주차장 등의) 안내원, 참석자
- attraction 명소

- baggage (트렁크·여행 가방 등의) 수화물
- baggage claim area 수화물 찾는 곳
- boarding gate 탑승구
- boarding pass (비행기의) 탑승권
- cancel 취소하다
- capacity (방·극장 등의) 수용 능력
- carry-on baggage 기내 휴대 수화물
- checkout (호텔에서) 계산하고 나오는 절차
- company 동반, 같이 감
- complimentary service 기내 무료 서비스
- confirm 확인하다
- custom 세관, 관세
- customs duties 관세
- customs inspection 세관 검사
- customs office 세관
- dexterous 손재주가 좋은
- draw visitors (방문객들을) 끌다
- drop a line 연락하다
- exceed the duty-free allowance
  면세품 제한 기준을 넘다
- excursion (짧은) 여행, 소풍
- expedition 탐험
- expire (여권 등이) 만료되다
- extraordinary 비범한
- fasten 묶다, 죄다, 잠그다
- final destination 최종 목적지
- flight check-in 탑승자 수속
- flight 비행기, 항공편
- immigrant (외국으로부터의) 이민, 이주자
- immigration office 출입국 관리 사무소
- itinerary 여행 일정표
- jet lag (비행기 여행의) 시차에 의한 피로
- landmark 표시물, 유적지
- landscape (한눈에 보이는) 경치, 풍경
- mingle with (~와) 어울리다
- nationality 국적, 국민성

- odds 가능성; 차이, 불화
- offense 반칙, 위반; 공격
- out of the blue 갑작스럽게
- outlook (어떤 곳에서 바라 본) 전망, 경치, (장래의) 전망
- persistence 끈기
- reception 환영 연회, (호텔 등의) 접수처
- renewal 갱신, 재개
- reservation (호텔·교통편 등의) 예약
- respite 휴식 (기간)
- rural area 시골 (지역)
- scenery 풍경
- scenic 경치가 좋은
- security area 보안 구역
- set an exact time (정확한 시간을) 정하다
- sightseeing 관광
- souvenir 기념품
- sparsely 드문드문
- spend (돈·시간을) 쓰다
- split the bill (비용을) 각자 부담하다
- switch to ~로 갈아타다
- thrilled 흥분해 있는
- throw a party 파티를 열다
- tongue-in-cheek 놀림조의, 비꼬는
- tour 안내하다
- unoccupied (좌석이) 빈
- vacancies 빈방
- via ~을 경유하여
- via air mail 항공 우편으로
- youth hostel 유스호스텔

E 쇼핑 · 패션

- acquisition 취득, 구매
- attire 옷차림, 의복
- bustle 부산하게 움직이다
- busy 붐비는
- clearance sale 창고 정리 세일

- coordinate 조화를 이루다
- costume 복장, 의상
- crowded 붐비는
- defective 결함이 있는
- delivery 배송
- exhausted 지친, 녹초가 된
- fabric 직물, 천
- fad 일시적인 유행
- fragrance 향기, 향수
- garment 의복 (한 점)
- hawking 팔러 다니는
- offer 제공하다
- old-fashioned 구식의, 유행에 뒤진
- outfit 구색 갖춘 옷 한 벌
- promote 판매를 촉진하다
- recede (머리가) 벗겨지다, 물러나다
- shabby (옷이) 낡은, 남루해진
- shrink (열·물 등에 천 등이) 줄어들다
- specifications 설명서, 명세서
- store policy 가게 규정
- stylish 유행의, 멋진
- trend 유행, 경향
- valuable (보석·귀금속 등의 값비싼) 귀중품
- vogue 유행
- wardrobe 옷장, (개인이 갖고 있는) 옷

F 방송·광고·출판
- acclaim 환호하다; 찬사, 호평
- adjacent 가까운
- anchorperson (뉴스의) 종합 사회자
- announcement 공고, 발표
- article 기사, (계약의) 조항, 품목
- avid 열렬한
- be alleged that ~라고 주장[추정]하다
- be peppered with questions 질문 세례를 받다
- breaking news 긴급 뉴스 속보

- broadcast 방송하다, 방송, 방송 프로
- bulletin 뉴스 속보, 게시, 고시
- by leaps and bounds 급속히
- captivating 매혹적인
- classified ad 항목별 광고
- classified 분류된, 기밀의
- comparable 견줄만한
- compile (책을) 편집하다, (자료를) 수집하다
- complimentary 공짜의, 무료의
- copyright 판권, 저작권
- detect 발견하다
- disclose 밝히다
- dissuade (설득하여) 단념시키다
- distinguished 유명한, 성공한
- edit 편집하다
- engross 마음을 사로잡다
- entice (고객 등을) 끌어들이나
- excerpt 발췌, 인용(구), 발췌[인용]하다
- expertise 전문 분야
- extract 발췌[추출]하다, 인용(구)
- feature 특집 기사, 특징, (사건 등을) 크게 다루다
- fervent 열성적인
- generous 후한
- high regard 높이 평가하다
- identification theft 신원 도용
- in-depth 심층의, 철저한
- inundate 넘치게 하다
- journal (일간) 신문, 잡지, 일기
- journalist 보도 기자, 언론인
- lurid 충격적인, 선정적인, 색상이 요란스러운
- manuscript 원고, 필사본
- mislead 현혹시키다
- newsstand 신문·잡지 판매대
- overview 개관, 개요
- periodical (일간지 이외의) 정기 간행물
- post (사이트에) 게시하다, 올리다

118

- press conference 기자회견
- press release 보도자료
- prominent 유명한
- proofread 교정을 보다
- publication 출판(물), 간행(물), 공표
- publisher 출판업자, 출판사
- quality 품질, 특성
- recount 자세히 이야기하다
- redeem (상품권 등을) 현금[상품]으로 바꾸다
- reference book 참고 도서
- release the news 뉴스를 발표하다
- reliable 믿을 수 있는
- revise 개정[수정]하다
- seasoned 노련한, 경험이 많은
- sheer 순전한, 섞인 것이 없는
- spoil 망치다
- subscribe 정기 구독하다
- syndicate (기사, 사진, 프로그램을 여러 언론사에) 팔다
- translator 번역자, 통역자
- trigger (일을) 일으키다, 유발하다
- up-to-the-minute 최신 정보의
- viable 가능한, 성공할 수 있는
- voracious 열렬한

G 음식

- additive 첨가물
- beverage (물 이외의) 음료
- bland 싱거운
- blend 혼합물, 섞다
- boil 끓이다, 삶다
- brew (커피·차 등을) 끓이다, (맥주 등을) 양조하다
- broil (불·석쇠에) 굽다
- crisp 바삭바삭한
- crush 으깨다, 빻다
- cuisine 요리, 조리법
- delicacy 맛있는 것, 진미

- devour 게걸스럽게 먹다
- diet 음식물, 규정식, 식이 요법
- distinct 뚜렷한
- drenched 흠뻑 젖은
- edible 식용의, 먹을 수 있는
- flavor 맛, 풍미, 조미료, 풍미를 더하다
- gourmet 미식가
- grain 곡물, 곡식
- grocery 식료품류, 잡화류, 식료품점
- gulp (음식·음료를) 꿀꺽 삼키다
- ingredient (요리의) 재료
- intake 섭취량, 흡입량
- liquor 독한 술
- mash 짓이기다
- mundane 일상적인
- peel (과일·채소 등의) 껍질을 벗기다, 껍질
- perishable 잘 상하는
- preservative 방부제
- quench 갈증을 풀다
- ravenous 게걸스러운
- recipe 조리법
- scramble 휘저으며 익히다
- seasoning 양념, 조미료
- sip 홀짝홀짝 마시다, (음료의) 한 모금
- sour 신, 시큼한, 시큼해지다
- spice 양념, 향미료, ~에 양념을 치다
- spicy 양념 맛이 강한
- stale 신선하지 않은, 상한
- staple food 주식
- starve (몹시) 허기지다, 굶주리다
- steam (음식을) 찌다
- stir (액체 등을) 휘젓다, 뒤섞다
- store 비축하다
- tart (맛이) 신, 시큼한
- tasty 맛있는
- whip (계란 흰자·크림 등을) 휘저어 거품을 내다

A 경제 · 사회

- abuse 남용, 학대
- account 예금(액), 계좌, 설명하다
- accrue (이익이) 증가하다, (이자 등이) 붙다
- affirm 단언하다
- afford ~을 살 · 할 (금전적 · 시간적) 여유가 되다
- agitated 불안해하는, 동요한
- agriculture 농업
- allegation (증거가 뒷받침되지 않는) 혐의
- allocate 할당하다
- analyze 분석하다
- annual income 연 수입
- appreciate 가치가 오르다, ~의 진가를 인정하다, 고맙게 여기다
- appreciation 가치 상승, 평가, 감상, 감사
- assess (세금 · 벌금 등을) 사정하다, (재산 · 수입 등을) 평가하다
- auction 경매
- average 평균, 표준, 보통(의)
- balance (계좌의) 잔고, 차액
- bankruptcy 파산
- barter 물물교환하다
- belittle 과소평가하다
- belongings 재산, 소유물
- beneficiary (연금 · 보험금 등의) 수령인
- benefit (보험 · 사회 보장 제도의) 수당, 이익
- bid 경매하다
- bill 지폐, 청구서, 계산서
- bond 채권
- boom 갑자기 경기가 좋아지다
- bounce (수표 등이) 부도가 나서 되돌아오다
- brisk (경기가) 활기 있는, 활발한
- budget (정부 · 개인의) 예산(안), 경비, ~의 예산을 세우다
- cash card 현금 카드, 현금 인출 카드

- cash 현금, (수표 등을) 현금으로 바꾸다
- cast doubt(s) on ~에 의구심을 던지다
- cause 야기하다
- cede 이양[양도]하다
- certification 증명, 보증
- challenge 도전(하다), 요구하다
- change 잔돈, 거스름돈
- chaotic 혼돈상태인
- charge (돈을) 청구하다
- check 수표, 계산서
- circulation (화폐 등의) 유통, (혈액의) 순환
- collateral 담보(물)
- commodity 상품, 원자재, 생필품
- community 공동체, 지역사회
- conflict 충돌, 상충, 대립
- consume 소비하다
- consumer price index 소비자 물가지수
- consumer 소비자
- consumption 소비(량)
- contend 싸우다, 투쟁하다
- contract 계약(서), 계약하다
- contractor 계약인
- contribution 공헌, 이바지
- convince 납득/ 확신시키다
- counterfeit 위조(가짜)의
- coverage (보험의) 보상 범위, (신문의) 보도(취재) 범위
- credit rating 신용도
- creditor 채권자
- cumulative 누적하는, 누진적인
- currency 통화, (화폐의) 유통
- decline 약화되다
- deduction 공제
- default (채무 · 계약의) 불이행, 이행하지 않다
- deficit 적자, 부족액

- □ delinquent account 체납 계좌
- □ delinquent 채무를 이행하지 않은, 비행을 저지른
- □ demonstrate 시위에 참여하다
- □ deposit 예금하다, (정해진 장소에) 두다, 예금(액), 계약금
- □ depreciate (화폐·재산 등의) 가치가 떨어지다
- □ depression 불경기, 불황
- □ deter 억지하다, 방지하다
- □ devote 헌신하다
- □ diminish 줄다, 감소하다
- □ discriminate 구별[차별]하다
- □ distribute (물건을 상점에) 배급(분배)하다
- □ distributor 도매상, 배급사
- □ domestic 국내의, 가정의
- □ dominate 좌지우지하다
- □ downturn 내림세, 하락
- □ downward (시세 등이) 하향하는
- □ economic growth 경제 성장
- □ economic 경제(학)의
- □ economical 경제적인, 절약하는
- □ economics 경제학
- □ elude 교묘히 피하다, 벗어나다
- □ embargo 통상(수출) 금지
- □ endorse (수표·어음 등에) 배서하다
- □ enforce 시행하다, 강요하다
- □ equitable 공정한
- □ espouse 옹호하다, 지지하다
- □ establish 설립[수립]하다
- □ estimate 견적서
- □ exact change 정확한 잔돈
- □ exchange rate 환율
- □ exclusive 배타적인
- □ expenditure 지출, 지불
- □ expiration (계약·기한 등의) 만기
- □ expire 만기가 되다
- □ exporter 수출업자
- □ extravagant 낭비하는, 사치스러운

- □ fake money 위조 화폐
- □ fierce (경쟁이) 치열한
- □ financial district 금융지구
- □ financial 재무[금융]의
- □ fiscal 재정의, 회계의
- □ fluctuate (물가·주가가) 변동하다
- □ forfeit 몰수당하다
- □ frugal 절약하는, 검소한
- □ get rid of ~을 처분하다
- □ goods 상품, 물품
- □ gross 총수입; 총수입을 올리다
- □ hazard 위험
- □ hindrance 장애물
- □ impartial 공명정대한
- □ impose (세금을) 부과하다
- □ income 소득, 수입
- □ indebted (물질적·정신적으로) 빚지고 있는
- □ indicator 지시하는 것(사람), 지표
- □ indispensable 필수적인
- □ inflation 물가 폭등, 통화 팽창
- □ influence 영향, 영향을 끼치다
- □ infrastructure (도로·수도·전기 등의) 산업 기반 하부 구조
- □ inhibit 억제하다
- □ insurance 보험
- □ interest rate 이자율
- □ interest 이자
- □ invest 투자하다
- □ issue 발표하다
- □ landlord 건물 소유주
- □ launch (계획에) 착수하다, (신상품을) 시장에 내다
- □ lavish 아끼지 않는, 아낌없이 주다
- □ lease (건물·토지 등의) 임대 계약, 임대하다
- □ legacy 유산
- □ letter of consent 동의서
- □ levy (세금을) 부과하다

- life insurance 생명 보험
- limit 제한, 제한하다
- liquidate 매각하다, 처분하다
- loan 대부(금), 대여, 대부하다, 빌려주다
- manifestation 징후
- manufacturer 제조업자, 생산자
- merchandise (소매점의) 상품
- misgiving 의혹, 불안감
- monetary fluctuations (통화의) 변동
- monetary policy 통화 정책
- monetary system 화폐제도
- monetary 화폐(통화)의, 금융상의
- mortgage (주택 담보) 장기 융자
- mounting 증가하는, 커져 가는
- multilateral 다자간의, 다각적인
- multiply 증가[증대]하다, 곱하다
- multitude 다수, 군중
- nationalize 국유화하다
- net income 순수입
- obtain (허가서를) 받다, 얻다
- occupant 점유자, 거주자
- out of line 그릇된, 벗어난
- outlet 대리점, 판로, 배출구
- output 생산(량), 산출
- outstanding 미지불의, 미해결의
- overdue (지불) 기한이 지난, 연체된
- ownership (특히 법적) 소유권
- pension 연금
- personal check 개인 수표
- philanthropist 자선가
- plummet (물가가) 곤두박질치다
- policy 보험증서, 보험 계약서
- population 인구, 개체 수
- precarious 위태로운
- premises (건물을 포함한) 대지, 구내
- premium 보험료

- price control 가격 통제
- price freeze 가격 동결
- primary 주요한
- progressive 진보적인
- prompt 유도하다, 촉발하다
- property 재산, (땅·건물을 합친) 부동산
- purchase 구매(하다)
- raise questions 문제를 제기하다
- real estate 부동산
- recession (일시적인) 경기 후퇴, 경기 침체
- reduce (양·액수 등이) 줄다
- refuge 피난처
- remit 송금하다
- rent (건물) 임차료, 세내다
- retail 소매(의)
- revenue 세입
- rise (가격이) 오르다
- savings account 보통 예금
- savings 저축(액)
- scarcity 부족
- scrimp 절약하다, 긴축하다
- sector 부문, 분야
- sluggish (경기가) 부진한
- soar (물가 등이) 치솟다
- solution 해결책
- sparsely populated 인구 밀도가 낮은
- speculation 투기, 추측
- sprout 성장하다
- stabilize 안정시키다
- stable 안정된
- state 국가, 상태, 지위
- stimulate 활발하게 하다, 자극하다
- stock 주식, 재고(품)
- stockholder 주주
- strategy 전략, 방법
- struggle financially 재정적으로 고군분투하다

- surplus (쓰고 남은) 나머지, 과잉, 잉여
- surrender 보험 해약, 넘겨주다
- surrogate 대리의, 대용의
- suspicious 수상한
- tariff 관세
- tax law 조세법
- tax-deductible 소득에서 공제할 수 있는
- teller (은행의) 금전 출납계원
- tenant (방·건물·토지 등의) 임차인
- tenure (재산·부동산의) 보유 기간
- thrifty 검소한, 절약하는
- throng 인파, 군중
- throw the book at ~을 엄벌에 처하다
- tighten one's belt 절약하다
- trade deficit 무역 적자
- trade imbalance 무역 불균형
- trade surplus 무역 흑자
- trade 무역, 거래, 매매하다
- unnerving 불안하게 만드는
- valid (계약 등이) 유효한, 근거가 확실한
- vary (주가 등이) 변하다
- withdraw (예금 등을) 인출하다
- yield (배당금·이자 등을) 벌다, 생산하다

B 교육 · 학업

- ability 능력
- aid 도움, 조력자
- annoy 방해하다
- attention 관심
- award (상을) 수여하다
- broaden (이해를) 넓히다
- compensate 보충하다
- comprehensive 포괄적인
- conduct (적절히) 행동하다
- degree 학위
- determine 결정[결심]하다

- discipline 규율
- disruptive 지장을 주는
- distracted 산만해진
- efficiency 효율성
- elucidate 설명하다
- enroll 등록하다, 입학하다
- exceptional (재능이) 특출한
- expand one's knowledge (지식을) 늘려 주다
- explore 탐험[탐구]하다
- extension 기한 연장
- factor 요소
- figure 생각하다, 판단하다
- findings 발견(물), 조사 결과
- foster 육성하다, 조성하다
- get away with 처벌을 모면하다
- grasp 이해하다, 잡다; 이해
- hold (학력을) 소지하다
- in advance 미리
- instruct 가르치다, 지시하다
- learn the hard way 어렵게 깨닫다
- lenient (학칙 등이) 관대한
- motivate 동기를 부여하다; 자극하다
- oblige ~에게 강요하다
- omit 빠뜨리다
- persevere 인내심을 갖다
- prioritize 우선순위를 매기다
- proficient 능숙한
- qualifications 자격
- read the riot act 엄하게 나무라다
- relevant 관련 있는, 적절한
- requirement 필요조건
- roster 출석부
- sedentary 주로 앉아서 하는
- sign up 등록하다
- spread oneself too thin
  한꺼번에 너무 많이 하려다가 어느 하나도 제대로 못하다

- stringent 엄격한
- subject (발표의) 주제
- summarize 요약하다
- take up one's time (시간을) 빼앗다
- thorough 철저한, 완전한

C 심리 · 철학

- affable 상냥한
- affinity 친화력, 친화성
- altruist 이타주의자
- apathetic 무관심한
- apprehensive 걱정하는, 불안한
- ascetic 금욕주의자
- aspect 측면
- assuage 달래다
- awkward 불편한
- banal 진부한, 평범한
- candid 솔직한
- coax 구슬리다, 달래다
- cogent 설득력이 있는
- compatible 양립할 수 있는
- confer 상담하다, 협의하다
- confide 비밀을 털어놓다
- congenial 마음이 맞는
- convivial 쾌활한
- covet 몹시 탐내다
- craving 갈망
- dampen (기를) 꺾다
- derisive 조롱하는
- divine 신의, 신성한; 예언하다
- doctrine 교리
- dogmatic 독단적인, 교조적인
- donate 기부[기증]하다
- egoist 이기주의자
- egotist 자기중심적인 사람

- engaged 약혼한
- erratic 변덕스러운
- exclusive 배타적인
- explicate 설명하다
- extrovert 외향적인 사람
- feud 불화
- forge (관계를) 구축하다
- fulfill (소망을) 들어주다
- give in 양보하다
- grudge 원한
- habit 습관
- hit the ceiling 크게 화를 내다
- immaculate 티 하나 없이 깔끔한
- implacable 확고한, 완강한
- inarticulate 똑똑하게 말을 하지 못하는
- inconsiderate 배려심 없는
- indecisive 우유부단한
- indefatigable 지칠 줄 모르는
- ingenuous 꾸밈없는, 순진한
- insensitive 무신경한
- intrepid 용맹한, 대담한
- introvert 내성적인 사람
- keep promises 약속을 지키다
- laconic 불필요한 말을 않는, 간결한
- loquacious 수다스러운, 말하기를 좋아하는
- magnanimous 도량이 큰, 아량이 있는
- obstinate 고집 센, 완고한
- out of one's mind 제정신이 아닌
- outgoing 외향적인
- perspicacious 통찰력이 있는
- petty 옹졸한
- pretentious 허세를 부리는
- put one's foot in one's mouth 실언을 하다
- put one's nose out of joint
  ~의 기분을 나쁘게 하다
- rack 선반

- □ recall 기억나다
- □ recluse 은둔자
- □ recognize one's face 얼굴을 알아보다
- □ reflect 반영하다, 반사하다
- □ register 인식하다
- □ reticence 과묵
- □ share ~을 같이 하다, 공유하다
- □ social 사교적인, 사회적인
- □ spare the time 짬을 내다
- □ stoical 극기의, 금욕의
- □ sturdy 견고한, 강한
- □ suspicions 의심스러운
- □ taciturn 과묵한
- □ take solace in ~에 위안을 삼다
- □ tattered 너덜너덜한, (옷이) 해진
- □ treat 대하다
- □ upset 화를 내다
- □ verbose 장황한, 말이 너무 많은
- □ versatile 다재다능한
- □ vindictive 앙심을 품은
- □ vociferous 큰소리로 외치는, 떠들썩한
- □ voluble 말이 유창한
- □ yearn 갈망하다

D 법·정치

- □ absentee vote 부재자 투표
- □ accord 협정
- □ adjourn (회의를) 연기하다, 중단하다
- □ admonish 권고하다
- □ agenda 의제
- □ agitate 선동하다
- □ alimony 이혼 수당
- □ ambassador 대사, 사절
- □ amend (법안을) 수정하다
- □ anarchism 무정부주의

- □ anarchy 무정부 상태
- □ apprehend 체포하다
- □ arbitration 중재, 조정
- □ aristocracy 귀족 정치
- □ arrest 체포하다
- □ associate 연합하다, 제휴하다
- □ asylum 임시 수용소, 피난처, 망명
- □ atone 속죄하다
- □ attention 집중, 관심
- □ authorities 당국, 관헌
- □ autocracy 독재정치
- □ autonomy 자율, 자치권
- □ ban 금지하다
- □ be resigned to ~에 따르다, 체념하다
- □ bureaucrat 관료, 관료주의자
- □ by-election 보궐 선거
- □ cabal (권력·비밀 등의) 집단
- □ cabinet 내각, 각료
- □ campaign (선거) 운동
- □ candidate 후보
- □ cardinal rule 기본적인 규칙
- □ casting vote 캐스팅 보트, (찬반의 수가 같을 때 의장이 던지는) 결정투표
- □ chairman 의장, 회장
- □ chauvinism 국수주의
- □ civil right 시민권
- □ claim 주장하다
- □ coercion 강제
- □ colony 식민지
- □ communism 공산주의
- □ completely fabricated 완전히 조작된
- □ comply (법·명령을) 준수하다
- □ compulsory 강제적인
- □ confirm one's identity 신분을 확인하다
- □ confront 대항하다
- □ Congress 의회

- constitution 헌법
- convene (회의를) 소집하다
- convict ~에게 유죄를 선고하다
- credentials 자격, 인증서
- criminal 범죄
- delegate 대리자, 대표, 사절
- deliberation 숙고, 심의
- democracy 민주주의
- deprive A of B A에게서 B를 박탈하다
- dictatorship 독재
- diplomat 외교관
- divide (분파로) 나누다
- elect 선출하다
- election 선거
- entrench 입지를 굳히다
- evidence 증거
- execute 실행[집행]하다
- exile 망명, 유배
- fabricate 날조하다
- federal 연방의, 연방정부의
- feudalism 봉건제
- forum 공개 토론회
- general election 총선거
- general strike 총파업
- gerrymander 선거구를 자기 당에 유리하게 변경하다
- government 정부
- grass-roots 풀뿌리, 민중
- hearing 청문회, 심문
- hegemony 헤게모니, 패권
- hierarchy 계급 조직
- impose (규정을) 부과하다
- impose a harsh punishment (중형을) 내리다
- incident 일어난 일, 사건
- incumbent 현직의
- individual 개인, 개개의
- insidious 은밀한

- insist 주장하다
- instate 취임시키다, 임명하다
- instigate (사건을) 유발하다, 부추기다
- invasion of privacy 사생활 침해
- investigate 조사하다
- judicial branch 사법부(=judiciary)
- legislative branch 입법부(=legislature)
- legitimize 정당화하다
- lift an embargo (무역 금지 조치를) 해제하다
- mandate 통치[재임] 기간
- minister 장관
- minor 미성년자
- monarchy 군주제
- nationalism 민족주의
- oligarchy 과두 정치, 소수 독재 정치
- opposition 반대당, 야당
- ordain (성직자로) 임명하다
- permit 허가(하다)
- political party 정당
- poll 투표, 여론 조사
- pressure group 압력 단체
- prevalent 만연한
- privilege 특권
- probe 조사하다, 캐묻다
- proletariat 무산계급
- propaganda 선전
- provoke 야기하다
- public opinion 여론(=general opinion)
- racial discrimination 인종 차별
- rampant (소문이) 퍼지는
- ratify 비준하다, 재가하다
- rebel (종교 등에) 저항하다
- red tape 관료적 형식주의
- repeal (법 등을) 폐지하다
- representative 대표자, 국회의원
- repressive 억압적인

- rescind (법률·조약 등을) 폐지하다
- restrict 제한하다
- revise 수정하다
- revolution 혁명
- ruling party 여당
- run (선거에) 출마하다
- sanction 재가, 허용
- sanctions (규칙 위반에 대한) 제재, 처벌
- socialism 사회주의
- sovereignty 통치권, 자주권
- subterfuge 핑계, 속임수
- territory 영토
- totalitarianism 전체주의
- violate (규칙을) 어기다

E 과학·IT

- access 접근
- achieve 이루다, 성취하다
- apparent 명백한, 뚜렷한
- apply to ~에 적용[응용]하다
- approach 접근(법), 다가오다
- artificial 인조의
- asteroid 소행성
- astronomy 천문학
- biology 생물학
- bizarre 기이한
- calculate 계산하다
- chain reaction 연쇄 반응
- clone 복제하다
- combine 결합하다
- computerize 컴퓨터화하다
- conduct 수행하다
- constellation 별자리
- control 제어하다
- decentralize 분산시키다

- detect 발견하다
- disassemble 분해하다
- dwarf planet 왜성
- electromagnetic 전자기의
- radiation 전자기 방사선
- element 요소, 성분
- estimate 추정하다
- eugenics 우생학
- evaporation 증발
- examine 검사하다
- firewall 방화벽
- gadget 장치
- genetic manipulation 유전자 조작
- illustrate 설명하다, 삽화를 넣다
- impact 영향
- implant 이식하다
- lab 실험실
- malware 컴퓨터 파괴 소프트웨어
- mapping 지도 제작
- mathematics 수학
- means 수단
- measure 측정하다
- mechanics 역학, 메커니즘
- meteorite 운석
- method 방법
- mobile device 무선 기기
- motion 운동
- navigate 탐색하다
- observation 관측
- orbit 궤도
- osmosis 삼투
- periodic table 주기율표
- physics 물리학
- principle 원리
- radiate 방출하다
- radio frequency 무선 주파수

- remote 원격의
- research 연구
- revolve 공전하다
- satellite 위성
- signal 신호
- solar system 태양계
- solid 고체의
- spectrum 스펙트럼, 범위
- stem cell 줄기 세포
- subject 피실험자
- track 추적하다
- transmit 전송하다

F 예술·공연·문학

- abbreviate 축약하다
- abstract 추상적인
- adversely 부정적으로
- analyze 분석하다
- antagonistic 적대적인
- appealing 매력적인
- articulate 분명히 표현하다
- aspiration 열망
- audience 청중, 관객
- author 저자, (책을) 쓰다
- be dedicated to ~에 헌신하다
- characteristic 특징, 특질
- cohesiveness 응집력
- collect 수집하다
- collection 수집품, 소장품
- comedy 희극
- connotation 함축(된 의미)
- contemporary 현대의, 동시대의
- copy 사본
- costume 의상
- critic 평론가

- critical 비판적인
- crude 천연 그대로의; 상스러운; 투박한
- dedicate 바치다, 헌신하다
- denote 나타내다
- depict 묘사하다
- description 묘사
- distinction 특별함, 차이
- elaborated 상술된
- empathize 동감하다
- emphasize 강조하다
- envision 마음속에 그리다
- evoke (감정 등을) 일깨우다
- excessive 과도한
- exquisite 아주 아름다운, 절묘한
- fascinate 매혹하다
- frail 부서지기 쉬운
- garner 모으다
- glorify 미화하다, 찬미하다
- groundbreaking 획기적인
- illustration 삽화
- imaginary 가상적인
- immerse 빠져들게 하다
- imply 의미[암시]하다
- indicate 가리키다, 나타내다
- infatuated 열중한, 도취한
- innovative 획기적인
- inscrutable 난해한
- inspiration 영감
- inspire 고취하다, 영감을 불어넣다
- instrument 도구
- keen (감각이) 예리한
- literature 문학
- mimicry 흉내
- muted (색상이) 약한
- nomadic 유목의, 방랑의
- norm 규범, 표준

- ☐ ominous 불길한
- ☐ outspoken 노골적인
- ☐ patron 후원자
- ☐ portrait 묘사
- ☐ prolific 다작을 하는
- ☐ props 소품
- ☐ protagonist 주인공
- ☐ provoke 유발하다, 도발하다
- ☐ purify 정화하다
- ☐ realistic 사실적인
- ☐ realm 영역, 왕국
- ☐ repertoire 레퍼토리
- ☐ review 비평
- ☐ satirical 풍자적인
- ☐ scathing 냉혹한, 가차 없는
- ☐ star 출연하다
- ☐ subtle 미묘한
- ☐ succinct (글 등이) 간결한
- ☐ symbolism 상징주의
- ☐ tackle 다루다
- ☐ taste 안목
- ☐ tedious 지루한
- ☐ tragedy 비극
- ☐ versatile 다재다능한

G 의학

- ☐ ache 아프다
- ☐ acute 급성의
- ☐ affluent 부유한
- ☐ ailment 병, 질환
- ☐ alert 정신이 초롱초롱한, 깨어 있는, 경계하는
- ☐ allergy 알레르기
- ☐ anesthetic 마취제
- ☐ antibiotic 항생 물질
- ☐ arthritis 관절염

- ☐ artificial respiration 인공호흡
- ☐ asthma 천식
- ☐ autism 자폐증
- ☐ abortion 낙태
- ☐ carry the virus (바이러스를) 가지고 있다
- ☐ cast 깁스, 붕대
- ☐ chronic 만성의
- ☐ clinical test 임상 시험
- ☐ coma 혼수상태
- ☐ come down with (병에) 걸리다
- ☐ come to a head (못 참을 정도로) 심해지다
- ☐ complication 합병증
- ☐ depression 우울증
- ☐ diabetes 당뇨병
- ☐ diagnosis 진단
- ☐ dizziness 어지럼증
- ☐ dose 복용량
- ☐ euthanasia 안락사(=mercy killing)
- ☐ exposure 노출
- ☐ food poisoning 식중독
- ☐ fractured 골절된
- ☐ gene 유전자
- ☐ genetics 유전학
- ☐ go blind 시력을 잃다
- ☐ gravely ill 심각하게 아픈
- ☐ harm one's health (건강을) 해치다
- ☐ hearing aid 보청기
- ☐ heart attack 심장마비
- ☐ heartburn 가슴앓이
- ☐ heredity 유전
- ☐ high blood pressure 고혈압 (=hypertension)
- ☐ hygiene 위생
- ☐ hypotension 저혈압
- ☐ immunity 면역
- ☐ indigestion 소화 불량

- infection 감염
- inflammation 염증
- ingest 섭취하다
- injection 주사
- insomnia 불면증
- intensive care unit 중환자실
- lethal dose 치사량
- local anesthesia 국부 마취
- low blood pressure 저혈압(=hypotension)
- malignant 악성의
- malnutrition 영양실조
- medical checkup 건강 검진
- medication 약물 (치료)
- nausea 구토증
- noxious 해로운
- nutritional 영양상의 (기준)
- obesily 비만
- ointment 연고
- operation 수술
- painkiller 진통제
- pale 창백한
- paralysis 마비
- pass out 의식을 잃다
- pediatrician 소아과 의사
- plastic surgery 성형외과
- prescribe 처방하다
- prescription medicine 처방전 약
- pulse 맥박
- quarantine 격리, 검역하다
- rabies 광견병
- rehabilitation 재활
- resistant 내성이 있는
- respiration 호흡
- secretion 분비(물)
- sedative 진정제
- side effect 부작용

- sleeping pill 수면제
- soothe 진정시키다
- sterility 불임(증)
- stroke 발작, 뇌졸중
- suffer from ~로 고생하다
- supplements 건강 보조제
- surgeon 외과 의사
- symptom 증상
- take (약을) 복용하다
- transfusion 수혈
- transplant 이식
- ulcer 궤양
- vaccination 예방 접종
- vegetable 식물인간

H 역사
- aborigine 원주민
- alliance 동맹
- ally 동맹국
- ancient 고대의
- archeologist 고고학자
- artifact 인공적인 유물
- banish 추방하다
- colony 식민지
- come about 발생하다
- confer (명예 · 작위를) 부여하다
- conquer 정복하다
- corroded 부식된
- cradle 발상지, 요람
- cruel 잔인한
- dependency 속국, 보호령
- emancipation (노예) 해방
- enrich 풍성하게 하다
- era 시대
- excavate 발굴하다

- □ exotic 이국적인
- □ expansion 확장
- □ expel 내쫓다
- □ exploit 착취하다
- □ fortified 요새화된
- □ get credit for ~의 공적을 인정받다
- □ hieroglyphic 상형문자
- □ inception 시초, 발단
- □ independence 독립
- □ influential 영향력이 큰
- □ intervene 개입하다, 끼어들다
- □ invade 침입하다
- □ legacy 유산
- □ military expedition 원정군
- □ obey 복종하다
- □ originate 시작하다
- □ oust 내쫓다, (권좌에서) 몰아내다

- □ overthrow 추방하다, 전복하다
- □ pedigree 혈통, 족보, 내력
- □ pervade 만연하다, 스며들다
- □ plunder 약탈하다
- □ propagate (사상을) 보급시키다, 선전하다
- □ refugee 난민
- □ regime 정권, 체제
- □ revival 재생, 회복
- □ servant 하인
- □ superior to ~보다 뛰어난
- □ superstition 미신
- □ sweeping 전면적인
- □ terrifying 끔찍한
- □ transition 과도, 변천
- □ truce 휴전
- □ unearth 발굴하다
- □ vanquish 패배시키다

ACTUAL TEST

1

Reading
Comprehension

Part I **Questions 1~10**

Read the passage and choose the option that best completes the passage.

1. Baseball player Jackie Robinson was a key figure _____.
   The Brooklyn Dodgers started Robinson at first base in 1947, becoming the first
   team to use black players since the 1890s. As the team traveled, Robinson endured
   discrimination constantly—fans booed him and other players actively tried to hurt him
   on the field, forcing Robinson to slide into the sharp bottoms of their shoes. But his
   tremendous talent, professionalism, and pure character slowly changed people's thinking
   about African Americans early in the movement for civil rights.

   (a) in proving the power of black athletes
   (b) who fought against violence in sports
   (c) for stopping white team ownership
   (d) in the journey toward racial equality

2. The majesty of the sea, even with her storms has always nourished me, allowing me to
   _____. My home in Washington was only 10 minutes
   away from the beach. All the exhausting cares of the world and its daily pressures would
   disappear when I once again reached the water. There, the colors of the sky and clouds
   were nature's paintings, and the sea breeze smelled of freedom. It never got old and I
   especially miss it now, far away from the ocean.

   (a) marvel at the beauty of the natural world
   (b) discover new aspects of my hometown
   (c) find the solutions needed to resolve problems
   (d) ignore the demands of work life during the week

3. Now that the online video service, Netflix, has begun producing its own shows, _____. Netflix originally sold itself as a video delivery service, mailing DVDs to people upon request. It later expanded to offer Internet streaming of films and TV shows to subscribers. Now, Netflix has done something unique. The company is producing its own TV projects, putting full sets of episodes online all at once. The productions have become wildly popular and are expected to win several awards.

(a) people purchase more DVDs than ever
(b) television is moving in new directions
(c) online technology has been modified
(d) newspapers are struggling to survive

4. Similar to the topography of California, Chile faces the Pacific to the west and is bounded on the east by mountains. This gives the country plenty of rainfall for growing grapes for wine, particularly in the latitudes between the drier north and the colder south. The Valle Central near the capital Santiago is located in this zone. Its cold nighttime temperatures are also vital for preserving the acidity of the grapes. As this quality is sought after for wine making, growers in this region are

_____.

(a) using greenhouses on their vineyards to meet demand
(b) making frantic efforts to recreate the acidity artificially
(c) positioned at an advantage to produce the desired goods
(d) irrigating their plants more often than is recommended

5.

To the Editor,

Your paper's opinion pieces usually _____. I often enjoy reading them. But the article on the new Equal Taxation Act is not very informed. Your writers don't realize what an unfair burden this new law would be on the average American worker. It needlessly complicates an already complex tax code and slaps unfair taxes on employees. I regret to say that such views by your writers are actually turning me away from your paper.

(a) stay away from the issues and concentrate on gossip
(b) cover urgent problems and issues that our society faces
(c) run counter to my thoughts though they are interesting
(d) are based on good sense and written in interesting ways

6. Whereas the leader of the U.S. is an elected president, Britain's Head of State is a member of the royal family. The U.S. president is the commander-in-chief with the Congress voting to declare war. The British Queen is herself the Head of the Armed Forces and officially declares wars with the aid of Parliament. She is also the Head of the Church of England and appoints all bishops in counsel with her ministers. The U.S. and the U.K. thus, in some ways, overlap politically and yet

_____.

(a) oppose each other's style of government
(b) have leaders who carry similar functions
(c) keep government offices quite separate
(d) possess different leadership structures

7. As a young writer, J. D. Salinger, author of *The Catcher in the Rye* longed to be recognized for his talents. After publication of his famous coming-of-age novel, he got just what he wanted, but Salinger quickly began to despise the attention. He disliked seeing his photo on the cover of his books, burned mail from fans, moved to the country, and refused to be interviewed. But the less people could find out about him, the more they wanted to know. It was as if _____.

(a) his published work had a life of its own
(b) he no longer had a reason to write
(c) his detachment fueled his celebrity
(d) he disliked the books he had authored

8. The decentralized nature of the Internet remains the reality as chain reactions of viruses and spam emails have gone underground. Individual computers are being infected without their owners' notice and becoming so-called zombie PCs. These computers then operate in spreading various malware to other computers through the world wide web. Security firms believe that nearly half of all the spam in the world comes from zombie PCs. People are advised to update to the latest security software and firewalls lest

_____.

(a) they suffer the same fate without their awareness
(b) things are going to improve in an aspect of safety
(c) their computers have already been invaded by hackers
(d) the viruses can be detected and prevented from spreading

9. Isaac Newton's three laws of motion are essential to the basic study of physics. This set of principles is used to understand the relationship between an object and the forces that affect the object's movement. _____, our ability to develop vehicles for transportation or examine the mechanics of the universe would not have been possible without Newton. He based some of his theory on previous work done by Galileo. His ideas also helped make sense of Kepler's laws of planetary motion.

(a) By contrast
(b) Therefore
(c) Moreover
(d) Notwithstanding

10. Drought is a natural part of the earth's environmental cycle. Since the development of the Earth's atmosphere, the planet has experienced numerous wet and dry periods. However, because nations are now so dependent on one another for goods, droughts can have harmful effects even where plenty of rain is falling. _____, a drought in the United States can slow the production of meat and vegetables, causing prices to increase. Therefore, other countries that depend on U.S. exports face food shortages.

(a) Nevertheless
(b) Meanwhile
(c) Even so
(d) For example

Part II **Questions 11~12**
Read the passage and identify the option that does NOT belong.

R

11. The Van Gogh Museum recently began making 3D copies of Van Gogh's most famous paintings to sell to art-lovers. (a) The pieces are made using the most highly evolved scanning devices, but the reproductions are far cheaper than originals. (b) Other art critics think this is an insult to Van Gogh's work. (c) This means collectors can own a unique piece of art for a more affordable price. (d) By selling the pieces, the museum can earn money to develop new exhibits and maintain facilities during a tough economy.

12. Nutritionists in North America recently discovered that people who drink mate tea, a beverage common in Argentina, experience a boost in good cholesterol. (a) This discovery has promoted a spate of studies in the U.S. to find out how the tea produces this effect. (b) Initial results suggest the tea excites antioxidant enzymes in the body that promote health. (c) In South America, the drink is traditionally served in a dried gourd and consumed through a metal straw. (d) In light of this news, companies are looking for ways to incorporate the tea into other products like juice, soda, and beer.

Part III **Questions 13~25**

Read the passage, question, and options. Then, based on the given information, choose the option that best answers each question.

13.

Market Trend

Industry statistics are pointing to a decline in e-book sales after a peak in 2010. Adult e-book sales are down 10%, while children's e-books are down to a third of previous years. E-book sales now account for a quarter of all book sales, and it's far from dominant. People think maybe it's due to the diminishing excitement for e-books. Readers may also still enjoy the satisfaction of paper books. Moreover the price of e-books is not appreciably lower than their physical counterparts.

Q: What is the main idea of the passage?

(a) Paper books have increased in popularity.
(b) E-books are not replacing paper books.
(c) Other online media have cut into e-book sales.
(d) Price plays a major role in e-book sales.

14. Edu-Culture offers a variety of programs to help beginning language learners speak Spanish, German, and French fluently. Classes meet at night, and a small part of the course is based around textbooks. A majority of the time is spent practicing spoken language in a variety of settings, such as restaurants, airports, hospitals, or job interviews. We also include outings to cultural locations for special presentations and conversations. Students must take a test to prove they have basic skills in the secondary language in order to qualify.

Q: What is the purpose of the passage?

(a) To explain foreign language programs for children
(b) To invite someone to a job interview
(c) To recruit language teachers who speaks Spanish
(d) To advertise language programs at an institute

15. A lab experiment in Turkey produced rabbits that give off a green glow. These bizarre mammals were implanted with genes from a jellyfish. Combining genes from two species isn't a new practice. It's been used many times for medical purposes and to increase food production. This experiment seems silly. After all, there's no good use for a glowing rabbit. But scientists say such bizarre experiments attract attention, thereby bringing in more money for research that will make a practical difference. It also provides evidence that genetic manipulation can be done safely.

Q: What is the main topic of the passage?
(a) Conducting research to grow support for science
(b) Attempts to make mammals attractive to humans
(c) The importance of safe experiments in the lab
(d) New discoveries combining land and sea creatures

16. Opinions can differ on whether taking a certain chemical substance is good or not for the human body. For those who are against it on principle, even having a drink can be the road to ruin. But if that substance is not legally or medically approved in a country, then it can be considered an abuse to take it. Ironically, even approved substances can be taken in ways that don't follow safety recommendations. Partly because they are legal to get a hold of, using prescription medicines can quickly become a bad habit that leads to addiction.

Q: What is the main point of the passage?
(a) The law should be stricter on what is legal to take.
(b) Medicines can be more dangerous than hard drugs.
(c) Anything that is addictive should be outlawed.
(d) Even legalized substances can be abused.

17.

> Dear Parents,
>
> Welcome back to school, and I hope you all had an enjoyable winter vacation. Tomorrow and Friday will be full school days. Please don't forget to send a snack each day for the mornings. More information about the syllabus for the spring semester is attached in this letter. Starting next week, the students will be bringing home Story Kits. These are designed to nurture a love of reading, and I encourage all of you to read these with your children. Please also check the school website for my postings of homework and other news.
>
> Mrs. Lisa Jones

Q: Which of the following is correct about the school according to the letter?

(a) It regularly provides morning snacks to all students.
(b) There was homework during winter break to be handed in.
(c) Parents are encouraged to participate in child learning.
(d) Story Kits will always be available on the school website.

18. When Aristophanes wrote his comedy, *The Clouds*, he intended his audience in Athens to think and laugh about themselves. The play compares and contrasts the philosophical ideas developed in the Greek world. In particular, the ideas of Socrates are shown in a humorous way. The audience in Athens by that time knew who he was. But those not from Athens did not know him. Legend says that when the outsiders asked who Socrates was during Aristophanes' plays, the philosopher stood up from his seat but did not say a word.

Q: Which of the following is correct about *The Clouds* according to the passage?

(a) Some parts of it were written by Socrates.
(b) It was highly critical of the philosophers.
(c) One of its subjects often sat in the audience.
(d) The audience could not understand its main point.

19.

> ## Lakeside Burgers' Grand Opening
>
> This weekend, Lakeside Burgers will celebrate its grand opening. You can arrive by car or by boat—those out on the lake can dock at the restaurant and come in to dine.
>
> - Features both indoor and outdoor seating on the shore of Lake Pennington
> - Serves a variety of hamburgers with different toppings
> - Vegetarian options also available
> - Includes a playground on site, for children to entertain themselves if parents decide to enjoy the view for a while

Q: Which of the following is correct according to the advertisement?

(a) Lakeside Burgers focuses mainly on delicate dishes.
(b) The restaurant is the first to offer docking for boats.
(c) People have been eating at this location for years.
(d) The restaurant has a special parking lot on water.

20. Like animals, individual cells—the most basic unit of life—also require communication to survive. Just like other beings, a cell's success depends on its ability to gather and process information in its environment. This can include signals about the availability of nutrients and changes in temperature or light levels. Obviously, cells can't speak to one another. Rather, they rely on chemical and mechanical exchanges. In most cases, cell communication enables similar cells to join together and form tissue like blood and muscle.

Q: Which of the following is correct about cells according to the passage?

(a) They operate independently of other organisms.
(b) They are able to coordinate by sharing information.
(c) They fight each other to adapt to the change.
(d) They are constantly searching for similar cells.

21. In the United Kingdom, coastal birds like puffins and terns are struggling to survive as the globe heats up and sea levels rise. The change in climate has led to alarming changes in the puffins' diet. The birds typically feast on sand eels, but these are disappearing, seeking colder waters further north as the sea grows warmer. A new species has moved in—the pipefish, which is much more bony than the sand eel. Puffins have a difficult time digesting the animal, which has led to cases of starvation.

Q: According to the passage, why has the puffin's diet changed?

(a) There are not enough bony fish to feed the birds.
(b) There are more puffins than sand eels.
(c) Marine species have shifted after habitat changes.
(d) Sea levels make it difficult for the birds to catch fish.

22. The ability to communicate with other devices is the necessary condition that puts the "smart" in smart devices. While wires and cables transmit data fastest, there are several wireless means. Satellites broadcast over long distances while invisible signals connect TVs with their remotes. Bluetooth is a technology appropriate for short-range exchange of information. It runs at a certain radio frequency. The name comes from a king of Denmark known as Blatand who united several kingdoms into one. He was known to enjoy blueberries, which caused one of his teeth to turn blue.

Q: Which of the following is correct about Bluetooth according to the passage?

(a) Satellites can be used by it for its transmission.
(b) It connects devices that are close to each other.
(c) Having it is necessary for a device to be smart.
(d) It was initially developed by a king of Denmark.

23. Pearson County police reported to a crime scene Saturday where a man was wounded by a gunshot. According to Deputy Chief Gaspar Harrison, the incident occurred at 31 Wayne Avenue around 7:15 p.m. The victim in his 20's, who has still not been identified, was rushed to the hospital in critical condition. Witnesses say that another man was seen running away from the scene. The suspect is described as a man similar in age to the victim. Police went on a manhunt, but the search is still ongoing.

Q: What can be inferred about the crime according to the news report?

(a) The police think the criminal is in his twenties.
(b) The deputy chief saw a suspect leave the scene.
(c) The attack was connected to a store robbery.
(d) Witnesses saw two men in a heated argument.

24. Our current system of government only serves those at the top, and it's arranged so that people with power can make rules that help themselves rather than others. There's proof of this in the way large corporations operate. In recent years, we've learned of numerous corporate crimes, yet no one involved is ever punished. That's because corporations give millions of dollars to lawmakers to win their favor. Meanwhile, those living in poverty are jailed in large numbers for small drug crimes, locked in a prison system that robs them of their rights.

Q: What can be inferred about the writer of the passage?

(a) He opposes corporate donations to elected officials.
(b) He believes prisons should be used for education.
(c) He has developed a plan to remedy the system.
(d) He thinks the size of companies should be monitored.

25.

≡ **THE SOUTHVILLE TIMES**

Entertainment > Movies

The 1941 film *Citizen Kane* followed a powerful newspaper owner trying to control public debate. It's considered one of the best and most influential movies in cinema history. Part of this is attributed to the techniques used to shoot the movie. The director kept the foreground and background in sharp focus for extended scenes, emphasizing smaller symbolic details in the set, which had not been done before then. He also positioned the camera from a lower angle so it looked up sharply at the characters, which cued the viewer to their power and weaknesses.

Q: What statement would the writer most likely agree with?

(a) The film glorified an iconic figure in business.
(b) The movie advanced existing camera technology.
(c) The director created a new style of filmmaking.
(d) The main character was partially misunderstood.

Read the passage, questions, and options. Then, based on the given information, choose the option that best answers each question.

R

Questions 26-27

In the 1970s, the young of the U.S. were widely thought of as rejecting most mainstream social values such as consumerism. Decades later, however, a profusion of American teenagers seem to be eagerly adopting the material culture once denied by the previous generation. In fact, experts in child development are concerned about teens' strong pursuit of brand names and their vulnerability to product marketing.

Herbert Lindsay, author of *Purchasing Habits of Teenagers*, asserts in his book that a number of teenagers have become addicted to brand names and designer products. According to Lindsay, a myriad of today's advertisements targeting teenagers — approximately $20 billion annually — spoil teens' spirit and trigger emotional and material divisions among them at school. Indeed, most teachers claim that excessive materialism found in students is resulting in conspicuous problems even in the classroom. Some of them are concerned that most students think earning money to be more important than any other thing in their mind.

26. Q: What is the passage mainly about?

(a) Effective advertising aimed at teens in the past
(b) Famous name-brand and designer products
(c) Measures to prevent students' consumerism at school
(d) Prevalent materialism wreaking havoc on teenagers

27. Q: What can be inferred from the passage?

(a) Many students are likely to value the material riches more than any other thing.
(b) Consumerism was the most serious social issue in the 1970s.
(c) Most educators believe that teenagers are strongly addicted to advertising.
(d) The influence of marketing causes students to be absent from school to earn money.

R

Police Computer Specialist Wanted

The Woodbridge Police Department is looking for a computer specialist who will be in charge of the installation and maintenance of hardware, development of software, and operations.

- Educational Qualifications
  - The successful candidate should be a graduate from an accredited college or university with a degree in computer science, information systems, or the equivalent.
- Experience
  - At least 2 years of experience in technical support environment and/or systems analysis is required.
  - Considerable experience in computer systems, programming, and operations is preferred.
- Responsibilities
  - Install, maintain, and update computer systems, operating systems and related software
  - Create and maintain user accounts, distribution lists and password resets
  - Install, debug, and test police officers' applications
  - Extract, calculate, or manipulate information stored in the database
  - Provide user training on the use of new equipment and software programs

The successful candidate must be able to work on call and often has to sit for extended periods of time. He or she should also cooperate as a member of a team while interacting with other governmental agencies. Where most tasks are in an office environment, some jobs may be performed in atypical areas. Send résumés to recruitment@wbp.org

28. Q: What qualifications should a successful candidate have?

    (a) Professional anti-hacking skills
    (b) A degree in a computer-related field
    (c) More than one year's work experience
    (d) An ability to work even on weekends

29. Q: Which of the following is correct about the applicants' responsibilities?

    (a) They must develop new operating systems for the police.
    (b) They should often reset all the users' accounts.
    (c) Their applications should support police officers.
    (d) They must audit the database established by the police.

R

☀ THE CHICAGO TRIBUNE

| Home | Politics | Social | International | Opinion |

Urging Action on Gun Control

Tim Dyer / March 5, 2018 - Following a series of gun accidents horrifying Americans, I am full of hope after reading your article "Urging Action on Gun Control." I cheer tens of thousands of students who require strong control on firearms on school premises, as they shame me into taking the increasing gun violence seriously. We've seen a good example of a person's awakening to a social problem in 1980. A mother fought to stop drunk driving after the death of her child, and in a few years it became illegal to drive while intoxicated.

I'm convinced that young protesters' voices will make a difference in our society. A myriad of students from schools across the country have begun to stand up and demand action. Their voices will pressure members of Congress to support laws for the sake of their constituents rather than for the benefit of gun lobbyists. The young of America are fighting for not only their own lives but also those of their descendants. We, their hapless elders, are only standing in awe, but will support them for their accomplishment that we haven't achieved.

30. Q: Which of the following is correct according to the letter?

(a) Schools have failed to control the possession of firearms effectively.
(b) The writer is skeptical about people's efforts concerning social issues.
(c) Only a few students are participating in protests against abuse of firearms.
(d) Fighting against gun violence is only for the benefit of current students.

31. Q: What is the main purpose of the letter?

(a) To criticize school districts' lukewarm measures toward firearms
(b) To call for school districts to prevent students from using guns
(c) To commend students' demonstration against gun violence
(d) To highlight Congressmen's role for the sake of their constituents

SEATTLE DAILY

LOCAL NEWS: Abolishing Telecommute Adding to Region's Congestion

By Jennifer Rubin

Many companies in the city of Seattle are planning to require their employees to work at in-house offices rather than at home, which has traffic experts worried about congestion on area roadways. After years of encouraging a number of employees to telecommute, they have decided to reverse course and only eligible employees permitted by management can work remotely up to two days per week.

However, case-by-case exceptions are expected to be made by each department's supervisors since there are space issues in each company. While implementing the telecommuting policy, the companies have downsized their office space since a number of workers chose to telework. Therefore, some of the companies in the region said that they don't have any plan to make changes to their working programs.

Nevertheless, the plan is criticized by transportation experts as a retrograde move, as the shift could add nearly 20,000 cars daily to roads. In part, telecommuting was originally introduced as a key strategy for reducing traffic congestion in the city area where traffic jams were commonplace. The change to working environments is likely to cause traffic to be an issue again.

32. Q: Which of the following is correct according to the news article?

(a) A number of employees in Seattle prefer to work at home.
(b) Plenty of companies have been reluctant to allow telecommuting.
(c) Those who want to work at home must receive supervisors' permission.
(d) Companies are downsizing their office space for employees to telecommute.

33. Q: What can be inferred from the news article?

(a) The city government of Seattle recommends telecommuting.
(b) Telecommuting has contributed to relieving traffic congestion.
(c) Telecommuting is less cost-effective than expanding office space.
(d) Almost all the companies in the region will follow the trend.

Édouard Manet's Luncheon on the Grass

Manet's *Luncheon on the Grass* can be considered the turning point for Modern Art and a new freedom from traditional subjects and modes of representation. The work was one of the representative impressionist works that broke away from the classical view that art should conform to established traditions and achieve perpetuity. When the painting was first submitted to a salon, it was rejected by the Official French Academy because of the incongruity between the female nude and the clothed bourgeois men. Moreover, their appearance rendered the unreal scene obscene in the eyes of the public of the day.

Yet Manet asserted that he was just paying homage to *The Pastoral Concert* painted by Italian painter Tiziano Vecellio. So Manet displayed the painting at the Salon des Refuses, an alternative exhibition set up to exhibit paintings refused by official salons. He sought to paint figures with a flatness to challenge the three-dimensional perspective emphasized in Renaissance painting. His painting style and realistic subject matter in the painting are reported to have influenced modern painting.

34. Q: What is the main topic of the passage?

(a) How Manet pioneered a new style called impressionist painting
(b) Why Manet venerated the Italian painter Tiziano Vecellio
(c) Why an impressionist painting was kept from the public's eyes
(d) How a painting denied in the artistic world affected modern painting

35. Q: What can be inferred about *Luncheon on the Grass*?

(a) It didn't pander to those maintaining conventional painting styles.
(b) It was considered obedient to established artistic conventions.
(c) French critics criticized its obscenity not found in *The Pastoral Concert*.
(d) Its three-dimensional perspective was the painting's major style.

This is the end of the Reading Comprehension section. Please remain seated until the proctor has instructed otherwise. You are NOT allowed to turn to any other section of the test.

ACTUAL TEST

2

Reading
Comprehension

R

Read the passage and choose the option that best completes the passage.

1. One of America's most well-known condiments—Tabasco sauce—has steadily grown in popularity over the past century, perhaps because _____.
   The spicy sauce was first produced in 1868 by Edmund McIlhenny. His family has run the business ever since. The peppers used in Tabasco originally came from Avery Island; today, the seeds come from the same place but the peppers are grown elsewhere. And they're still hand-picked, mashed, stored in barrels, and kept for three years before arriving in grocery stores.

   (a) the company sticks to tradition
   (b) Americans love to flavor foods
   (c) the production process evolved
   (d) of its high-quality ingredients

2. In the rush of daily life, it's easy to be overwhelmed by thousands of tiny details. Certainly, details are important, but concern about tests, soccer games, or getting to school on time can take its toll. Under all the pressure, we forget to notice the beautiful things around us. But if you slow down and notice your surroundings, you'll find a lovely flower, two friends laughing, or the man helping his mother come down the stairs. It's these moments that remind us _____.

   (a) to leave our many responsibilities behind
   (b) of all the things to accomplish in the future
   (c) not to stress too much about minor things
   (d) that observation leads to personal comfort

3. The Jewels of the Maya exhibit at the Camden Museum invites you to come and
    _____. The world for centuries had only heard rumors
    of the Mayan sacred tradition and its holy treasures. It was reported that local priests in
    their temples of stone would communicate with the spirit world. The Spanish came close
    to the source of these stories when they landed in today's Colombia. This display of
    over 400 artifacts from that time reveals how Colombia's ancient people used music and
    mind-altering plants in their religious ceremonies.

    (a) excavate the remains of the ancient city
    (b) practice the arts and crafts of the Mayans
    (c) learn about pre-Columbian technology
    (d) explore the legends of ancient America

4.

≡ **THE GRANDVILLE TIMES**   🔍

Science > Health

Scientists at Maastricht University in the Netherlands have grown beef without
the cow in an effort to _____. To make the
artificial meat, muscle stem cells from the animal were cloned and grown in a lab.
The process is estimated to save about 90% of the energy needed to raise the same
amount of meat under the old-fashioned way. It also avoids the ethical problem of
raising animals in poor conditions or having to slaughter them.

(a) produce better tasting meat products
(b) attract customers with exciting tricks
(c) be more environmental and humane
(d) save on the expense of raising cattle

5. Found mostly in the rainforests of Congo, the okapi _____.
Tourists often marvel that its size and shape is like that of a donkey or horse, and its
back is colored a dark red. Yet its legs share the markings of a zebra almost exactly. At
the same time, the shape of the animal's head is much like that of the giraffe. What's
more, it shares the long-necked animal's strong and flexible tongue, which it uses to strip
leaves from the trees.

(a) is commonly studied by evolutionary biologists
(b) looks to be an unusual blend of several species
(c) combines the best traits of three different animals
(d) has been an attraction for tourists on safari

6. Before technology became available, most farming was done by individual families.
In the 20th century, industrial farming emerged as new machines became available.
By using mechanization, chemical pesticides, and fertilizers, companies could produce
and distribute massive quantities of affordable food across the country. But, over time,
people have seen how this method depletes resources and robs food of its nutritional
value. In recent years, more news outlets have reported on this, and thousands of smaller
farmers have emerged across the country, _____.

(a) demonstrating large farms no longer work
(b) leading to an unexpected new development
(c) providing even greater amounts of food
(d) indicating a return to traditional methods

7. Using a powerful space telescope, scientists recently noticed a large amount of light from an energetic galaxy named HFLS3. Because of its distance, the light was actually billions of years old. Its strength indicated that HFLS3 was, at the time, forming stars more than 2,000 times faster than our own Milky Way, something astronomers had never seen before. They concluded they had discovered a distant solar system that

_____.

(a) was too far away to be completely understood
(b) could provide endless energy for planet Earth
(c) was creating new stars at an astonishing rate
(d) contained an uncountable number of planets

8. Greek letters are used in math and science as shortcuts to interpret equations. One example is the letter pi, which represents the number needed to calculate a circle's circumference. Delta is used to note the change in a value, such as the rising slope of a line. The uppercase sigma, on the other hand, directs the calculator to add a long series of numbers. Taken together, the Greek symbols function

_____.

(a) efficiently to help students learn equations more quickly
(b) in various ways to communicate values and operations
(c) without many people understanding how they work
(d) to provide needed detail in mathematical theories

9. Voting by secret ballot is one way to reduce the possibility of outside pressure on voters. It developed to protect people from intimidation and pressure. It was clear that if a person couldn't keep his vote private, others would try to change his mind, sometimes using forceful methods. _____, the secret ballot only became widespread in the West in the 19th century. Though it was used in ancient Greece, France began using it in their National Assembly in 1795. It then was adopted in British Tasmania in 1856 and then in Massachusetts in 1892.

(a) Rather
(b) Conversely
(c) Nevertheless
(d) Instead

10. Many of us worry about the potential health hazards of electromagnetic radiation from our cellphones. Conflicting reports in the media only add to the confusion. There are assurances that the frequencies used by cellphones, cell towers, and Wi-Fi are well within biologically safe levels. The argument goes that only higher energy frequencies such as UV, gamma rays, and X-rays can damage DNA. _____, not everyone is convinced this is good science, citing reports that cells are affected throughout the electromagnetic spectrum.

(a) Even so
(b) Moreover
(c) Similarly
(d) What's more

Part II **Questions 11~12**

Read the passage and identify the option that does NOT belong.

11. Western eaters are beginning to recognize the advantages and tasty flavor of seaweed, and they're enjoying it more often. (a) It hasn't yet made its way into other foods, like soups and salads, but is usually only eaten as a dried snack. (b) Even so, at least Westerners are catching on to the value of this low-calorie food that's rich with minerals. (c) In Asia, the marine plant is a key part of the diet and may be served at least once a day. (d) What's more encouraging is that health news reports are describing how proteins in seaweed can reduce blood pressure.

12. Zombies have become a huge part of the modern marketplace in recent years, appearing in many video games, television shows, movies, and even literature. (a) They're shown in stories as a menacing threat to humanity. (b) Some have argued zombies are so popular because they represent a frightening quality of modern life. (c) For one thing, zombies' defining characteristic is their ongoing hunger for more and their inability to be satisfied. (d) In the same way, modern consumers in first-world countries are always longing for more clothes, better houses, and new gadgets and cars.

Part III Questions 13~25

Read the passage, question, and options. Then, based on the given information, choose the option that best answers each question.

13. Dyslexia has several component problems. One of these is called visual crowding, which makes it difficult for a reader to focus on one word at a time due to the large number of words on a page. But researchers have found that e-readers alleviate this challenge because lines can be made shorter and the text can be enlarged, thereby reducing the distractions dyslexic readers normally encounter. By using an e-reader, many with dyslexia are able to read faster and more easily understand written information.

Q: What is the passage mainly about?
(a) One of the specific challenges for dyslexic students
(b) Strategies for helping readers focus on separate words
(c) Changing the way books are formatted to be affordable
(d) A device that can assist those with learning disabilities

14.

Announcement

Deborah Ogren, a 45-year-old Rosindale native, will be the new face for the State of Virginia's Life Readiness Campaign. This program trains people to maintain a stable living situation and rejoin the workforce. Ogren, the one-time homeless shelter client, said she's pleased to appear in the billboard ads highlighting the successes of Rosindale's new housing program. She recently completed her education and landed her dream job with Foxwoods Shipping as a mechanic after living on the streets for many years.

Q: What is the purpose of the announcement?
(a) To advertise job openings in Virginia
(b) To introduce someone to publicize social programs
(c) To inform people of a program for the homeless
(d) To explain how to transition from trainee to worker

15. The dwarf planet Ceres, which circles the Sun between Mars and Jupiter, was initially tracked in 1801 for one month before being lost behind the glare of the Sun. Finding it again using telescopes several months later proved impossible. The body was in an uncertain orbit around the Sun, and the Earth itself is also always moving. The only way to find the planet was to use the consistent distance from the Earth to the Sun. Fortunately for astronomy, the mathematician Carl Friedrich Gauss caught on to this and correctly calculated its position. It was a crucial advancement in the field of astronomical observation.

Q: What is the main idea of the passage?

(a) Gauss created a new field of mathematics.
(b) Orbits can be mathematically predicted.
(c) Telescopes can show the distance to planets.
(d) The solar system still contains unknown bodies.

16. Helping young children behave with kindness and compassion requires a delicate balance as a parent. Allowing children too much freedom and providing them with everything they want encourage a self-centered attitude and the expectation that all of their desires should be met all the time. On the other hand, too much discipline and harsh punishments make it difficult for children to learn self-control or gain confidence. By finding a path between these two extremes, parents will often see their child mature into a well-balanced individual.

Q: What is the main point of the passage?

(a) Self-centeredness can be an asset to young people.
(b) Providing strict direction can lead to proper behavior.
(c) Not all of a child's wishes should be satisfied by parents.
(d) Finding a balance between parenting techniques is best.

17.

Business World

High-profile salesman Kevin Trudeau is being asked to pay $37 million dollars in fines for false advertising. In commercials promoting his latest book on dieting, Trudeau claimed the weight-loss plan was "easy." But the book advises people to get expensive treatments and go for long periods of time without consuming enough calories. Trudeau has yet to pay the fine and was taken to court after a judge noticed Trudeau spent hundreds of dollars on luxury goods while claiming he didn't have enough money to pay the fine.

Q: According to the passage, what is correct about Kevin Trudeau?

(a) He has been unable to earn enough money to pay the fine.
(b) His strategy for weight loss has proven to be highly effective.
(c) His spending habits have been monitored by law enforcement.
(d) He is taking steps to resolve the legal issues he faces with a judge.

18. The bee hummingbird has rarely been seen by the human eye, partly because it's only 5 centimeters long. Only high-speed cameras can capture images of the bird, which flaps its wings 80 times per second. Bee hummingbirds primarily live alone, and only form couples to mate. They build tiny nests (the size of a doll's cup) and attach them to branches using spider webs. Like bees, they pollinate various plants and are therefore essential to the plants' survival. While the birds were very common in Cuba, their numbers are now on the decline.

Q: Which of the following is correct about bee hummingbirds according to the passage?

(a) They put their eggs at the top of a tree for safety.
(b) They share similarities with insects in several ways.
(c) Their falling population is to due habitat change in Cuba.
(d) They like to form flocks to aid their protection against predators.

19.

> ## Notice
>
> Next Saturday afternoon, join your neighbors in Garrison Park to honor a team of high school students who spent the past year improving the area in various ways. Visit with groups of teens to learn about their projects to better the neighborhood, including mural painting, tree planting, and outdoor performances. In the spirit of community, please bring your favorite dish to share with other party-goers. Children and pets are welcome. The event will conclude with an award ceremony for students.

Q: Which of the following is correct about the party according to the announcement?

(a) Local volunteers' efforts will be recognized.
(b) Attendees will help to improve the park.
(c) Food will be provided by party organizers.
(d) Students will display academic achievements.

20. Some critics of Jackson Pollock's art work would not even consider them art but think of them as worthless. Nevertheless, at $140 million dollars, his "No. 5, 1948" stood in 2006 as the world's most expensive painting sold at auction. Admirers say his drip style of painting changed the way artists thought about lines on a canvas. Rather than trying to represent anything realistic, he resorted to random, in-the-moment creation of color. While some saw his work as easy and lazy, others applauded its attention to something completely abstract.

Q: Which of the following is correct about Jackson Pollock's works according to the passage?

(a) The artworks are actually silly and useless.
(b) Pollock's works attract contrasting opinions.
(c) They combine varied artistic approaches.
(d) There is hidden symbolism in his best canvases.

21. When two types of bacteria are added to milk at a certain temperature, the result is yogurt. Today's grocery stores carry an assortment yogurt brands, types, and flavors, making it seem like a product of modern civilization. But humans have been enjoying yogurt for hundreds of years. In Central Asia, because of weather conditions and a lack of refrigeration, yogurt became a dietary staple centuries ago. Today, in the West, it's mixed with honey and fruit for a light breakfast, but in countries like Turkey, it's used in dinner dishes.

Q: Which of the following is correct about yogurt according to the passage?

(a) It requires a complicated technique to produce.
(b) It is a relatively recent addition to the food supply.
(c) It is used across the world in a variety of ways.
(d) It is found in a single culture in one part of the world.

22. Management is "doing things right," whereas leadership is "doing the right things." So goes a quote from the influential corporate consultant and author, Peter Drucker. He's the one who coined the phrase "knowledge worker." He foresaw the information society and its need for lifelong learning. Yet he did not state that a company depends on its leadership for success. From his experiences, he concluded that companies function best when workers are able to freely exercise what they're trained to do.

Q: Which of the following is correct according to passage?

(a) Management depends on how well consultants are led.
(b) Drucker emphasized the importance of strong leadership.
(c) Businesses have success based primarily on a skilled workforce.
(d) The information society requires focused management.

23. Rare earths are a group of seventeen relatively heavy elements in the periodic table. They are not necessarily the rarest of the elements found on Earth. They are called rare because the mineral rocks in which they are found are usually spread across vast areas. This makes mining them difficult and costly. In fact, the technology to extract them from the rocks was only developed in the 1950s. This was no accident since their demand shot up with the boom in manufacturing electronics around that time.

Q: What can be inferred from the passage?

(a) Technology developed recently allows for discovery of rare earths.
(b) These elements are mostly used to make technological devices.
(c) Large-scale mine operations would lower the cost of rare earths.
(d) New mapping abilities are making rare earths easier to locate.

24.

SYI Training Program

Apply to Summer Youth Institute (SYI)—the perfect training program for high school students wanting to lead in their chosen fields.

- During the Institute's two-week course, participants take part in practice activities, like political campaigns, coordinating events, developing products, and solving business problems.

- Participants also work in groups to navigate professional issues, like how to handle complaints or respond to unhappy employees.

- With these activities, the Institute provides the first-hand experience many colleges and businesses look for in their applicants.

Apply today!

Q: What can be inferred from the advertisement?

(a) The Institute focuses mostly on skills needed for politics.
(b) Students who need only academic tutoring should apply.
(c) Participants will have more success achieving their goals.
(d) The Institute lets young people learn while on the job.

25. More doctors are keeping "assistance dogs" in their offices to help combat patients' illnesses. While visiting a clinic, they can take the dogs for a walk, or the dog might rest with a patient and provide comfort and affection. The dogs can be used in other ways as well. More specifically, when a patient overcomes challenges or meets goals, she might be allowed to spend time with a hospital pet as a reward. The animals do have a positive impact—they help decrease blood pressure, stress hormones and general anxiety, all of which can slow a patient's recovery.

Q: What statement would the writer most likely agree with?

(a) Bringing dogs into hospitals can pose major health risk.
(b) Doctors can use pets when other methods don't work.
(c) Animals are a distraction from painful treatments.
(d) Animals have a calming effect that promotes healing.

Read the passage, questions, and options. Then, based on the given information, choose the option that best answers each question.

R

Questions 26-27

Although some parents have difficulty forming strong relationship with their teenage children, I think having trust and respect between them is more important than any other thing. They need to know they can share their conditions and problems among them. Sometimes, parents' reactions make their children want to share things or reject parents' interruption. What matters, therefore, is to know the right way each should be treated.

As most parents agree, teenagers prefer to live a free and independent life, which parents don't understand well. They don't want to listen to their parents and prefer to do things as they want to. However, they should have much more discussions with their parents. Those in their teens are relishing the best period of their life even though it's also a tough period for both them and their parents. Therefore, to set up a good relationship between teenagers and parents, the most important thing is to establish mutual trust.

26. Q: What is the writer mainly writing about in the passage?

(a) How to solve discord between parents and teenage children
(b) Why teenage children refuse to show respect to their parents
(c) How parents are coping with their teenage children's whims
(d) Why teenagers prefer to live a free and independent life

27. Q: Which of the following is correct about the writer?

(a) All the parents around him have trouble with social relations.
(b) He values confidence and veneration in forming relationships.
(c) He always rejected his parents' advice as a teen.
(d) He thinks building mutual trust among people is the hardest thing.

R

◀ Simon   ≡

Hi, Simon.

I'm really sorry I haven't texted you until now. Since I got here, I've been very busy taking courses and making new friends, who are of diverse nationalities: Chinese, Russian, Thai, Spanish, Brazilian, and more. Fortunately, my host family is very friendly and kind. Besides the nice parents(Susan and Paul), the children Robert and Jane are very sweet and cute, though often a bit annoying. We live quite near the city center, so I've been hanging out in the streets shopping and watching free street performances. If you are still interested in studying abroad, don't hesitate to contact me.

me

Hi, Fred!

What a relief it is you are satisfied with your new life. As you know, I'd like to have a chance to go to college in another country. I like to make foreign friends that hail from other countries and get knowledge about their cultures and customs. What's more, I will be able to improve my skills in my major if I start studying with famous scientists in developed countries. After the end of my study, I'd like to realize my dreams in my homeland. I'll keep you up-to-date with any news.

28. Q: Why did Fred send the message?

  (a) He wants to invite Simon to his college.
  (b) He wants to inform Simon of his new life.
  (c) He wants to visit Simon with his host family.
  (d) He wants to hang out with Simon in the city center.

29. Q: What can be inferred from the chat messages?

  (a) Fred goes to the same college with the host family's children.
  (b) Fred and Simon usually hang out with each other every weekend.
  (c) Fred and Simon have both begun studying abroad.
  (d) Simon hopes to return to his country after studying abroad.

Wanted: Tutors

We are looking to hire competent tutors to begin in September. References from advisors are a requirement, and the hourly rate will be decided according to experience and ability.

- Disciplines: Chemistry, Physics, Biology, and Calculus
- Tutor mainly high school students, who are taking advanced courses at school.
- The days and times are flexible, whenever you are available. Some students come weekly at the same time, while others call for appointments at irregular times.
- Though experience is not required, knowledge of subject and ability to explain are mandatory. Making good relationship with students is also essential, as adapting to students' various ability levels will affect their self-confidence levels.
- If you are interested in tutoring a subject that is not listed above, please call us. Some other students occasionally need help in other subjects.
- Please send a résumé if you are interested. MS Word format is preferred, but PDF format is also accepted.

Educenter Tutoring
080-713-0522
webmaster@educenter.com

30. Q: Which of the following is correct about the advertised position?
   (a) It is a temporary position solely for the month of September.
   (b) Most students are taking standard level courses at high school.
   (c) Successful candidates should teach students on a regular basis.
   (d) Those interested in tutoring outside the listed disciplines can also apply.

31. Q: What can be inferred from the advertisement?
   (a) Inexperienced applicants can be considered for the position.
   (b) Fixed hourly payment will be offered by the month.
   (c) The Educenter Tutoring will train successful candidates in advance.
   (d) Tutors only have to care for students' academic accomplishment.

R

Execution: Electric Chair

Thomas Edison is renowned for his accomplishments as an ingenious inventor. Most of all, he contributed to our making use of electricity, phonographs, and motion pictures. Edison is less known, though, for inventing the electric chair as one of the methods for execution. The New York State legislature was criticized for an inhumane method of executing felony offenders and was searching for a new way of execution other than hanging. A member of the legislature happened to hear about news that several people were inadvertently electrocuted and died.

The legislator wrote Edison a letter inquiring if electrocution could be a more humane method of execution. Edison responded saying he believed more than 1,000 volts of electricity could result in a quick and relatively painless death and immediately began a sequence of experiments to prove his hypothesis. While conducting experiments, he put to death a multitude of animals such as dogs, cats, cattle, and even horses. Nevertheless, it is not that Edison wanted to be credited with inventing the electric chair. It is just that he wanted the public to beware of the abominable cruelty of capital punishment.

32. Q: What is the main idea of the passage?

(a) How felony criminals were executed before electric chairs
(b) How a new method of execution was contrived
(c) Why the New York State legislature was criticized
(d) Why Thomas Edison executed a throng of animals

33. Q: Which of the following is correct about Thomas Edison in the passage?

(a) He is most famous for inventing various electronic appliances.
(b) He thought electricity is inappropriate for punishing criminals.
(c) He hypothesized enough electricity could electrocute people.
(d) He often pronounced in favor of the death penalty.

R

East Bay Times

Employment Rate Rises in Oakland

The Oakland job market surged to a record high of employment in March, fueled by robust construction industry in the city. During March, the Oakland area added over 8,000 jobs and the citywide jobless rate fell to 3.8 percent in March, compared with 4.2 percent in February, according to the city's officials of Employment Department.

The construction sector seems to have spurred much of the growth in the area. The sector is still the main engine of the Oakland economy; construction companies are moving forward with hiring and expansion.

And the construction industry should continue to facilitate the entire employment growth in the region. Early this year several large IT companies announced plans to relocate their headquarters to the city and some other ones leased five big office buildings, which include enough room for 3,000 to 4,000 employees.

Particularly, ocean view-based companies such as Saver Pharmaceutical Co. are busy with major expansion plans in the southern area of the city. It's a different story for the construction industry that tended to have modest or sluggish growth.

34. Q: What is the news report mainly about?

(a) Economic development and urban expansion in the city of Oakland
(b) An upsurge of employment rate due to the growth of the construction industry
(c) An unexpected rush of nationwide IT companies to the city of Oakland
(d) Oakland's sluggish real estate business due to the recession

35. Q: Which of the following is correct according to the passage?

(a) Up to 8,000 jobs were unexpectedly created in the construction industry.
(b) Laborers in the construction sector are moving away from Oakland.
(c) Relocation of large companies reduced the unemployment rate.
(d) The construction industry has been booming for decades.

This is the end of the Reading Comprehension section. Please remain seated until the proctor has instructed otherwise. You are NOT allowed to turn to any other section of the test.

ACTUAL TEST

3

Reading
Comprehension

Part I **Questions 1~10**

Read the passage and choose the option that best completes the passage.

1. Though it might surprise you, we can learn a lot from dogs about
_____. For example, just as dogs thrive on playtime,
it's important to take breaks and do something enjoyable while on the job. This allows
the brain to rest and recharge. And just as our canine friends show their affection and
appreciation by wagging their tails and nuzzling our legs, it's essential that we share our
gratitude for our coworkers' contributions. This decreases stress levels and leaves all
employees feeling more satisfied and successful.

(a) getting to know one's coworkers
(b) cooperating on difficult projects
(c) how to be more effective at work
(d) the most useful communication skills

2. While not causing as much concern as obesity, being overweight
_____. Having more than the optimal level of body fat
can cause emotional distress and physical difficulties. Web sites and articles about the
topic advise those who are overweight to control their lifestyle habits. Even so, external
conditions, like expensive gym memberships or lack of outdoor space for exercise, can
be linked to the risk of becoming overweight.

(a) makes a person less likely to exercise
(b) can be an even greater threat
(c) still causes problems for individuals
(d) is something people can manage

3. The American photographer, Ansel Adams, allowed people to view the country's breathtaking landscapes without having to travel. His famous black-and-white photographs captured miles of mountains and deserts in one frame, creating a stunning and quiet experience. While viewing his work, many people felt transported to the outdoors. Adams became known at a time when the country was experiencing an increase in the building of dams and the use of public land to mine natural resources like oil and minerals. But Adams's images motivated people to organize for

_____.

(a) the documentation of more lovely scenery
(b) the creation of new park lands in urban areas
(c) the investment in alternative fuel resources
(d) the protection of the country's unspoiled territory

4. Things haven't always gone smoothly for the heroic Astro Boy. Doctor Tenma initially built Astro Boy to replace his own son, Tobio, who he lost in an accident. But the doctor becomes discouraged when he realizes the robot doesn't grow older, and therefore isn't at all like humans. So he decides to sell it to an abusive circus owner. Fortunately, one of Tenma's colleagues sees Astro Boy at the circus and rescues him. That's how the crime-fighting Astro Boy we know today was at first _____.

(a) punished and then became a criminal
(b) trained and then remained an entertainer
(c) set free and then was saved by the circus
(d) abandoned and then got another chance

5. For decades, the Boston mob boss, Whitey Bulger _____.
But in August 2013, a jury convicted Bulger on 31 of 32 charges, revealing the lengths
he was willing to go to keep his business running. Some of the crimes—including money
laundering, illegal gun possession, and drug dealing—happened forty years ago. Bulger's
victims and their families expressed their relief that he was finally punished. And though
the trial probably didn't include all the crimes Bulger likely committed, he'll be spending
30 years in prison.

(a) made a number of improvements to the city
(b) lived free despite his long criminal history
(c) managed to cheat and fool the judges
(d) paid for the damage he did to many others

6.

Dear Jae Hoon,

I am pleased to inform you that you have been selected to attend this year's Teen
Leadership Camp. We invite only 30 students each year, and more than 200 students
applied. Your volunteer work and participation in school clubs, as well as your
academic achievements made you a distinguished candidate. We will be sending
you a packet with additional information in a few weeks. For now, we want to
congratulate you on _____.

Sincerely,
David Masters
Camp Director

(a) being a notable leader in your community
(b) your accomplishments in student council
(c) your acceptance into this respected program
(d) inspiring other students to show leadership

7.

Lifestyle > Wellness

Beware a flea prevention product _____.
The drug is called Dextar, and cats and dogs can ingest it orally each month.
Dextar contains a chemical that sterilizes fleas, making it impossible for them to
reproduce. Because a flea's life cycle is so short, the bugs die off quickly. It was
originally believed the sterilization chemical didn't harm mammals, but reports
show that most dogs and cats develop cancer after taking the drug for several
years.

(a) that has been shown to have deadly results
(b) that actually increases bug bites in pets
(c) can sterilize animals against owners' wishes
(d) now recommended by most veterinarians

8. The Rochester Bioscience Group provides legal advice according to the strict regulations
that differ from country to country. This is where the true strength of our global network
of top attorneys in over 110 countries lies. We can offer you a consultation in your
region but we are also coordinated enough to deal with cross-border issues. We hire
only the best qualified lawyers in each locality who can deal with the complexities
of the bioscience sector. You can be assured of benefitting from our expertise in

_____.

(a) affecting the bioscience field on a global scale
(b) promoting awareness about justice in biotechnology
(c) representing clients in local governments and courts
(d) standing for multinational organizations without borders

9. William Shakespeare is believed to have written hundreds of plays and poems, but for many years, his work has been in doubt. Was he really the author of all the poems and plays bearing his name? Because so little is known about William Shakespeare, it's difficult to know the truth. _____, recently discovered documents from that time period refer to a man named Shakespeare who authored many plays. This may provide sufficient evidence to put the mystery to rest.

(a) Otherwise
(b) Subsequently
(c) However
(d) Accordingly

10. The Beijing Opera is said to represent the cultural spirit of China. The art form first appeared in the late 18th Century and continues today. It makes use of music, vocal performance, and martial arts to create drama on stage. The story lines within the opera are communicated mainly through the performers' elaborate costumes and suggestive movements. _____, performers wear ornate face paint to convey each character's role. At the same time, the sets are very simple, and hardly any props are used, drawing the audience's focus to the people on stage.

(a) Rather
(b) Thus
(c) In the end
(d) Even so

Part II **Questions 11~12**

Read the passage and identify the option that does NOT belong.

R

11. To fit the story in *Rain Man*, composer Hans Zimmer took an unorthodox path in his choice of musical instruments. (a) Those he worked with were highly doubtful his approach would be effective. (b) Instead of the more usual guitar or string music found in travel movies, he used synthesizers and steel drums. (c) This strange set of sounds served to reflect the main character Raymond's own sense of anxiety in the film. (d) It worked and he was nominated for an Academy Award for his musical score.

12. The Federal Trade Commission finds that work-at-home ads are legitimate only about 2-3% of the time. (a) The vast majority of these seemingly easy opportunities are really just tricks to steal money from people who are looking for work. (b) Legitimate offers exist and often demand a degree, experience, or expertise. (c) A classic example is the envelope-stuffing job that only deals with useless products of no real economic value. (d) Another sign that something is wrong is that the victim has to pay a fee before starting employment, which is technically illegal.

Part III **Questions 13~25**

Read the passage, question, and options. Then, based on the given information, choose the option that best answers each question.

R

13. We often think of television as a way to take a break and be entertained. But we forget there are other ways to slow down at the end of the day and relieve stress. Consider doing away with your television for just two weeks. What if you spent that time outdoors instead, watching the birds, or enjoying a conversation with an old friend? These activities help us connect to the world around us and our relationships, while television can often make us feel more isolated and alone.

    Q: What is the purpose of the passage?

    (a) To explain the dangers of watching too much TV
    (b) To suggest alternative ways for people to relax
    (c) To discuss the use of TV as an educational tool
    (d) To stress the importance of enjoying nature

14. Addictions are behaviors that temporarily comfort us but do not change current circumstances. That is the reason addictions become repetitive, typically in circumstances when we feel unable to cope with an unpleasant reality. Usually this reality is important to us, but we do not have the means to change it. Understanding what is holding us back from taking control of the situation is the start of ending an addictive pattern. Merely fighting the urge is a short-term approach that does not resolve the root of the problem.

    Q: What is the main idea of the passage?

    (a) Addiction is a means of avoiding something wicked.
    (b) People must learn to manage their circumstances.
    (c) Patterns can be seen in addictive behavior.
    (d) Fighting urges is the first step towards healing.

15.

Economy > Real Estate

Seven of the most expensive cities in the world are in China, with Beijing out-pricing them all. There, it takes 25 years for a typical family to buy an average home. Costs are rising so quickly they jumped more than 7 percent in just a month. This is a big problem for the Chinese government, which is trying to control living expenses. As prices soar, citizens are growing discontent. They feel stressed about their finances and are less likely to spend money on other goods and services.

Q: What is the main topic of the passage?

(a) How the government is trying to resolve a national crisis
(b) Details about the causes driving up rental home fees
(c) The multiple consequences of a single economic problem
(d) Strategies people are using to save more money for housing

16. "With great power comes great responsibility" is a modern rewording of a human instinct perhaps as old as time. People naturally expect guidance from those in power. In the aristocratic era of pre-revolutionary France, those with titles of nobility faced the weight of this moral burden. Special privilege and financial support were given to the well-born while the commoners, in turn, expected proper behavior and generosity from them. This legacy lives on in the phrase "noblesse oblige," which means that nobility obligates one to behave well.

Q: What is the main idea of the passage?

(a) Social roles require certain kinds of actions.
(b) Ordinary citizens give charity to those in authority.
(c) Noblesse oblige no longer applies in today's world.
(d) Aristocrats had to obey laws that required kindness.

17. While scientists attempt to restore declining honeybee populations, community groups are doing their part. They've launched National Honeybee Day in the United States and Canada to raise awareness about protecting bees. Because the insects are responsible for maintaining healthy plant populations, news of their diminished numbers has prompted people to act. This latest response is meant to help people start their own beehives. It also provides education about harmful pesticides and how to live in harmony with the flying workers who keep our flowers blooming.

Q: Which of the following is correct according to the passage?

(a) National Honeybee Day is now several years old.

(b) Pesticides do not affect honeybee populations.

(c) New groups are trying to help bees recover.

(d) Few people understand the importance of insects.

18.

The Bellevue Hotel

The Bellevue Hotel near Sydney offers warm and comfortable rooms
to help you relax during your stay.

· Free shuttles make visiting the city centre a quick 15-minute trip.

(Stops including the Sydney Tower, the Convention Centre, and the Circular Quay, which is 5 minutes from Darling Harbour by bus.)

· Back at the hotel, a conference room is available with high-speed Internet access and audio-visual equipment.

· There is also a health club and 24-hour room service.

· All guest rooms come with free Wi-Fi and televisions with satellite channels.

Q: Which of the following is correct according to the advertisement?

(a) Guests can arrange for a business presentation.

(b) The hotel is within walking distance to Darling Harbour.

(c) Swimming and weight-lifting is available at the hotel.

(d) Business travelers can freely use the conference room.

19. Thirty years after the fact, documents have been released by the British navy on the Falkland War of 1982. It contained a curious and sad bit of news for our marine neighbors. Mistaking them for Argentine submarines, a British navy ship torpedoed two whales and a helicopter killed a third. When whale oil in the ocean indicated that the wrong target was hit, the pilot had the ironic thought to join Greenpeace. Military experts say that sonar technology has since improved and that such an incident is unlikely to be repeated.

Q: Which of the following is correct according to the passage?

(a) The British navy apologized for the wrongful killing of marine wildlife.
(b) Military experts stated that such mistakes are unavoidable in war.
(c) The documents admitted an error in detecting an intended target.
(d) An environmental group promised an upgrade to all sonar technology.

20. *Pollyanna* was Mary Pickford's first film for United Artists, a film company she helped co-found in 1919. It was based on the popular children's book of the same name. The title character, Pollyanna, comes to live with a cold and harsh aunt after her father passes away. But with endless optimism, she inspires all who meet her to see the bright side of things. She even manages to improve the life of her strict guardian. Pickford was 27 but played the role of the 12-year old protagonist.

Q: Which of the following is correct about the movie according to the passage?

(a) The protagonist was a young and optimistic actress.
(b) The character changes the way the town functions.
(c) The film company rarely made children's stories.
(d) The story was written about a cheerful girl.

21. The Valley of ten thousand Smokes in Alaska was formed by a volcanic eruption in 1912 and has been shaped over time by more than 100 earthquakes. The original eruption displaced 13 cubic kilometers of earth, more than any other in the 20th century. The valley was named by the geologist who surveyed the location after the first explosion. When he arrived, he saw thousands of spots where smoke was rising from the earth. The area, which eventually collapsed, left a number of small canyons and now covers 100 square kilometers.

Q: Which of the following is correct about the valley according to the passage?

(a) A single explosion created the formations there today.
(b) The landscape is the product of various geologic events.
(c) The smoke escaping makes the area unlivable for animals.
(d) It was formed by the most powerful eruption on earth.

22.

Greetings Mr. Richardson,

Your name is next on our waiting list for a two-bedroom apartment at the Uptown Condos. A resident just moved out, so you are next in line for the apartment. However, all applicants must pass a criminal background screening. Once approved, your first month's rent is due June 15. To reserve the space, reply to this email within 4 days or we will contact the next person in line. As you know, many people are eager to live in Uptown Condos.

Sincerely,
Uptown Condos Management

Q: According to the letter, what will happen if Mr. Richardson waits 5 days to reply?

(a) He will fail the background screening.
(b) He will pay more in monthly rent.
(c) He will miss his opportunity to move.
(d) He must leave his home immediately.

23. The original novel *Jurassic Park* did not have a Tyrannosaurus Rex in its ending scene. Director Steven Spielberg added the T. Rex for the finale of his film in order to wow audiences. In fact, T. Rex did not exist until the Cretaceous Period, which followed the Jurassic Period. Most of the dinosaurs that appeared in both the novel and film are from millions of years after the Jurassic was over, all except two species. Evolutionary biology, in this case, takes a backseat to the thrill of seeing aggressive dinosaurs come to life on screen.

Q: What can be inferred about the film *Jurassic Park* from the passage?
(a) It closely followed the list of dinosaurs found in the original book.
(b) Only a few of the dinosaurs are chronologically accurate.
(c) T. Rex was the only dinosaur to appear outside its time period.
(d) Spielberg thoroughly consulted with dinosaur scientists for accuracy.

24. Cardiovascular workouts particularly help increase blood and oxygen flow to the brain and help create new nerve cells. Especially with older folks, the lessening of muscle mass and mental function can be partly stopped by leading a physically active life. On top of this, studies indicate that exercising outdoors has added benefits. It doesn't require the repetitive movements of indoor treadmills or stationary bicycles and works different muscles. People also report it can be more enjoyable and encourages them to exercise more regularly.

Q: What can be inferred from the passage?
(a) Outdoor exercise is much better for the brain than indoor.
(b) Treadmills offer fewer health benefits than stationary bikes.
(c) Activities targeting cardio health are best when one is older.
(d) Gym workouts may undermine commitment to fitness.

25. Centuries after the birth of Jesus, a new religious leader, Muhammad, launched the Islamic religion. In his early life, he was an average merchant, but after hearing the voice of God, he began recording his religious insights, which later formed the Qur'an. Muhammad attracted numerous followers and united various tribes. But many resisted, wanting to maintain the spiritual practice that had been in place for centuries. Nevertheless, Muhammad's followers managed to grow the Muslim empire after his death, turning Islam into the second-largest religion in the world.

Q: What can be inferred about Islam from the passage?

(a) Its opponents managed to contain it to one area.
(b) Those opposed to it kept it from spreading.
(c) It appealed to many and spread over time.
(d) The religion's ideas were told orally to other tribes.

Part IV **Questions 26~35**

Read the passage, questions, and options. Then, based on the given information, choose the option that best answers each question.

R

Questions 26-27

Hi, Ms. Sanders.

I just read an interesting article you contributed to *Working Trend* last week. Unlike what you mentioned in the article, I heard that some young people in Japan are choosing part-time jobs instead of working full time. They are labeled as "Freeters" a Japanese term. It refers to people who do not start a full-time career after high school or college, but rather earn money from low-skilled and low-paid jobs. They just earn around $10 per hour at convenience stores, budget restaurants and clothing shops since they can have free time and less demanding responsibilities.

I have been having trouble deciding what I want to do after getting my college degree. I also wonder what the most important factor is when choosing a career. Starting a career has become more and more difficult since the economic crisis in 2008. It's because a number of companies are unwilling to hire new workers. Therefore, a great number of job seekers are afraid of facing the harsh competition of the job market. As a prospective job applicant, I'm curious to hear from you soon.

Michelle Williams

26. Q: What is the main purpose of the letter?

   (a) To inquire about what to consider concerning career choice
   (b) To define a new type of worker found in Japanese society
   (c) To discuss alternatives to unskilled low-paid jobs
   (d) To advise young people to confront the real job market

27. Q: Which of the following is correct according to the letter?

   (a) The number of young people called "Freeters" has increased across the U.S.
   (b) Most of the Freeters in Japan are college or university graduates.
   (c) The writer hasn't decided what to do after graduating from college.
   (d) It is just fortunate that large companies are planning to hire new workers.

R

Wanted: Project Manager

e–Discovery Analysis is looking for a project manager to develop and support its artificial intelligence system in the technology industry. We are a governmental agency that specializes in creating basic algorithms of artificial intelligence and sharing the results of development.

Roles
- Oversee the whole projects from conception to operation
- Incorporate credible, achievable plans to meet business needs
- Set up proper standards of security and instill them in team members
- Lead multi-disciplinary teams to govern the whole project

Requirements
- Be a born or naturalized British citizen
- Have a successful track record as a project manager
- Demonstrate experience of working on complex, large-scale improvement initiatives
- Have a thorough understanding of the project management lifecycle
- Have outstanding communication skills to build great working relationships and work seamlessly across the business

28. Q: What is one of the major characteristics of the advertised occupation?

(a) Years of overseas service
(b) Restricted nationality
(c) A diploma in programming
(d) Fluency in foreign languages

29. Q: Which of the following is correct about the advertised project manager?

(a) He or she doesn't have to oversee end products of each project.
(b) He or she will look over project plans of partners.
(c) He or she should have achievements in the same field.
(d) He or she only needs to possess entry level experience.

Only Imagine the World

The five years that John Stevenson spent writing and directing *Only Imagine the World* eventually pays off. The imaginative director resuscitates declining magic realism, albeit the film still evades social issues such as racism and sexism in American society. Set in Cold War era Baltimore, it shows a mute cleaning woman who inadvertently finds a soulmate. Another protagonist Richard Jenkins appropriately portrays a reclusive artist living in the oppressive political situation of the early 1960s America.

The director of *Only Imagine the World* bravely says the movie is for adults, commanding multiple points of view. Indeed, it is not a film that can be enjoyed on a small screen. The visual effects and magnificent underwater landscape require a large scale so as to grasp the whole weight of its narrative. Among numerous films produced over the last decade, it is the one that achieves everything the director sought to accomplish. The experience of watching it on the big screen will make audiences thrilled with its breathtaking scenes.

30. Q: What is the passage mainly about?
  (a) A commendable movie possessing quality traits
  (b) A movie director's innovative life-long efforts
  (c) Controversial social conditions a movie deals with
  (d) The importance of visual effects in a movie

31. Q: What can be inferred from the passage?
  (a) Magical realism has been the sole alternative to the declining movie industry.
  (b) *Only Imagine the World* portrays America's political landscape.
  (c) The visual effects of the movie are outweighed by its narrative.
  (d) There is much to be desired albeit the director's accomplishments.

R

≡ WASHINGTON POST　　　　　　　　　　　Q

Politics

Washington, May 15 - Representative Susan Carson (NY-2) proposed legislation requesting an increase in funding for the Federal Institution for Research on Rare Diseases (FIRRD). The representative is expecting the law to boost research into lifesaving cures. In an interview with the press, she said that life-saving discoveries are regularly conducted in the U.S. and further investment in medical research will fuel other discoveries.

The proposed funding increase means the U.S. will continue to be a leading country in medical research, said the representative. She hopes that the investments in medical research will lead to cures for a profusion of serious rare diseases plaguing America, including Lou Gehrig's disease, Ebola virus, Alzheimer's, and more. She added that apart from medical breakthroughs, it will boost the economy by creating tens of thousands of jobs in the medical field.

32. Q: Which of the following is correct according to the news report?

(a) FIRRD's research lags behind other nations due to lack of funding.
(b) The U.S. has failed to discover life-saving cures despite investments.
(c) The U.S. has yet to address a throng of severe rare disorders.
(d) The funding increase will only aggravate the economic situation.

33. Q: What can be inferred from the news report?

(a) Pharmaceutical companies are indifferent to developing lifesaving cures.
(b) The proposed legislation will have a net expansionary effect on the economy.
(c) The U.S. has neglected to finance medical research on cures.
(d) Most Americans feel the need for change in allocating federal budgets.

Questions 34-35

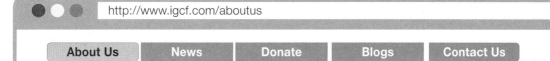

http://www.igcf.com/aboutus

About Us   News   Donate   Blogs   Contact Us

International Gorilla Conservation Foundation

The goal of the International Gorilla Conservation Foundation (IGCF) is to facilitate collaborative activities to conserve mountain gorillas and their habitats nestled in Rwanda, Uganda, and the Democratic Republic of Congo. IGCF was established in 1993 as a part of the coalition project conducted by zoologists from around the world. The foundation has contributed to sustainable land development by forcing governments to conserve the critically endangered mountain gorillas and their habitat.

However, not all operations have run smoothly and without problems. The foundation has often been faced with implacable opposition from local communities, interest groups, and the general public. Even relevant authorities rejected adoption of a consistent, collaborative approach to conservation efforts and legislation throughout the region. Nevertheless, the foundation has suggested a regional, ecosystem-based approach to conservation. After all, one of the ultimate objectives is to maintain a healthy and balanced environment that includes all species of wildlife.

34. Q: What is the passage mainly about?

(a) Endangered species of mountain gorillas in African countries
(b) Decades of efforts of an international animal protection group
(c) Obstacles of sustainable land development in animal habitats
(d) Necessity of maintaining a healthy and balanced environment

35. Q: What can be inferred from the passage?

(a) Only a few zoologists give thought to maintenance of animal habitats.
(b) Some authorities in African countries fortunately are assenting to the foundation.
(c) Mountain gorillas' regional habitats have much in common with one another.
(d) Conserving the habitat of mountain gorillas hasn't been widely endorsed.

This is the end of the Reading Comprehension section. Please remain seated until the proctor has instructed otherwise. You are NOT allowed to turn to any other section of the test.

ACTUAL TEST

4

Reading
Comprehension

DIRECTIONS

This section tests your ability to comprehend reading passages. You will have 40 minutes to complete 35 questions. Be sure to follow the directions given by the proctor.

Part I Questions 1~10

Read the passage and choose the option that best completes the passage.

1. Today, corporations couldn't do business without the technology to _____. This was made possible more than 100 years ago when Henry Ford invented the automobile. The Ford Company's Model T, one of its first cars, became so popular the company could not make the cars fast enough. That's when Ford expanded his factories and created the moving assembly line, allowing workers to be more efficient. With this invention, companies could make their products more quickly and keep costs low.

(a) produce cars when people demand them
(b) build their products using only machines
(c) create vehicles that run on electricity
(d) rapidly make products in large numbers

2. More high schools are putting students in the kitchen to help prepare school meals. It's a training program that allows young people to learn culinary skills and understand what it takes to run a restaurant. Students who participate help make decisions about ingredients, menus, and recipes. Their classmates in the cafeteria also like the program because they now eat healthy items for lunch instead of frozen and packaged meals. School officials like it because they don't have to hire as many cooks and students experience hands-on learning. You could say _____.

(a) students are working, not studying
(b) it helps students prepare for college
(c) the arrangement benefits everyone
(d) the school has overhauled its teaching

3. Several reasons exist for the necessity of daily grooming for all pet dogs. The primary benefit is in helping maintain the health of the animal by monitoring for problems. Cuts in the skin or parasites can be found early on. Swelling, difficulty in movement, or changes in body temperature are all warning signs. In addition, owners can gain a closer bond with their dogs, making them seem more like family members, through this daily practice. This way, the dog is just _____.

(a) more free of bugs or skin issues
(b) a happier and healthier pet
(c) a younger and healthier animal
(d) one which is checked for fleas

4. It may be difficult to imagine, but there was a time when it was improper to dance alone. Up until the 1960s in America, almost all dancing was done with a partner. But as cultural change set in across the country, many social expectations were challenged. Older generations and younger generations became more divided on a number of subjects—war, relationships, art. At the same time, music evolved to include louder, more aggressive and outspoken artists. As the songs transformed,

_____.

(a) so did the way people moved to music
(b) they reflected new political concerns
(c) so did relationships between generations
(d) they changed society's belief system

THE SUNDAY POST

Entertainment > People

Famous African American talk-show host Oprah Winfrey announced she was mistreated while shopping in an expensive shop in Zurich. As Oprah tells it, she asked the saleswoman to show her an expensive handbag. The saleswoman refused, saying the bag was "too expensive." Oprah says the woman didn't recognize her as a famous celebrity, and therefore revealed her discriminatory thinking. This is an issue Oprah has talked about often — the assumption that a person of color would never be _____.

(a) a famous TV personality in the United States
(b) prosperous enough to afford designer goods
(c) able to stylishly wear a very fashionable item
(d) so courageous as to report a racist incident

6. A traditional food for the Korean holiday Chuseok is songpyeon which are half-moon pieces of rice cake _____. Some possibilities include a sesame seed and honey combination or the sweetened paste of adzuki beans. The name songpyeon, literally meaning pine tree and steamed rice cake, comes from the fact that the cakes were originally steamed with pine needles to absorb the fragrance. The history of this item dates back to the Goryeo Dynasty and it is traditionally prepared communally within the family.

(a) eaten to give people good luck
(b) accompanied by other dishes
(c) filled with various ingredients
(d) shaped to resemble the harvest moon

7. The concept of nuclear power was first thought of in 1933 by a Hungarian scientist working in London. But this early idea didn't include nuclear fission, which is critical to nuclear energy. Fission splits atoms and produces free neutrons and therefore _____. The technology was developed in 1942. With this new capability, the world's first nuclear plant was built in Idaho in 1951. Incidentally, this was also the location of the world's first nuclear plant meltdown.

(a) can be utilized to make the latest nuclear weapons
(b) makes solar energy an unnecessary energy source
(c) eliminates the possibility of electrical blackouts
(d) produces the materials needed to make electricity

8. When talking about a building's architectural style, it can be _____. It's often confusing because most houses are a mixture of several styles. The materials may belong to one time period while the structural system might have been inspired by another. We can also look a structure's different parts. The roof may be modernist or have Spanish influence, while windows, doors or entire rooms could have a more classical feel. For this reason, two experts, like a real estate agent and an architect, might describe the same building differently.

(a) easy to agree on a definition
(b) open to various interpretations
(c) possible to create new design
(d) described in rather vague terms

9. Companies often build "big-box stores" like Wal-Mart just outside city limits where land is available and affordable. The stores are identical whether in Alabama or Minnesota, allowing companies to save money when using the same design again and again. But now stores must alter their model as cities grow larger and space is harder to find. _____, they have to use existing spaces, like old storefronts and warehouses, and redesign floor plans to fit. Businesses end up spending more money, but their stores have a more interesting and varied look.

(a) Likewise
(b) By contrast
(c) In brief
(d) As a result

10. There once was a man who walked to work with a companion every day on the same route. The companion was usually silent, but the man felt the journey was monotonous. Therefore he talked continuously, just whatever came to mind without much thought. _____, his friend would listen and not say anything. One day the friend asked if the man could remember what he said the week before. Failing to do so, his friend cautioned him that talking is important and that the words he speaks now will speak for him later.

(a) Nevertheless
(b) Accordingly
(c) Specifically
(d) For instance

Part II **Questions 11~12**

Read the passage and identify the option that does NOT belong.

R

11. Environmental scientists are using radar to chart very small changes in the ice fields of Greenland. (a) By flying over the entire area, they can capture every inch of the ice of the below and identify tiny cracks. (b) This not only helps them locate safe landing areas, but it also allows them to predict where breaks in the ice are likely to occur. (c) In looking very closely at the changes, they can better understand the effects of the planet's temperature changes over time. (d) Several years ago, an aircraft landing on Greenland's ice sank into the water because the ice was too thin.

12. The city of San Antonio recently passed an ordinance that added sexual orientation to the city's non-discrimination policy. (a) The rule is being strongly criticized by conservative officials gearing up to run for office. (b) Previously, this rule only protected people and employees from discrimination based on race, sex, age, disability, and religion. (c) The law makes it illegal for businesses to turn people away for a job or for service based on their sexual preferences. (d) While the provision was passed by a large margin—8 votes to 3—it's prompted a lot of debate and backlash beyond the city limits.

Part III **Questions 13~25**

Read the passage, question, and options. Then, based on the given information, choose the option that best answers each question.

R

13. Those who enjoy that rich high-grown Central American taste should look no further. Grown from a rare variety of Gesha evergreen shrub at an elevation of 4,000 feet, Coava continues to distinguish itself with its premium quality. The company farm in the Granja Licho plateau planted the trees with government support to bring botanical variety to the region. Their blends combine an intense tropical fruitiness with a tart, chocolate flavor. Specializing in organically grown, small-scale roastings, the company prides itself on its beans being fresh and distinctive.

Q: What is the advertisement mainly about?

(a) A premium fruit from Central America
(b) An innovative technique for harvesting
(c) An established home-grown business
(d) A high-quality processed farm product

14. The newest debate in environmental and food health focuses on genetically modified organisms, or GMOs. These are foods whose DNA structure has been altered to achieve certain outcomes, such as tolerance to cold weather. There is currently only limited evidence that GMOs cause damage to the body. But given the uncertainty and concern, activists are worried because companies don't have to tell shoppers whether or not their products contain GMOs. Lately, more shoppers want to be informed, and they're speaking out about it.

Q: What is the main topic of the passage?

(a) Efforts to label GMO products
(b) Research about changes to DNA
(c) Methods to make food affordable
(d) Helping crops survive the winter

15.

Psychology Report

The number of children diagnosed with autism in California has steadily increased by 40,000 in just eight years. While autistic children comprise the majority of special education students, other diagnoses are on the rise as well. Records also show increases in impairments due to heart conditions, asthma, and epilepsy. At the same time, fewer children are reported to have learning disabilities. It's unclear why there's been a rise in one category and a decline in another, whether it's environmental conditions or some other cause.

Q: What is the passage mainly about?

(a) More accurate methods of diagnosis
(b) Discovered reasons for children's autism
(c) Trends in health that affect youth
(d) Changing conditions for the disabled

16. After years living under the conditions of war, Afghanistan recently held its first soccer game in more than a decade, hosting a visiting team from Pakistan. Though the game was meant as a peace effort between two countries, everyone in the stands took the game very seriously. When the Afghan team won 3-0, fans said it felt like winning the World Cup. While the score did matter after all, the game certainly succeeded in bringing people together and eliminating the burden of war for a brief time.

Q: What is the main topic of the passage?

(a) The return of sporting events to Afghanistan
(b) A meaningful game for a struggling country
(c) A game to determine future political decisions
(d) How competition resolves international issues

17.

Come and Enjoy Rock 'n' Roll!

For one exciting weekend, the most notable rock 'n' roll bands in the world will gather in New York City for three days of performances. This collection of bands are traveling from all corners of the globe, representing 50 countries.

- Music-lovers can purchase a single pass to access all of the festival's shows.

- It's also possible to buy a single-day pass or a ticket to a single show.

- Bands will take the stage in clubs in Chelsea, Greenwich Village and Soho.

Q: Which of the following is correct about the festival according to the announcement?

(a) It celebrates popular local performers.
(b) It offers a variety of ticket packages.
(c) It brings together diverse art forms.
(d) It features many musical varieties.

18.

Hi. Ms. Dewar,

My name is Mallory and I operate a blog, HomeCookery.com, for all who enjoy cooking at home. The site features lots of recipe ideas for moms and has approximately 30,000 regular visitors and thousands of views a day. I was wondering if your company would like to be a part of my online product review. It would greatly benefit my blog and spread the word about your company. All products will receive an honest review and will be seen by people who are likely to be interested in your goods.

Q: Which of the following is correct about Ms. Mallory according to the letter?

(a) She is looking to reach moms and other people who cook.
(b) She averages about 30,000 hits every day on her webpage.
(c) She wants to review some of the company's products on her blog.
(d) She enjoys preparing food at home using high-end kitchen gadgets.

19. Today's teens can hardly remember a time when cell phones weren't readily available. Their attachment to gadgets often causes parents to wonder: Are teens more comfortable with technology than they are with fellow teens? New studies show young adults are more affected by issues of privacy and how to present themselves than their parents were. But, at the same time, modern kids worry about the same things their parents did; they place the greatest importance on academics, friendships, families, and the future.

Q: What is correct about today's teenagers according to the study?

(a) Their reliance on phones separates them from loved ones.
(b) Their interest in social media sites can lead to risky behavior.
(c) They are learning useful ways to protect themselves online.
(d) They share the same concerns as teenagers in earlier decades.

20. When you're feeling under the weather, you can now visit a doctor from your own home. It's easy to find a physician who will meet with patients over the Internet using webcams. The service is used only for people experiencing minor problems like a sore throat or headache. It obviously doesn't work when stitches or X-rays are needed. But cyber-medicine makes it more convenient for patients to get help, and this encourages people to seek treatment early when health problems are easy and more affordable to remedy.

Q: Which of the following is correct according to the passage?

(a) Anyone experiencing illness can see a doctor online.
(b) Virtual medicine helps prevent small health problems.
(c) Web-based treatments are for low-income patients.
(d) Looking for medical help offline is highly expensive.

21. In 1982, Disney opened a surprising and unique addition to its collection of theme parks. EPCOT Center at Walt Disney World immediately became famous for its appearance—a giant, white sphere standing 18 stories tall. The inside of EPCOT was just as impressive, showcasing technological achievements and the cultural features of nine different nations. Walt Disney originally wanted EPCOT to be a well-run city for 20,000 people, but he died before he could create this ambitious community. Instead, the park remains a well-known attraction to thousands of tourists each year.

Q: Which of the following is correct about EPCOT Center according to the passage?

(a) It has invited celebrities from nine counties every year.
(b) It was aimed to show Disney's technological developments.
(c) It has become a landmark of the entertainment park.
(d) It was initially built for holding an international conference.

22. We want celebrities to be unusual and bold. We expect them to make artistic statements about modern life while entertaining us. But American singer Lady Gaga may have taken this to new heights. In her recent performance for a festival, she changed costumes numerous times, wearing everything from a pig mask to spray paint and ninja outfits. In another moment, she was dressed as the Roman goddess Venus. The entire show became a bizarre display of random characters with no real purpose.

Q: Which of the following is correct about the singer according to the passage?

(a) She gives performances that are visually unique.
(b) She wears her own fashion brand for promotion.
(c) She charges extra for tickets to pay for costumes.
(d) She enjoys confusing audiences with surprises.

23. Oxycodone has been used to treat chronic pain in cancer patients since 1917. But in the 1990s, people began using the drug beyond pain treatment and often became addicted to the blissful effects it produced. In many cases, people were crushing the pills into a powder to feel its effects more quickly. Drug makers changed the drug, making it difficult to physically alter the pills. Lawmakers made changes as well. In many countries, possession of Oxycodone without a prescription can lead to heavy fines and time in jail.

Q: What can be inferred from the passage?

(a) The passage of stricter laws significantly increased abuse of oxycodone.
(b) Manufacturers meant for the drug to be used only as medical treatment.
(c) Cancer patients suffering pain now prefer to use other forms of medication.
(d) Prescriptions for oxycodone are currently harder to obtain from doctors.

24. Refugees from countries like Somalia and Syria sometimes relocate in Western countries where life is much different. While immigration allows refugees a much safer environment, they often experience culture shock. Their home-countries usually lack the modern luxuries of the West. Rather, refugees grew up farming their own land and crafting their own clothes and tools. Support organizations in Europe and America are offering programs where refugees can enjoy their traditional practices.

Q: What can be inferred from the passage?

(a) It's important refugees feel connected to their cultural rituals.
(b) Immigrants are able to bring their old lifestyles to new countries.
(c) It takes considerable risks to get used to different environments.
(d) Conditions after relocation are often confusing and dangerous.

25. Color Project is a local effort in Baltimore to improve the city through volunteer painting projects. In neighborhoods where residents and business owners can't afford to spruce up homes and stores, Color Project gives these buildings a makeover. Some simply need a new coat of paint. For other businesses, volunteers will design a mural and turn one exterior wall into a piece of art the entire community can enjoy for years. Since they began painting three years ago, property values have already risen slightly in low-income areas.

Q: What does the passage imply about Color Project according to the passage?

(a) It provides assistance for varying income levels.
(b) It aims to repair the city's run-down structures.
(c) It inspires people to paint and update their homes.
(d) It is having both an artistic and economic impact.

Part IV **Questions 26~35**

Read the passage, questions, and options. Then, based on the given information, choose the option that best answers each question.

R

Questions 26-27

Review: On narrative and human history in *Downsizing*

Near-total human extinction and radically dystopian futures seem to have become a typical subject in the movie industry. Alexander Payne's latest movie, *Downsizing*, also represents a landscape of imminent ecological catastrophe, a future that has mildly dystopian and apocalyptic despair. Mr. Payne shows audiences a technological procedure invented by scientists and adapted for commercial use. People can be almost painlessly shrunk to around four or five inches to accomplish an ideal objective; taking less of a toll on the earth's environment and keeping the planet sustainable by producing less waste.

But Mr. Payne has remained cautious over fully implementing the new technological innovation. The attractive approach in becoming small does not solve the real problems humans encounter. People hope that downsizing their bodies will consume less resources and promise luxury and abundance, but downsized people in Leisureland, a planned community for them, find themselves unexpectedly alone compared with their regular-size lives.

26. Q: What is the passage mainly about?

   (a) A danger in a world full of ecological catastrophes
   (b) Commercial potentialities of downsizing technology
   (c) Luxurious and abundant lives in a newly founded community
   (d) New technology and its unexpected consequence

27. Q: What can be inferred from the passage?

   (a) Technological innovation may not be a fundamental solution to human misfortune.
   (b) Ecological disasters have become a fait accompli among people.
   (c) Sustaining lives on the planet should be the greatest challenge for scientists.
   (d) Movie directors are reluctant to accept apocalyptic warnings of the end of society.

R

Part-Time Customer Support Rep. Wanted

We at Booktree Children's Publishing are looking for a customer support representative who can work as a part-timer at the Kansas City Book Fair for Children. Successful candidates will be able to develop expertise in publications, merchandising, and customer services so as to offer the best guidance to valued customers.

Job Requirements
◇ High school diploma or college degree
◇ Minimum of one year of successful experience in merchandising or sales (Work in customer service is preferred.)
◇ Acquaintance with children's literature
◇ Ability to use appropriate technology, including handheld computer or phone.
◇ Proficiency with MS Office software
◇ Strong communication skills including oral presentation skills
◇ Remarkable interpersonal relations skills with peers and especially customers
◇ Ability to lift up to 50 pounds or push/pull boxes up to 100 pounds
◇ Must have reliable transportation since we won't provide transportation
◇ Able to manage a flexible work schedule (Overtime work is often required)

If you are interested, send résumés to recruitment@BTCP.com. Applications should be submitted by May 20.

28. Q: What qualifications should a successful candidate have?

(a) More than one month's experience in related fields
(b) Prior knowledge of children's books
(c) Proficient software programming skills
(d) Ability to create sales reports

29. Q: Which of the following is correct about the job opening?

(a) The company is offering a permanent job, not a temporary one.
(b) The company finds a college degree mandatory for the job.
(c) Communication skills with colleagues and patrons are required.
(d) The company will take care of applicants' transportation.

DAILY NEWS   🔍

New Immigrant Rules: Threatening Trade Agreement

By Daniel Wu

April 15 – The State Department threatened to abandon a free trade agreement with Mexico unless it comes up with some proper countermeasures to stop people from crossing the border. A spokesperson claimed they are going to discontinue protection measures that have been granted only certain immigrants. He said in a press interview that they will exhaust Mexico's financial resources by curbing their uncontrollable people influx.

One of the major concerns among officials working for the Immigrant Services Agency is the Deferred Action for Childhood Arrivals program. It was originally established to protect a profusion of immigrants who were brought to the U.S. as children and are living in the U.S. illegally. However, the government is not issuing new permits, though existent ones can be renewed. In other words, the program is no longer open to new entrants.

30. Q: Which of the following is correct according to the article?
(a) The Mexican government has stopped people from immigrating into the U.S.
(b) Expatriates' remittance is one of the major financial resources in Mexico.
(c) The U.S. government usually deports all illegal immigrants.
(d) Most of the existing permits will not be reissued by the government.

31. Q: What is the main point of the article?
(a) A free trade agreement that urges Mexicans to immigrate
(b) A program to protect illegal immigrants in the U.S.
(c) A procedure to issue new permits to work in the U.S.
(d) A new policy to stop Mexicans from crossing into the U.S.

R

◀ **Michael** ≡

Hi, Michael.

First of all, forgive me for contacting you like this: I deleted your phone number by mistake, and my email account is closed. I'll just get to the point. I request the pleasure of your presence at the wedding of my son Jack. It will be a very auspicious occasion for all of us since he is my only child. He is getting married to Janet, and they will appreciate it if you give them your blessings in their wedding. The event will be held on May 12th, and the venue will be Concord Hotel banquet hall. I'm expecting your reply at least a week before the wedding. Thank you.

me

Hi, Catherine.

What a pleasant surprise! It is with great pleasure that I received your invitation to your son's wedding. I'm looking forward to being a part of the beautiful celebration of the happy couple. Please let me know as soon as possible if a wedding gift registry is available.

32. Q: Which of the following is correct according to the chat messages?

(a) Catherine invites Michael to her only daughter's wedding.
(b) Catherine is going to ask other visitors to give his son blessings.
(c) Michael has to respond to Catherine's text message before the wedding ceremony.
(d) Michael gives Catherine a gracious refusal to the wedding invitation.

33. Q: What can be inferred from the chat messages?

(a) Catherine is supposed to invite only a few friends to a wedding.
(b) Michael might bring a gift for Jack's wedding celebration
(c) Catherine invites Michael to be her son's best man at his wedding.
(d) Michael is making an exciting schedule for Jack and Janet.

MC Escher: An enigma behind an illusion

Distorted spaces that can't exist in a real world are one of the unique images in Maurits Cornelis Escher's art. His images are characterized by staircases spreading unrealistically in all directions and mannequin-like figures. While appreciating his works, viewers can recognize his acute observation of the world surrounding him and description of his fantasies. His artworks gained international popularity by showing that reality is marvelous and enchanting enough.

Despite his current fame, however, it was not until his late fifties that Escher could earn his living as an artist and find mainstream popularity. By then he had established his very principal theme of erratic geometric worlds. More recently, his expressions have provided inspiration for films. For example, in *Night at the Museum: Secret of the Tomb*, Sir Lancelot, Teddy Roosevelt, and Larry Daley enter the painting *Relativity*, and experience the same strange gravity featured in the painting.

34. Q: What is the main topic of the passage?

(a) How skewed images have become a mainstream theme
(b) Why an acute observation of the world evokes a sympathy easily
(c) Why artworks are often used in other fields such as the film industry
(d) How an artist's works became famous and affected modern culture

35. Q: What can be inferred about MC Escher?

(a) The figures in his paintings were described realistically.
(b) His paintings are often used for backgrounds of modern films.
(c) His keen depiction of reality didn't guarantee popularity.
(d) He had accumulated enough wealth before he reached his fifties.

This is the end of the Reading Comprehension section. Please remain seated until the proctor has instructed otherwise. You are NOT allowed to turn to any other section of the test.

ACTUAL TEST

5

Reading
Comprehension

Part I Questions 1~10

Read the passage and choose the option that best completes the passage.

1. People concerned about endangered giant pandas are _____.
Breeding the pandas in zoos not only increases the population, but some think it encourages people to care more about the animals. The idea is that by raising awareness, more people will help protect the animal. Others say that approach is very expensive, and the money could instead be used to preserve natural habitats so the animals can recover in their own environment.

(a) worried about how cages affect them
(b) joining to release pandas into the wild
(c) trying to find more areas for them to live
(d) debating how to help the animal thrive

2. Bullying is a hot topic in schools these days, but it's important to realize _____. It's normal for buddies to tease each other, but if they take it too far, take note. If you know pals talk badly about you when you're not around, that's another sign you may be cuddling up to the wrong person. If the people you hang out with want you to do things you're not comfortable with, you know they're not on your side. That's when it's time to stand up for yourself!

(a) you can count on your classmates
(b) friends may sometimes harass you
(c) it doesn't affect many young people
(d) your friendships will challenge you

3. Social Darwinism was developed from Charles Darwin's theory of evolution in the animal world. It suggested that certain people were more fit for survival than others. It was used by some in the late 1800s and early 1900s to justify open capitalism, racism, or the takeover of smaller countries by larger ones. The idea was that superior groups should be allowed to take what they want by force. Now considered a negative term, this idea _____.

(a) became the foundation for capitalist thinking
(b) educated people about European evolution
(c) applied a biological theory to social mechanisms
(d) helped to describe relationships among people

4.

Dear Residents,

It's important we alert you to upcoming _____.
Monday and Tuesday, crews will be upgrading the garage, and you will have to park on the street. Wednesday and Thursday, we'll be replacing the elevators, so you'll need to take the stairs. Friday and Saturday, a plumber will be fixing pipes, so the water in your apartment may be off temporarily. By Sunday, all projects will be complete.

Sincerely,
The Management

(a) new parking procedures for guests
(b) construction projects in the building
(c) improvements to your home appliances
(d) changes in the apartment's main office

5. As a study in characters and manners of the South, *Cat on a Hot Tin Roof* presents a story of everyday life even though _____.

The acclaimed play by Tennessee Williams shows a family in old Mississippi struggling to be themselves while trying to act as if all is well. Themes of truths and lies and keeping up appearances in Southern society run throughout. The original play's final line, "Wouldn't it be funny if that was true?" expresses the gap between polite behavior and hidden but real circumstances.

(a) it portrays a lot of cheerfulness
(b) there is criticism of its simplicity
(c) there is an emptiness to the culture
(d) conflict lies beneath the surface

6. Following the strict meaning of the Latin word, an infant is one who cannot yet speak. However, babies typically start saying a few words as they approach one year old. And even at a few months, they enjoy making sounds, often to the delight of their parents. All along, they are listening to the sounds of their environment and the speech of those around them and responding with smiles and laughter. Even when infants appear to be confused by what we say, they are _____.

(a) making observations that help them train skills
(b) constantly learning new elements of language
(c) still understanding much of their parents' speech
(d) entertained by what they see and hear around them

7.

> ## Psychology Report
>
> A new study shows that people living under financial strain perform worse on IQ tests. It's not that poor people are less smart. Rather, the constant worry over money issues eats up a great deal of one's brainpower. The stress of their situation is similar to losing a night of sleep—the brain is slower and less sharp. Given the findings of the study, it's fair to say that for people in poverty _____ .

(a) lack of intelligence led to their circumstances
(b) educational resources are simply too expensive
(c) money and mental energy are in short supply
(d) it's difficult to find needed education

8. Osmosis is the natural tendency of a liquid to equalize its concentration of ingredients throughout. So, when freshwater meets seawater, the saltiness spreads to the freshwater through osmosis. In order to get drinkable water from the ocean, a reverse osmosis process is used. Pressure is applied to the seawater, which pushes it through a membrane, _____ . Reverse osmosis can be used by anyone needing clean water, including soldiers patrolling remote areas.

(a) allowing the water to pass but holding back the salt
(b) adding important nutrients but limiting its purity simultaneously
(c) reserving the salt to be used later and blocking the drinkable water
(d) bringing it into a large container and turning it in a reverse direction

9. As consumers rely less frequently on physical stores to buy goods, they're turning to the Internet for major purchases. In response, more corporations are learning to connect shoppers to their products across the web. _____, people can now buy everything from cars to toilet paper online and have it delivered to their doorstep. Individuals are also able to participate in this digital marketplace by creating online garage sales. Web sites like Craig's List allow people to post and sell items directly to buyers in the same city.

(a) That being said
(b) Regardless
(c) Otherwise
(d) For instance

10. In the Diplomatic Revolution of 1756, the long-standing balance of power in Europe changed dramatically. Austria and France were old rivals but then joined forces against Frederick II of Prussia. Britain was a traditional ally of Austria. _____, it favored the rise of Prussia to balance the power against its own rival France on the continent. As Prussian expansion came at the expense of Austrian territory, relations between Austria and Britain naturally soured.

(a) Accordingly
(b) However
(c) Similarly
(d) Moreover

Part II **Questions 11~12**

Read the passage and identify the option that does NOT belong.

R

11. Savant syndrome affects the brain in complex ways. (a) The syndrome is not well understood, and no theory has adequately explained how it affects the babies. (b) People who experience this abnormality often perform poorly on intelligence tests and have trouble interacting with people socially. (c) Yet they have exceptional abilities in one specific skill—whether math, music, art, or memorization. (d) They also know which items or ideas are more important than others, allowing them to solve complex political or legal problems others can't fully navigate.

12. When hiring employees, bosses look for the right skills, but also signs an applicant might lie or exaggerate his or her skills. (a) It's very difficult when first meeting someone to know if they are truthful or not, but apparently some people are better at it than others. (b) There are few ways to measure how often a person makes false statements. (c) In experiments, suspicious people are found to be the worst at picking out liars from truth-tellers. (d) Scientists think it's because suspicious people are overconfident in their ability to assess a stranger's personality.

Part III **Questions 13~25**

Read the passage, question, and options. Then, based on the given information, choose the option that best answers each question.

R

13. The discovery of the Rosetta Stone in 1799 made it possible to understand Egyptian hieroglyphics for the first time. The stone was first displayed in a temple, and it contains passages written in three different languages—one of them Egyptian script. Once it was clear the different passages expressed the same message, they could be used to decode the Egyptian symbols. Archeologists were then able to learn from the symbols adorning tombs, pyramids, and other objects. This led to revelations about life in early times.

    Q: What is the passage mainly about?

    (a) A process for understanding a mysterious event
    (b) The relationships between various languages
    (c) Fights over the possession of a valuable object
    (d) An artifact that led to new cultural discoveries

14. A report from the *U.S. Geologic Survey* finds that polluted streams do benefit from filtering through wetlands. A research team headed by faculty from the University of Albany biology department checked the progress of the Wetland Channeling Project. The program started last year in the Saranac Lake area in the Adirondack Mountains. Streams there had shown high levels of nitric acid, sulfur, and aluminum due to acid rain and industrial runoff. Water samples from the wetlands indicated decreased levels of these toxins, probably from binding with organic matter.

    Q: What is the main point of the news report?

    (a) The Saranac Lake will be evaluated for cleanliness.
    (b) Acid rain is a growing problem in the Adirondacks.
    (c) A university found industrial pollution levels high.
    (d) Wetlands contribute to stream water quality.

15. Many advanced countries manufacture weapons but try to avoid selling them directly to other nations. To do this, they often use other dealers who make arrangements with political or military leaders in areas like Africa and Latin America where factions fight amongst each other for power. For example, rebels in Congo have used guns that were produced in China or Russia. Within this system, it becomes difficult for the public to understand how weapons flow across international boundaries, even though their tax dollars support these interactions.

Q: What is the main topic of the passage?

(a) Complex operations in the arms trade
(b) The evolution of weapons over time
(c) Political strife on other continents
(d) The inability to trace the arms dealers

R

16.

THE SUNDAY POST

Entertainment > Movies

Chinese-born film director Ang Lee's works range from the martial arts epic, *Crouching Tiger, Hidden Dragon*, to realistic period pieces like *Sense and Sensibility*. One stunned audiences with flying actors, while the other brought an old novel to life in rural England. His newest work will move in a new direction, turning the greatest boxing fights of the 60s and 70s into a 3D history on screen. It's rumored he will use advanced special effects techniques to create a film unlike any other brought to the screen.

Q: What is the news report mainly about?

(a) A filmmaker who tries to turn away from his usual themes
(b) Fights from 60s seen for the first time on screen
(c) Lee's latest movie that features groundbreaking effects
(d) A new film that adds to Lee's reputation as versatile director

17. In 1960, Dallas became the first city south of Washington, D.C., to host a professional football team. It took The Cowboys two seasons to win a game, but they soon made history. In 1966, the team began a 20-year streak of glory, ending each season with more games won than lost. No other team in football history has accomplished this feat. Today, because of their performance and spirit, The Cowboys are known as "America's Team."

Q: Which of the following is correct about The Cowboys according to the passage?

(a) Their story over the years enchanted a nation.
(b) Their very early games broke existing records.
(c) Their exceptional talent was overlooked by fans.
(d) They challenged the prejudices of sports lovers.

18. The goblin shark may be one of the most unattractive marine species on the planet. It has a long, flat nose and nail-shaped teeth hanging from its mouth. Luckily, few people have seen this creature that swims in underwater canyons 100 meters deep. Another aspect of its unwholesome look: a flabby body and short fins, which suggest it's not a very fast swimmer. Part of the goblin shark's unusual appearance can be attributed to its ancestry. It's descended from a prehistoric shark species about 125 million years old.

Q: Which of the following is correct about the goblin shark according to the passage?

(a) It's been spotted near beaches across the globe.
(b) It has the shape and features of many other sharks.
(c) It's most similar to sea creatures from past eras.
(d) It is known to be a powerful deep sea predator.

19. While numerous organizations advocate for women's equality worldwide, one group is focusing on the gender gap in foreign aid—the financial support given to developing countries. Women Thrive Worldwide is working on several projects. They're asking the United Nations to help improve education for young women in third-world countries. They're also pushing for a U.S. law favoring programs that fight violence against women. By drawing more attention to these issues, the group hopes more women suffering under inequality will someday live better lives.

Q: Which of the following is correct about Women Thrive Worldwide?

(a) It devotes most of its work to women's equality in America.
(b) It acts to improve conditions for women in poorer nations.
(c) It basically creates better working environments for women.
(d) One of their projects will create connections among leaders.

R

20.

Notice

Davis High School has chosen its destination for this year's senior trip! Students will have the chance to travel to Costa Rica to study a variety of geological formations and habitats. We'll visit an active volcano and a butterfly sanctuary where you'll discover the insects that populate the rainforest. We'll also participate in a beach clean-up effort to protect endangered sea turtles. Mrs. Marshall is this year's trip leader. Please visit her classroom for more information.

Q: What is correct according to the notice?

(a) There are butterfly habitats around a volcano.
(b) Students will visit an extinct volcano for safety reasons.
(c) Students will take part in an effort to help endangered species.
(d) Information on the school trip is put on the school Web site.

21. Though we can all agree the recent chemical weapons attack on Syrian citizens requires a global response, the United States must seriously consider its reasons and expectations for military action. First, we must ask why the U.S. would treat this differently than the conflict in Rwanda, for example, where thousands died and no action was taken. We must also remember that the United States has been engaged in wars for more than ten years now. History shows that military efforts in the Middle East are never brief or easy.

Q: Which of the following is correct about the writer of the passage?

(a) She believes strong action must be taken swiftly.
(b) She is unsure there is proper evidence for an attack.
(c) She is cautious about responding to problems in Syria.
(d) She would like to see more international assistance.

22. The theory of dark energy tries to explain the increasing expansion of the universe. Gravity is thought to have lost the war with dark energy 6 billion years ago. But not everyone is convinced dark energy really exists and some think it's just a hypothesis. The new Dark Energy Survey (DES) is setting out to record the distances and speeds of about 300 million galaxies with the greatest accuracy to date. And with more programs like the DES, there will be much more data to test the existing theories.

Q: Which of the following is correct about the DES according to the passage?

(a) The project is meant to produce new theories.
(b) The survey will provide precise new information.
(c) It will only look back in time to 6 billion years ago.
(d) Data from it will measure the expansion of gravity.

23.

> Dear Family and Friends,
>
> Please join us for an anniversary party celebrating our parents, June and Louis, who have now been married 50 years. On July 2, we're hosting a special party at Hotel Brexton. Dinner will be served, and we're showing a movie that chronicles the big moments in our parents' love story and their many accomplishments as cofounders of Safety Network for Children, which has helped thousands of kids escape dangerous homes. We're very proud of our parents, and we hope you can join us to applaud them.
>
> Sincerely,
> Jessica, David, and Mark

Q: What can be inferred about the couple from the letter?

(a) Their business successfully enhanced the family's wealth.
(b) They have worked diligently to work out their differences.
(c) They shared a healthy personal and professional relationship.
(d) Their marriage was characterized by humor and playfulness.

24. According to a *Journal of Psychology* study, people normally feel a lasting sense of fear, sadness, and anxiety after experiencing a traumatic event. Young children have different symptoms than adults and can have trouble sleeping or toilet training from the trauma of not having their parents around. Older children may act out their post-traumatic stress disorder in their behavior at school or with friends. Teenagers have symptoms more like those of adults, such as depression, withdrawing from others, or substance abuse.

Q: What can be inferred from the study?

(a) At any stage of life, treatment is always a possibility.
(b) The younger the child, the less traumatic the experience.
(c) Teens are at more risk from their symptoms than adults.
(d) People of various ages find different things traumatic.

25. Humans have been entranced by their neighboring red planet for centuries. In modern times, high-tech explorations have sought to better understand Mars and explore whether it can sustain life. Many people say we spend too much money on these explorations, money that could be spent to develop better infrastructure. But these journeys to Mars serve other functions. They help us understand the Earth's history, provide more possibilities for future ways to live, and they inspire and cultivate children's interest in science.

Q: What statement would the writer most likely agree with?

(a) Larger human problems should be our main focus.
(b) Missions to Mars rarely yield useful information.
(c) Investments in space study are worth the price tag.
(d) Exploring other planets ensures a future beyond Earth.

Part IV   **Questions 26~35**

Read the passage, questions, and options. Then, based on the given information, choose the option that best answers each question.

R

Questions 26-27

My mother always seemed to be too wishy-washy and overly dependent since she, I thought, had just opted the role of housewife. I kicked against her choice and even began to fear wearing such a chain someday. However, not until I came across a feminist tome did I realize it would take much more courage to get over social customs. While perusing the book, I came to understand my mother for the first time and venerate her inner strength and endurance.

Ever since then, my relationship with my mother has improved dramatically. Though I've determined that I will never adopt the role that she chose to take, I fully understand the reasons why she made that choice, revering her life as it is. Furthermore, I've got a much more sensitive view towards the lives of other women in our society. I have made efforts to re-evaluate many of the cultural norms that people commonly accepted as the natural order of things.

26. Q: What is the writer mainly discussing in the passage?

    (a) Her awakening and change of perspective on female life
    (b) Her acceptance of women's traditional roles and customs
    (c) The difficulty of setting up a relationship with her mother
    (d) Repressive social norms and customs on women's lives

27. Q: Which of the following is correct about the writer?

    (a) Her mother used to be completely reliant on her father's living style.
    (b) A feminist book served as a momentum to understand her mother.
    (c) She has long wanted to be reconciled with her mother.
    (d) She is still indifferent to women's lives in her society.

◀ Jane   ≡

> Hi, Jane.
>
> I'd like to invite you for a charity bazaar to raise funds for the homeless. It is scheduled to take place at the community center at 2 p.m. next Saturday. This event will be a special get-together for our community members as a means for enriching the community. It will start with an opening ceremony and will progress to sales of used items. It will also provide an opportunity for interacting with other community members and your presence will absolutely take it to a different height. Please confirm your attendance by tomorrow at the latest. If necessary, I'll pick you up at 1 p.m. in front of your house.

me

> Hi, John.
>
> Thank you for inviting me to be part of your charity's beneficent bazaar. I'm eager to see you and other community members. This event will make seeing you even more special. I look forward to spending some valuable time with you and having the opportunity to get acquainted with other community members. Moreover, thank you for offering to pick me up. I'll be waiting for you at 1 p.m.

28. Q: Why did John send the message?

    (a) He wants to invite Jane to the opening of a charity.

    (b) He wants Jane to attend a fund-raising charity event.

    (c) He wants to tell Jane about his appointment with neighbors.

    (d) He wants to confirm his attendance at an event.

29. Q: What can be inferred from the chat messages?

    (a) Jane will sell used items in the charity bazaar.

    (b) Jane doesn't want to interact with other residents.

    (c) Jane doesn't know where the community center is.

    (d) Jane is going to go to the charity event with John.

Questions 30-31

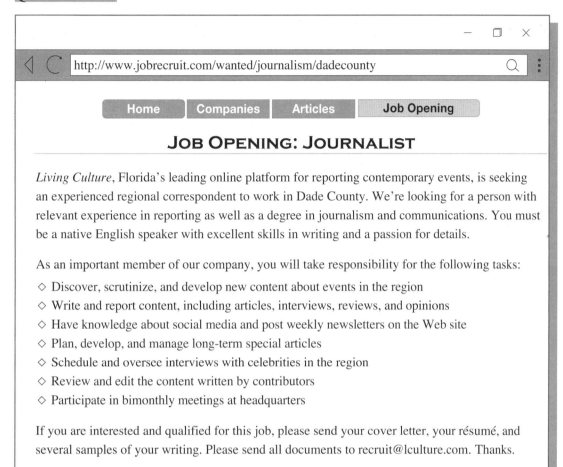

http://www.jobrecruit.com/wanted/journalism/dadecounty

Home | Companies | Articles | **Job Opening**

JOB OPENING: JOURNALIST

Living Culture, Florida's leading online platform for reporting contemporary events, is seeking an experienced regional correspondent to work in Dade County. We're looking for a person with relevant experience in reporting as well as a degree in journalism and communications. You must be a native English speaker with excellent skills in writing and a passion for details.

As an important member of our company, you will take responsibility for the following tasks:

◇ Discover, scrutinize, and develop new content about events in the region
◇ Write and report content, including articles, interviews, reviews, and opinions
◇ Have knowledge about social media and post weekly newsletters on the Web site
◇ Plan, develop, and manage long-term special articles
◇ Schedule and oversee interviews with celebrities in the region
◇ Review and edit the content written by contributors
◇ Participate in bimonthly meetings at headquarters

If you are interested and qualified for this job, please send your cover letter, your résumé, and several samples of your writing. Please send all documents to recruit@lculture.com. Thanks.

30. Q: Which of the following is correct about the advertised position?

(a) The successful candidate will work in-house at headquarters.
(b) Applicants should have a college degree in any field.
(c) The successful candidate should be proficient in social media.
(d) The successful candidate should take part in periodical conferences.

31. Q: What can be inferred from the advertisement?

(a) Events happening in Dade County are likely to be the topics of articles.
(b) Social media has become the major platform of new articles.
(c) Included in the tasks is organizing interviews with celebrities across the nation.
(d) Most of the articles in *Living Culture* are written by outside contributors.

R

DEMOGRAPHIC

| Home | Opinion | Politics | Business | International | Culture | Sports |

Aging Population: Becoming More of a Problem in China

by Scott Adams

China is getting older more rapidly than anywhere else in the world according to the United Nations. The dependency ratio, which compares the difference between those who can work full-time and those not in the labor force, could rise up to 48% of the whole population by 2050. China's aging population is likely to be as big a concern as its national debt. China is getting old at a time when the country's policymakers are re-evaluating spending because of its economic slowdowns.

However, the Chinese government doesn't have enough safety net to cover for all the population. China's rising public debt and slowing growth make the government less liable to extend pension coverage to all the aging population, especially those without adequate personal savings and retirement fund. A baby boom before 1960s was followed by more than 30 years of a one-child policy, which distorts the labor demographic structure in the country. The aging population's economic burdens are passed down to one child instead of dividing them up among siblings. As the population ages, the government has to divert much of the government funding to take care of elderly retirees.

32. Q: What do the statistics of China's aging population indicate?

(a) The government has been asked for cooperation from the United Nations.
(b) China will face a rapid increase in the old-age dependency ratio.
(c) The problems caused by the aging population are not as serious as the national debt.
(d) The aging population is not a concern to the governmental policymakers.

33. Q: Which of the following is correct about the aging population in China?

(a) It has been supported financially enough by the Chinese government.
(b) It has sufficient financial resources to support its later life.
(c) It is a grave consequence of the one-child policy.
(d) Its financial burdens are divided among several siblings.

Pre-Industrial Family Structure

In the pre-industrial period before the 1700s, social factors impacted the structure of families and caused them to change over time. Each family at that time had a large number of children and was characterized by the dominant family-based economy. Families provided not only employment but also other functions such as health-care, education, and welfare.

Each household consisted of male head, his wife and children, and often his aging parents. All the family members worked together as a productive unit to sustain the family's survival. And marriages were arranged on the basis of the social and economic purposes. They were more of a contractual agreement, rather than romantic love. Housewives were definitely subordinate to their husbands.

What's more, although each family had a large number of children, the number of family members living together was not very large. Since parents bore and reared their many children over a long span of years, their adult children left their family for an independent living.

34. Q: What is the main idea of the passage?

(a) The dominant economy in the pre-industrial period
(b) The household structure before industrialization
(c) The procedure of marriages before the 1700s
(d) The necessity of securing a labor force in the pre-industrial period

35. Q: Which of the following is correct according to the passage?

(a) The structure of families had nothing to do with social elements.
(b) Families only functioned as the main economic source for all the family members.
(c) Economic cooperation among family members was necessary to sustain.
(d) All the family members continuously lived together in a house.

This is the end of the Reading Comprehension section. Please remain seated until the proctor has instructed otherwise. You are NOT allowed to turn to any other section of the test.

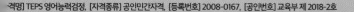

출제 원리와 해법, 정답이 보이는 뉴텝스 독해

NEW TEPS

기본편 실전 300+ 독해

정일상 · 넥서스TEPS연구소 지음

Reading

정답 및 해설

NEXUS Edu

NEW
TEPS

기본편
실전 300+ 독해

Reading

정답 및 해설

NEXUS Edu

1. 올바른 독해를 위한 문법

Unit 01 5형식 문장 파악하기 p.33

A

1. 부부는 울타리를 흰색으로 칠하게 했다.
2. 그녀는 파티에 참석하도록 허락을 받았다.
3. 나의 고양이와 개는 나를 혼자 내버려 두지 않는다.

B

1. The teacher saw him **cheating** on the test.
   선생님은 그가 시험에서 부정행위를 하는 것을 보았다.
2. The doctor advised me **to stop** drinking.
   의사 선생님이 나에게 술을 끊으라고 조언했다.
3. He got the old chairs **changed** with new ones.
   그는 그 오래된 의자를 새것으로 교체되도록 했다.

C

워싱턴 기념탑을 바라보며 링컨 기념관의 계단에 있다고
상상해 보라. 18만 명 이상의 엄청난 군중이 전국에서 모
였다. 1963년 8월, 사람들은 워싱턴에 변화를 요구하기 위
해 모여들었다. 나라의 어느 지역에서는 흑인이 백인과 같
은 대우를 받지 못하고 있었다. 행진하는 사람들은 그것이
끝나기를 바랐다. 그들은 피부색과 관계없이 모두에게 공
정하고 동등한 대우를 원했다.

Q 이 글에 의하면 다음 중 옳은 것은?
(a) 사람들은 미국 남부에서부터 모여들었다.
(b) 사람들은 워싱턴 기념탑으로 향해 가는 것을 멈추기를
   원했다.
(c) 1960년대에 국가 전역에서 흑인을 공정하게 대했다.
(d) 사람들은 인종 차별을 없애기 위해 모여들었다.

피부색과 관계없이 모두에게 공정하고 동등한 대우를 원하는
사람들의 행렬이었으므로 당시 사람들이 인종 차별을 없애기
위해 모였다는 (d)가 적절하다.

The marchers wanted that to end. 〈주어+동사+목적어
+목적격 보어〉의 5형식 문장이다. 동사가 wanted이기 때문에
목적격 보어 자리에는 to부정사가 왔다.

imagine 상상하다 appreciate 감상하다 crowd 군중
convene 회합하다 call for ~을 요구하다 marcher
행진하는 사람 fair 공평한 treatment 대우 regardless
of ~을 개의치 않고 congregate 군집하다 eliminate
제거하다 racial discrimination 인종 차별

Unit 02 도치된 문장 파악하기 p.35

A

1. 그것이 끝나야만 우리가 나가서 쉴 수 있다.
2. 그가 집에 도착하자마자 전화가 울렸다.
3. 아버지가 집에 올 때까지 아이들은 밥을 먹지 않는다.
4. 귀하가 요청한 송장이 동봉되어 있습니다.
5. 그 학생들 중에 내가 찾고 있는 그 친구가 있었다.

B

1. So **disappointing was the result that I got on the test**.
   내가 시험에서 받은 결과는 너무 실망스러웠다.
2. No sooner **had he left home than it began to rain**.
   그가 집을 떠나자마자 비가 내리기 시작했다.
3. Had **she prepared more thoroughly, she would not have failed on the test**.
   그녀가 좀 더 철저히 준비했더라면, 시험에 떨어지지 않았을
   텐데.
4. Not until **his wife arrived there, had he opened the gift**.
   그의 아내가 그곳에 오고 나서야 그는 선물을 열어 보았다.
5. Amazing **was the scenery that we saw there**.
   우리가 그곳에서 본 풍경은 너무 놀라웠다.

Unit 03 관계 대명사 잡기 p.37

A

1. 나는 중학교 때 영어를 가르쳐 주셨던 선생님과 마주쳤다.
2. 그 결정이 이루어진 방식이 유감스럽다.
3. 냉장고는 음식을 낮은 온도에서 보관할 수 있는 가전제품이
   다.
4. 그들의 결혼식이 열린 그 교회는 정말 평화로운 곳이다.
5. 비공식적인 돌보기는 대부분이 무료인데, 육아 체계에서 주
   요한 역할을 한다.
6. 매우 많은 작가가 있는데, 그들이 쓴 작품 중 일부는 우리가
   높이 평가하고 있다.

B

1. The witness was talking with the man **who** is in critical condition.

그 목격자는 현재 위중한 상태에 있는 그 남자와 이야기하고 있었다.

선행사는 the man이며, 주어가 관계 대명사로 바뀐 것이므로 주격인 who가 알맞다.

2. A person can marry without parents' permission at an age **which** varies from country to country.

부모의 동의 없이 결혼할 수 있는 나이는 나라마다 다르다.

선행사는 age이며, 사물 주어가 관계 대명사로 바뀌었으므로 which가 알맞다.

3. Your metabolic rate is the speed **at which** your body transforms food into energy.

신진대사율은 신체가 음식을 에너지로 바꾸는 속도이다.

관계 대명사 which는 선행사 the speed를 받고, 함께 쓰였던 전치사 at이 앞에 온다.

4. They didn't tell me the date **by which** the renovation would be completed.

그들은 공사가 마무리될 날짜를 내게 말해 주지 않았다.

관계 대명사 which는 선행사 the date를 받고, 함께 쓰였던 전치사 by가 앞에 온다.

Unit 04 관계 부사 잡기 p.39

A

1. 나는 안전벨트가 의무가 아니었던 때를 기억할 수 있다.

2. 그는 폭력이 만연한 도시에서 자랐다.

3. 꿈이 잊히는 데에는 여러 가지 이유가 있다.

4. 당신이 언제 근무지에 도착하는지를 알려 주세요.

5. 나는 법이 작용하는 방식에 대한 강의에 참석했다.

6. 나는 그에게 사람들이 어떻게 인간관계를 쌓아 가는지를 가르쳤다.

B

당신이 아직 직업을 구하고 있는 사람들 중 한 명이라면, 공석을 당신의 것으로 만들기 위해 무엇을 해야 할 것인가? 답은 간단하면서도 완전히 명백한 것은 아니다. 당신의 기술적인 능력과 보이지 않는 자질 면에서 고용인의 요구에 어떻게 맞는지를 분명히 보여 줘라. 중요한 법칙은 기술적인 능력이 당신을 면접까지는 이끌어 주지만, 보이지 않는 자질은 당신이 그 자리를 차지할 수 있게 해 준다는 것이다. 고용주들은 결국 자신들의 필요에 따라 지원자를 가려내지, 가장 훌륭한 이력서로 가려내지 않는다. 그러므로 이력서가 당신이 그 직업을 갖도록 보증하는 것은 아니다.

Q 이 글에 의하면 직업을 구할 때 다음 중 옳은 것은?

(a) 훌륭한 이력서를 쓰는 것은 전혀 중요하지 않다.

(b) 당신은 자신이 그 자리에 맞는 능력을 가졌음을 증명해야 한다.

(c) 사람들은 취직하기 위해 과시하는 데에 중점을 두는 경향이 있다.

(d) 고용주들이 항상 최고의 기술을 가진 사람들을 고용하지는 않는다.

구직자의 기술적인 능력이 면접까지는 이끌어 주지만, 결국 고용주가 원하는 보이지 않는 자질이 뒷받침되어야 그 자리를 차지할 수 있다고 하므로 항상 최고의 기술을 가진 사람을 고용하지는 않는다고 볼 수 있다. 따라서 (d)가 정답이다. 이력서가 일자리를 보증해 주지 않는다는 것이지 이력서를 쓰는 것이 전혀 중요하지 않다는 의미는 아니므로 (a)는 옳지 않다. Employers ultimately screen applicants according to these needs and not by brightest résumé, which, therefore, doesn't guarantee that you will land the job. 이 문장에서 관계 대명사 which는 앞의 résumé를 받고 있으며, 해석은 계속적 용법의 형태로 한다. "그러므로 그것은 당신이 그 직업을 갖게 될 것이라고 보증하는 것은 아니다."

land a job 취직하다   **obvious** 분명한   **need** 요구   **in terms of** ~에 관하여   **intangible** 실체가 없는, 막연한   **quality** 자질   **cardinal** 가장 중요한   **offer** 제안   **ultimately** 궁극적으로   **screen** 거르다   **applicant** 지원자   **guarantee** 보증하다   **show off** 과시하다

Unit 05 분사 제대로 알기 p.41

A

1. 저녁을 준비하는 동안 그녀는 라디오로 음악을 들었다.

2. 그는 문을 열고 개를 집 안으로 들였다.

3. 비가 세차게 오고 있어서 우리는 산장 안에 머물렀다.

B

1. The man was running on the treadmill, (being) watching the screen.

그 남자는 스크린을 보면서 러닝머신 위를 달리고 있었다.

2. Sylvia, having grown up in the countryside, knew well about plants and animals.

실비아는 시골에서 자랐기 때문에 동식물들에 대해서 잘 알았다.

C

> 어떤 전화나 문자 메시지가 당신, 혹은 다른 사람의 생명을 위협해도 될 만큼 가치 있는가? 최근 새로운 통계치는 주의가 분산된 운전과 관계된 치명적 사고가 급속도로 증가한 것을 보여 주었다. 올해 지금까지 교통사고 사망자 중에서 약 30%가 주의가 분산된 운전 때문이었다. 연구자는 "주의가 분산된 운전자가 계속 도로 이용자들에게 위협이 된다는 것은 답답한 일입니다."라며, "사람들이 예전에 그 의미를 제대로 알지 못했다면, 이번의 새로운 통계치가 주의가 분산된 운전은 위험하다는 간단한 사실을 명심하는 데 도움이 되길 바랍니다."라고 말했다.
>
> **Q** 이 글의 주된 목적으로 알맞은 것은?
>
> (a) 올해 얼마나 많은 교통사고가 발생했는지 보여 주기
>
> (b) 사람들에게 올해 사망률이 올라갔음을 알려 주기
>
> (c) 휴대 전화 사용 중에는 안전하게 천천히 운전하도록 설득하기
>
> (d) 운전 중 휴대 전화 사용의 위험성에 대한 인식 높이기

주의가 분산된 운전으로 인한 교통사고 사망률이 증가했음을 보여 주면서, 이러한 행위가 위험하니 하지 않도록 하는 취지의 글이다. 주의가 분산된 운전의 대표적인 예가 운전 중 휴대 전화 사용이라는 것을 감안하면 글의 목적으로 (d)가 알맞다. 휴대 전화를 사용하면서 안전하게 천천히 운전하도록 하려 한다는 목적은 적절하지 않다.

New statistics showed a sharp increase in the number of fatal crashes related to distracted driving. 문장에서 fatal crashes 뒤의 분사 related to는 앞의 명사를 꾸미는 분사로 사용되었고, '〜에 연관되어 있는'이라는 수동적 의미이기 때문에 과거 분사 p.p.의 형태로 쓴다.

worthy 가치 있는 risk one's life 목숨을 걸다 statistics 통계 sharp 가파른 fatal 치명적인 crash 충돌 (사고) distracted 주의가 뒷나간 pose a risk (위협·분세 능늘) 제기하다 state 진술하다 get the message 뜻을 알아채다 keep in mind 명심하다 fatality rate 사망률 awareness 자각, 인식

---

p.43

Unit 06 명사로 온 to부정사

A

1. 그녀는 그 회사로부터의 제안을 받아들이기를 꺼린다.

2. 자신의 목적에 집중하는 것은 중요하다.

3. 석사학위를 갖는 것은 직장을 얻는 것을 더 쉽게 해 줄지도 모른다.

4. 그 지원자가 제시간에 도착할 것은 분명하다.

5. 인종에 따라서 기회를 다르게 주는 것은 불공정하다고 여겨진다.

6. 그들은 그 정보에 접근하는 것이 쉽다고 생각한다.

B

> 최근 특이한 백조 한 마리가 도시의 고속도로를 걸으며 나타났다. 목격자들이 전하기를 그 백조는 밀 베이슨의 이벤트 센터 근처에서부터 여정을 시작했다고 한다. 무엇이 이 새가 도로를 지나게 했는지는 불분명했지만, 그 새는 금방 고속도로를 뒤뚱거리며 걷고 있었다. 흥미롭게 여긴 통근자들은 911을 불렀고, 스쿠터 정찰대가 급파되어 차량 흐름에 방해가 되지 않도록 그 백조를 지켜보았다. 다행히 그 새는 도로 규칙을 잘 따랐다. 비록 보이는 물웅덩이마다 물을 마시기 위해 멈추기는 했지만. 마침내 고속도로 옆의 연못으로 옮겨졌다.
>
> **Q** 이 글에 의하면 다음 중 옳은 것은?
>
> (a) 사람들은 고속도로 위의 백조를 보는 것이 흥미로웠다.
>
> (b) 백조가 고속도로를 뒤뚱거리며 걸으면서 교통사고를 냈다.
>
> (c) 경찰은 고속도로를 순찰하다가 그 뒤뚱거리는 백조를 발견했다.
>
> (d) 사람들은 그 백조가 고속도로로 오게 된 이유와 방법을 알았다.

지문에 intrigued commuters라고 했으므로 사람들이 흥미롭게 여겼다는 (a)가 알맞다. 길을 지나던 사람들이 발견하여 911을 불렀다고 했으므로 (c)는 알맞지 않다.

Intrigued commuters called 911, which dispatched a scooter cop to keep an eye on the swan to make sure it didn't veer into traffic. 이 문장에서는 to부정사 to keep an eye가 to make sure가 '〜하기 위하여'이 의미로 목적을 나타낸다.

witness 목격자 journey 여정 urge 몰아대다, 강요하다 waddle 뒤뚱거리며 걷다 intrigued 호기심을 가진 commuter 통근자 dispatch 급파하다 keep an eye on 〜을 감시하다 veer into 〜로 방향을 바꾸다 puddle 물웅덩이 come across 마주치다, 발견하다 patrol 순찰을 돌다

Unit 07 수식하는 to부정사　p.45

A

1. 경찰은 밤새 증거를 찾았지만 아무것도 발견하지 못했다.

2. 주지사는 늦지 않기 위해 그의 사무실로 뛰었다.

3. 그 강의는 유익했고 이해하기 쉬웠다.

4. 그 남자는 자기 강아지에게 먹일 약간의 음식을 줄 수 있는지 나에게 물었다.

5. 햇볕이 나고 있어서 물은 수영하기에 따뜻했다.

6. 관리자는 남자에게 주말 동안 해야 할 일을 할당해 주었다.

7. 나의 상사는 너무 까다로워서 만족시키기가 불가능하다.

B

1. We think it interesting **to learn** the vocabulary this way.
   우리는 어휘를 이런 식으로 배우는 것을 흥미롭게 생각한다.
   가목적어 it이 think의 목적어 자리에 오므로, 빈칸에는 진목적어인 to부정사구가 알맞다.

2. Do you have any movie CD **to watch** tonight?
   오늘 밤에 볼 영화 CD 있니?
   have의 목적어인 movie CD를 수식하는 형용사로 쓰였다.

3. For the homework **to be done**, you are advised to look up the dictionary.
   숙제를 하기 마치기 위해 사전을 찾아보는 것을 권합니다.
   주절 you와 별도로 to부정사가 수식하는 homework는 사람에 의해 되는 것이므로 수동형이 알맞다.

4. The castle is thought **to have been built** 100 years ago.
   그 성은 100년 전에 지어졌다고 생각된다.
   생각되는 것은 현재이고, 성이 지어진 것은 과거이므로 to부정사의 완료형 to have p.p.를 쓴다. 성은 사람에 의해 지어진 것이므로 수동형이 알맞다.

5. My teacher is always reminding us **to concentrate** during the class.
   선생님은 항상 우리에게 수업 시간에 집중할 것을 상기시킨다.
   '~할 것'이라는 의미로 명사적 용법으로 쓰였다.

Unit 08 부분 부정과 전체 부정　p.47

A

1. 나는 그 스마트폰 둘 다 좋은 것은 아니다.

2. 그 트레이너는 여기 학생들 전부를 알지는 못한다.

3. 그의 부모님 두 분 다 그의 의견을 지지한 것은 아니다.

B

1. ≠
   그 세입자는 재건축에 대해서 어떤 것도 들은 바가 없다.
   (≠) 그 세입자는 재건축에 대해서 일부를 들었다.

2. ≠
   그 중개상은 그녀에게 그것에 대해 확실히 말하지 않았다.
   (≠) 그가 그것에 대해 그녀에게 말했을 수도 있다.

3. =
   학교가 모든 지원자들을 받을 수 있는 것은 아니다.

C

나는 오늘 사촌의 아들 결혼식에 참석해 달라는 초대장을 받았다. 정말 달콤하고 감동적인 초대장이었다. 불행히도 내가 거절해야 하는 것이기도 한데, 이유는 이미 같은 날 아들이 다니는 대학의 행사에 초대를 받았기 때문이다. 이런 상황에서 대부분 회신 카드에 '참석 불가'를 간단히 표시하여 보낸다고 들었다. 하지만 그것은 적절하지 않은 것 같다. 체크 표시로 나의 슬픔을 모두 전달할 수 있는 것은 아니다. 내 사촌의 감정을 상하게 하고 싶지 않기 때문에 **보통의 방식으로 거절하는 것은** 어렵다.

(a) 두 초대에 모두 응하기는
(b) 결혼식에 참석하기는
(c) 초대됐을 때 상처받는 것에 대해 불평하기는
(d) 보통의 방식으로 거절하는 것은

결혼식 초대에 응할 수는 없지만 통상적인 거절의 방법이 상대의 기분을 상하게 할 것 같아 고민하는 글로 빈칸에는 (d)가 가장 적절하다.
A checkmark can't convey all my sadness. 이 문장은 부분 부정으로, "체크 표시로 나의 슬픔을 모두 전달할 수 있는 것은 아니다." 즉, 나의 슬픔을 단순한 체크 표시로 드러내기에는 부족하기 때문에 적절하지 못하다는 의미이다.

invitation 초대장　attend 참석하다　wedding 결혼식
impressive 감동적인　reluctantly 마지못해　decline
거절하다　dorm 기숙사　tend to ~하는 경향이 있다
RSVP 회신 바람　appropriate 적절한　convey 전달하다

Unit 09 — seem · believe 바로 알기   p.49

A

1. 그 정신과 의사는 그 문제에 대해 뭔가 아는 것 같다.

2. 그들은 그 일을 완벽히 했다고 여겨진다.

3. 규칙적으로 운동하는 것이 가장 중요하다고들 여긴다.

4. 그 책은 기원전 300년경에 쓰인 것으로 보인다.

5. 그 과제는 나에게는 매우 쉬워 보인다.

B

1. =
그들은 시험을 대비하여 열심히 공부한 것으로 보인다.

2. =
그 성은 100년도 더 전에 지어진 것으로 보인다.

3. ≠
사람들은 그 가수와 그의 스타일리스트가 사귄다고 한다.
(≠) 그 가수는 그의 스타일리스트와 사귄다.

4. ≠
사람들은 그 앵커가 하버드대학을 졸업했다고들 한다.
(≠) 그 앵커는 하버드대학을 졸업한다고 한다.

5. =
사람들은 매일 운동하는 것이 건강에 좋다고 믿는다.

Unit 10 — 병렬 구조 문장 이해하기   p.51

A

1. 사람들은 주중에 쇼핑하러 가는 것을 좋아하지만 주말에는 좋아하지 않는다.

2. 우리는 그들을 만나기 위해 5시까지 가서 회의를 더 낫게 준비했어야 했다.

3. 당신이 나에게 사 준 그 책과 내가 당신에게 사 준 CD에는 공통의 화제가 있다.

4. 시간이 너무 빨리 흘러서 이제 우리는 30대이고, 모두 결혼했다.

5. 안나는 길고양이를 안으로 들여놓고 참치 통조림을 먹였다.

B

1. If he wants to succeed, he should be more hard-working and **punctual**.
성공을 원한다면, 그는 좀 더 성실하고 좀 더 시간을 잘 지켜야 할 것이다.
형용사 hard-working과 and로 연결되므로 부사가 아닌 형용사가 알맞다. (punctually → punctual)

2. Molina got to know the fact, and **decided** to tell her family about it.
몰리나는 그 사실을 알게 되었고, 가족들에게 그것에 대해 이야기하기로 결심했다.
과거 시제 got과 병렬적으로 연결되므로 현재형을 과거형으로 고쳐야 한다. (decides → decided)

3. Social referencing is the ability to search for and **use** social signals to guide one's behavior in a new situation.
사회적 참조는 새로운 상황에서 행동을 조절하기 위해 사회적 신호를 찾고 사용하는 능력이다.
search와 함께 the ability를 수식하는 to부정사에 병렬적으로 연결된다. (uses → use)

4. People used to hunt animals and **gather** fruits for their daily diet.
사람들은 매일의 식단을 위해 동물을 사냥하고 과일을 채집하곤 했었다.
hunt와 함께 used to에 병렬적으로 연결되므로 동사의 원형이 알맞다. (gathered → gather)

5. They **didn't spend** all their money but saved some of it for their future.
그들은 돈을 다 쓰는 것이 아니라, 미래를 위해 약간의 돈을 저금했다.
not ~ but의 구조로서 동사 spend와 save가 병렬적으로 연결되므로 spend 앞에 과거형인 didn't가 오는 것이 알맞다. (don't spend → didn't spend)

Unit 11 — 종속 접속사 파악하기   p.53

A

1. 당신이 두 안건 중에 어느 것을 택하든지 간에, 나는 당신의 결정을 지지할 것이다.

2. 그 유명 인사가 가는 곳은 어디든지 간에, 그는 기자들과 마주쳤다.

3. 내 치료사는 나에게 춥든, 덥든 매일 밤 조깅을 하라고 충고했다.

B

1. Tell me **who** comes with you. Is it your best friend?

   누가 당신과 함께 오는지 말해 주세요. 당신과 가장 친한 친구인가요?

2. These two are very similar, so I will choose **whichever** is cheaper.

   이 두 개는 아주 비슷해서, 나는 어느 것이든 더 저렴한 것을 고를 것이다.

3. **However** hard you tried, you couldn't catch up with the medalist.

   얼마나 열심히 노력하든지 간에, 당신은 그 메달리스트를 따라잡을 수 없었다.

C

> 저는 최근 건강 네트워크 참여 세션에 참여해서 기뻤습니다. 건강 시스템 관리의 미래에 분명 관심 있어 하는 90명 이상의 지역 주민으로 꽉 찬 방을 보는 것이 얼마나 전율이 흐르는 일이었는지 말하고 싶습니다. 이 회의는 우리 지역 주민들이 자신들의 경험을 논의하고, 개선에 도움을 줄 개인적인 통찰을 공유할 수 있는 기회를 주었습니다. 회의에서는 지역 사회에서 제공되는 건강관리 시스템과 관련한 많은 의견이 나왔습니다. 저는 시간을 내어 참석해 준 모든 분들께 감사하고 싶습니다.
>
> **Q** 글의 주된 내용은?
>
> (a) 의견을 나누는 회의에 참여한 것은 소중한 경험이었다.
>
> (b) 글쓴이가 참석한 회의는 예상만큼 유익하지는 않았다.
>
> (c) 회의에서 의견을 내는 것은 중요하다.
>
> (d) 회의에 참석한 사람들은 지역 주민들이었다.

회의에서 지역 주민들과 경험을 이야기하고 의견을 나눈 것이 좋은 기회였다며 감사를 표현하는 글로 (a)가 가장 적절하다. 회의에 참석한 사람들이 지역 주민이라는 것은 글에 나온 사실로 글의 중심 내용은 아니다.

I would like to tell you how thrilling it was to see the room ~. 문장에서 〈의문사+가주어(it)+동사+진주어(to see) ~〉의 절이 동사 tell의 목적어 역할을 하는 명사절로 왔다.

engagement 약속, 계약   thrilling 감격시키는
resident 거주자   share·공유하다   insight 통찰, 식견
improvement 향상   voice 말로 나타내다   precious 귀중한   informative 유익한   participate in ~에 참석하다

---

12 동격의 접속사 that

p.55

A

1. 그 회계사는 사장이 회사의 돈을 횡령한다는 사실을 안다.

2. 내 개가 산책하기를 좋아하는 때는 바로 비가 촉촉이 내릴 때이다.

3. 그는 큰 무리를 지어 사는 동물들이 더 큰 뇌를 갖는다는 이론을 지지한다.

B

1. They didn't tell us the news **that** Nex and Chrome would merge.

   그들은 넥스 사와 크롬 사가 합병할 것이라는 소식을 우리에게 말하지 않았다.

   the news에 대한 동격의 내용이므로 that이 알맞다. (which → that)

2. It was my sister **who** broke the rules we had agreed to.

   우리가 합의한 규칙을 깬 것은 바로 여동생이었다.

   강조하는 my sister는 broke의 주어이므로 목적격 whom이 아닌 주격이 알맞다. (whom → who)

3. It was before I finished my breakfast **that** I heard an explosion.

   내가 폭발음을 들은 것은 아침밥을 다 먹기 전이었다.

   절과 절을 이어주는 접속사가 필요하다. 그리고 it ~ that 강조 구문에서 접속사 that은 생략할 수 없다. (breakfast I → breakfast that I)

C

> 호주는 훌륭한 건강 제도와 높은 삶의 질, 공교육, 시민 자유와 정치적 권리가 존재하는 평화로운 다문화 국가입니다. 세계 곳곳에서 관광과 휴가, 사업을 위해 호주로 옵니다. 그리고 성장하는 호주의 경제는 많은 이민자들에게 매력으로 다가옵니다. 이제 호주 경제를 부흥시키려는 목적으로, 호주 정부는 자국에 필요한 특정 직군에서 전문성이 있는 젊고 영어를 하는 전문인들을 위해 십만 개의 일자리를 열어 두고 있습니다.
>
> **Q** 이 글에 의하면 다음 중 옳은 것은?
>
> (a) 호주에는 거의 모든 분야에서 일자리가 많다.
>
> (b) 호주 정부는 이민자들을 유치하는 데 관심이 없다.
>
> (c) 호주에는 훌륭한 건강관리 시스템이 있지만, 좋은 교육 시스템은 없다.
>
> (d) 외국으로 가고자 하는 사람들에게 호주가 답이 될 수 있다.

호주의 장점과 함께 이민자들을 위해 일자리를 제공한다는 것으로 보아 (d)가 가장 옳다. 모든 이들을 위한 일자리가 아니라 특정 직군에 전문성이 있고 영어도 할 수 있는 사람들을 대상으로 한다고 하므로 (a)는 적절하지 않다.

It is for sightseeing, vacation or business that people from all around the world come to Australia.
이유를 나타내는 전치사구 for sightseeing, vacation or business가 강조된 it ~ that 강조 구문이다.

multicultural 다문화의   public education 공교육   civil liberty 시민의 자유   political right 정치적 권리   sightsee 관광 여행하다   attraction 끌어당김, 매력   immigrant 이주민   intention 의향, 목적   boost 밀어 올리다   expertise 전문 기술   particular 특별한   occupation 직업   lure 유혹하다

Unit 13   so ~ that절

p.57

A

1. 그들의 딸은 매우 열심히 일하여 이번 달에 승진했다.
2. 그들은 우승할 수 있도록 그 대회를 위해 매우 철저히 준비했다.
3. 그 노래는 너무나 좋아서 여기 모두가 좋아한다.
4. 그 지원자는 좀 더 전문적으로 보이기 위해 머리를 잘랐다.
5. 우리는 경제 단일화를 위해서 공통의 예산과 재정 정책을 가져야 한다.
6. 짐은 나중에 잊어버리지 않기 위해 자기 노트에 그 숫자들을 적었다.

B

1. ≠
   그 교수는 학생들이 자료를 검토하도록 과제를 내주었다.
   (≠) 그 교수는 과제를 내줘서 학생들은 그 자료를 검토했다.
2. =
   그 수험자는 결과가 너무 걱정되어서 그날 밤 잠을 거의 못 잤다.
3. =
   그들이 서로 마주치자, 너무 흥분해서 기쁜 마음에 소리를 실렀다.

Unit 14   가정법 문장 제대로 알기

p.59

A

1. 당신이 그것을 알았더라면, 당신이 내게 미리 말해줬을 텐데.
2. 공기가 없으면, 우리는 더 이상 살 수 없다.
3. 당신의 도움이 없었더라면, 나는 시험에 통과하지 못했을 것이다.
4. 그들이 헤어지지 않았더라면, 지금 여기에 함께 있을 텐데.
5. 내가 지금 너와 함께라면, 그 사진들을 보여 줄 텐데.

B

이번 주에 건축 박물관의 오랫동안 기다려온 전시인 '건설된 적 없는 LA' 전이 열린다. 이곳에서 현실화되지는 못했던 LA를 위한 계획들을 보여 준다. 이 전시에서는 만약 그 계획들이 현실화되었더라면 오늘날 존재했었을 수도 있을 LA를 전체적으로 둘러보게 된다. 이런 상상의 LA에서는 언덕 위의 집들이나 유명인들이 중심이 된 할리우드는 여전하지만, 다른 요소들은 완전히 달리 보이고 달리 느껴진다.

Q 이 글로부터 유추할 수 있는 것은?
(a) '건설된 적 없는 LA' 전은 대중에게 공개될 수 없다.
(b) '건설된 적 없는 LA' 전은 가장 초기의 LA를 보여 준다.
(c) LA를 위한 제안들은 정부에 의해 모두 받아들여졌다.
(d) 채택되지는 않았지만 LA 건설을 위한 여러 방법들이 있었다.

전시는 제목에서 알 수 있듯이, LA에 실현될 수도 있었지만 실제로는 이루어지지 않았던 도시 계획들을 가상으로 보여 주는 행사이므로, 이 글로 유추할 수 있는 것은 (d)가 적절하다.
we get to take a tour through the L.A. that could have existed today if these plans had been realized.
이 문장은 that절에 가정하는 내용이 있다. 즉, if절에서 과거에 일어나지 않은 일에 대한 상상의 조건을, 관계절에서는 상상에 따른 결과를 가정한다. 실제로는 이 계획들이 실현된 적은 없고, 그래서 오늘날 존재하지 않는 LA의 모습이라는 의미이다.

architecture 건축   exhibition 전시   reality 현실   take a tour 여행하다   exist 존재하다   maintain 유지하다, 정비하다   hilltop 언덕 꼭대기   celebrity 유명 인사   centric 중심의   element 요소   absolutely 절대적으로   public 대중   proposal 제안   accept 받아들이다   adopt 채택하다

Unit 15 조동사 have p.p.

p.62

A

1. 모든 직원은 지난주에 그 작업을 끝냈어야 했다. (그런데 못 끝냈다.)
2. 그녀는 어렸을 때 장거리 주자였다. (지금은 아니다.)
3. 그 조사관은 아직 이곳 날씨에 익숙하지 않다. 그는 너무 춥다고 여긴다.
4. 내가 더 열심히 일했으면 시험에 통과를 했을지도 모르겠다.
5. 내 친구는 복권을 샀었다. 그녀는 복권 당첨이 됐을지도 모른다.

B

1. cannot[can't] have escaped
2. could have arrived
3. should have accepted
4. used to be
5. must not have seen

C

사람들은 오랜 세월 그것들을 전해 왔다. 그것들은 속설이라고 한다. 당신의 어머니가 당신에게 조심하라고 말하는 그런 것들 말이다. 이것들 중 많은 것이 건강과 의료에 관한 것이다. 오늘 몇 개만 살펴보자. 전형적인 예는 이런 것이다. "어두운 곳에서 책을 읽지 마라. 눈이 나빠진다." 사실은 어둠 속에서 책을 봐도 당신의 눈은 괜찮을 것이다. 당신의 눈은 카메라 렌즈처럼 작용하는 홍채를 가지고 있다. 그것은 밝은 빛이 있는 곳에서는 줄어들고, 빛이 희미해지는 곳에서는 확장된다. 예를 들어, 에이브러햄 링컨을 보라. 그는 촛불 아래에서 모든 법률 서적들을 보았지만, 아무 이상이 없었다.

Q 이 글의 주요 소재는?

(a) 어둠 속에서 글을 읽을 때의 단점
(b) 당신이 종종 주의 받았던 것들에 대한 고찰
(c) 당신이 들어온 속설의 소중한 교훈
(d) 세대를 거치면서 전해져 내려온 사실들

흔히 건강과 관련된 오랫동안 내려온 속설에 대해서, 그 진실성을 이야기하고 있으므로 (b)가 가장 알맞다. 속설이 맞지 않을 수도 있다는 내용이므로 (c)는 적절하지 않고, 속설은 사실이 아닐 수도 있다는 내용이므로 (d)도 알맞지 않다.
Lincoln used to read all of his law books by candlelight ∼는 과거 습관적인 동작에 대해 used to가 사용되었다.

pass down ∼을 전하다   old wives' tale 속설, 어리석은 미신   be related with ∼와 관련되다   medicine 의료   examine 조사하다   typical 전형적인   strain 상하게 하다   iris (눈의) 홍채   constrict 수축시키다   dilate 팽창시키다   candlelight 촛불   turn out ∼로 드러나다   disadvantage 단점   valuable 가치 있는   lesson 교훈   generation 세대

D

눈사태는 많은 양의 눈과 얼음 조각들이 산 아래로 빠른 속도로 내려올 때 일어난다는 것은 상식이다. 하지만 많은 사람들이 언 물질이 젖은 상태인지 마른 상태인지, 얼마나 단단하게 뭉쳐져 있는지에 따라 다양한 유형의 눈사태가 있다는 사실을 모르고 있다. 이러한 눈사태는 매우 위험할 수 있다. 종종 사람들이 눈사태로 부상당하거나 죽는 것은 불안정한 눈의 상태를 건드렸기 때문이다. 그런 점에서 **자신들이 처한 위험을 아는 사람이 거의 없다고** 볼 수 있다.

(a) 눈사태는 가장 치명적인 재난 중 하나라고
(b) 눈은 대부분의 사람들이 인식하는 것보다 더 다용도로 쓰인다고
(c) 눈만큼이나 단순한 것이 매우 강력하다고
(d) 자신들이 처한 위험을 아는 사람이 거의 없다고

많은 사람들은 눈의 상태에 따라 다양한 유형의 눈사태가 있다는 사실을 모르는데, 이런 눈사태가 매우 위험할 수 있는데도 종종 사람들이 다치고 죽는 것을 보면, 그런 곳에 가는 사람들은 눈사태의 위험성을 거의 모르고 있는 것으로 볼 수 있다. 따라서 (d)가 가장 알맞다.

you could say ∼에서 조동사 could는 단순히 can의 과거형이 아닌 '∼일 수도 있다'는 가능성을 의미하는 조동사로 쓰였다.

common knowledge 상식   avalanche 눈사태   ice slip 얼음 조각   frozen 언, 결빙한   tightly packed 꽉 찬, 단단하게 다져진   landslide (산)사태   injure 부상을 입히다   disturb 방해하다, 건드리다   unsteady 불안정한   deadly 치명적인   versatile 다용도인

2. 독해 유형별 공략법

1. (a)   **2.** (b)   **3.** (a)   **4.** (b)

1

> 루나 스펙트럼 탐사선은 <u>우주 의사소통을 돕도록 고안된 태양광 전지로 운영되는 우주선</u>이다. 그것은 나사에 의해 고안된 첫 번째 대기권 스펙트럼 우주선이고 조립식 본체를 사용하는 첫 번째 우주선이기도 하다. 높이는 7피트, 깊이와 너비 5피트이며, 몇 개의 태양광 전지로 움직인다. 그리고 네 개의 다른 과학적 기구를 장착하고 있는데, 세 개는 달의 외부 대기에 대한 것들을 측정하기 위한 것이고, 한 개는 레이저 의사소통을 위한 것이다. 과학자들은 이 탐사가 이전과 같은 기술에서 수집된 정보에 더 많이 보탤 수 있기를 바란다.
>
> (a) 우주 의사소통을 돕도록 고안된 태양광 전지로 운영되는 우주선
> (b) 우주 비행사를 달로 데려다 주도록 고안된 우주 왕복선
> (c) 나사가 달 탐사선으로 개발한 첫 번째 무인 우주선
> (d) 달 주위를 공전할 로봇 궤도형 탐사선

내용을 종합하면 조립식 본체의 태양광 전지를 이용하며, 달 탐사와 의사소통을 위한 우주선이다. 따라서 전체적인 내용을 포괄하는 것은 (a)이다. 우주 비행사나 무인 우주선은 언급되지 않았으며, 달 주위를 공전할 로봇 궤도형이라는 언급 또한 없다.

lunar 달의   **probe** 탐사   **atmospheric** 대기의   **spectral** 스펙트럼의   **spacecraft** 우주선   **design** 고안하다   **modular** 모듈식의(규격화된 부품을 조립하여 만들 수 있는)   **solar cell** 태양광 전지   **exosphere** 외기권   **space shuttle** 우주 왕복선   **unmanned** 무인의   **orbital** 궤도의

2

> 자존감은 당신이 자신을 바라보는 방식이다. 건강한 자존감을 가진 사람들은 자신을 사랑하고 자신의 성취를 가치 있게 여긴다. 모든 사람이 때로 자신감을 약간 잃기도 하지만, **자존감이 낮은 사람들은** 거의 항상 불행하고 자신에 대해 만족하지 못한다. 그들은 이러한 것을 고칠 수 있으나, 자존감을 높이기 위한 주의력과 매일 연습이 필요하다. 자존감을 높이는 데 힘이 들거나, 낮은 자존감으로 우울증과 같은 문제로 이어진다면 의사를 찾아가 정보와 조언을 구하라.
>
> (a) 건강한 자존감이 있는 사람들은
> (b) 자존감이 낮은 사람들은
> (c) 자존감에 관심을 안 두는 사람들은
> (d) 자존감에 대한 정보가 없는 사람들은

거의 항상 자신에 대해 만족하지 못하는 상황은 자존감이 건강한 것에 반대되므로 자존감이 낮은 사람들에 관한 내용이다. 자존감에 대한 관심이나 정보는 자존감을 갖기 위한 방법으로 언급되었다.

self-esteem 자존감   **value** 평가하다   **achievement** 성취   **confidence** 자신감, 확신   **unsatisfied** 만족하지 못하는   **remedy** 치료하다   **depression** 우울, 의기소침

3

> 반 고흐의 모조 그림이라는 이야기를 듣고 주인이 다락방에 60년간 두었던 그림이 **진짜인 것으로 드러났으며,** 1928년 이후 실물 캔버스로는 처음으로 발견되었다. 반 고흐 박물관의 전문가들은 고흐의 편지들과 물감의 화학적 분석, 캔버스 엑스레이의 도움으로 이 1888년 풍경화인 '몽마주르의 일몰'이 진품임을 증명했다. 그 그림을 발견한 박물관 책임자는 그 발견을 일컬어 일생에 한 번뿐인 경험이라고 했다.
>
> (a) 진짜인 것으로 드러났으며
> (b) 한 예술가에 의해 발견되었으며
> (c) 전시를 위해 복원되었으며
> (d) 예술 애호가를 위해 구매되었으며

모조품인 줄 알았던 것이 전문가들의 증명으로 진품임이 밝혀졌다는 내용이므로 (a)가 적절하다.

decade 10년   **attic** 다락방   **authenticate** 진짜임을 증명하다   **landscape** 풍경   **analysis** 분석   **pigment** 안료, 색소   **discovery** 발견   **pronounce** 선언하다   **restore** 복원하다   **exhibition** 전시(회)   **patron** 후원자

4

> 저희 수공예 세미나의 **프로그램에 관심 있는 참여자들을 더 많이 포함시키기** 위해 또 하나의 세션이 추가되었음을 알려 드립니다. 4월 23일의 원래 세션은 넘쳐 나는 관심과 수요로 예약이 꽉 찼습니다. 이런 이유로 그 다음 날인 4월 24일에 두 번째 프레젠테이션 일정이 잡힌 것입니다. 여러분은 이 두 번째 세션의 대기자 명단에 오르셨습니다. 행사 장과 시간이 결정되면 이메일로 알려 드립니다. 연사 패널은 두 날짜 모두 같으리라 예상됩니다. 저희 프로그램에 대한 열광적인 참여에 감사드립니다.
>
> (a) 분야의 다른 전문가들에게 공동체를 소개하기
> (b) 프로그램에 관심 있는 참여자들을 더 많이 포함시키기
> (c) 더 많은 사람들에게 프레젠테이션의 기회를 주기
> (d) 제공되는 활동을 늘리고 심화 과정을 제공하기

원래 계획되었던 세션의 예약이 꽉 차서 두 번째 일정이 잡혔고, 대기자는 이 일정에 참여할 수 있게 되었다고 하므로 (b)가 알맞다. 프레젠테이션의 기회를 주는 것이 아니므로 (c)는 알맞지 않고, 세미나의 활동이나 과정을 늘리는 것이 아니라, 같은 프로그램을 두 번 하는 것이므로 (d)도 알맞지 않다.

handicraft 수공예(의) **engagement** 약속 **book** 예약하다 **due to** ~로 인해 **overwhelming** 넘치는 **hence** 이런 이유로 **waiting list** 대기자 명단 **venue** 행사장 **identical** 동일한 **enthusiastic** 열렬한, 열성적인 **participation** 참여 **field** 분야 **extend** 확장하다 **extensive** 폭넓은

02 연결어 고르기 p.78

1. (c) **2.** (d) **3.** (d) **4.** (a)

1

사람들은 올해 이사분기까지 3퍼센트 성장과 낮은 인플레이션 및 고용의 증가를 예측하며, 올해 미국 경제에 대해 긍정적인 관점을 유지했다. 실질적인 국내 총생산은 이전의 일사분기에서 보였던 2.1퍼센트의 연 이율에서 2.3퍼센트로 증가할 것으로 예측되었다. **게다가** 실업률은 올해의 7.5퍼센트에서 내년엔 7퍼센트로 줄어들 것으로 보인다. 업계 전문가들은 이것이 경기 부양책의 효과뿐만 아니라 아시아 수출 강화의 효과가 결합한 덕분으로 본다.

(a) 대신에
(b) 그러나
(c) 게다가
(d) 즉

경제 상황에 대한 긍정적인 전망을 추가해서 열거하고 있으므로 (c)가 알맞다. (d)는 뒤 문장의 내용이 앞 문장의 내용과 같고, 앞 문장의 내용을 풀어 쓰는 경우에 쓸 수 있으므로 알맞지 않다.

optimistic 낙천주의의 **view** 관점 **quarter** 4분의 1 **inflation** 인플레이션 **employment** 고용 **gross domestic product** 국내 총생산 **annualized** 연 단위로 계산된 **unemployment rate** 실업률 **stimulus** 자극(제) **strengthen** 강화하다

2

치명적인 뇌 손상으로 고통 받던 한 남자가 대학에서 정치학을 공부할 수 있는 기회를 얻게 되었다. 그는 도움 없이는 몇 걸음 이상을 걸을 수 없고, 말하는 데 어려움이 있으며 오른팔을 거의 사용할 수 없다. 그는 전동 휠체어에 의존한다. **그러나** 이것은 그가 계속 공부하는 것을 결코 막지 못했다. 사고 후에 그는 먹고 말하는 것을 다시 배웠고, 그의 첫걸음을 다시 떼기 시작했다. 그는 자기가 다시는 걷거나 공부할 수 없을 것이라는 걸 인정하기를 거부했다. 그는 낙관적이고 결의가 굳은 청년이다.

(a) 오히려
(b) 사실
(c) 따라서
(d) 그러나

앞 문장에는 주인공의 치명적인 어려움을 열거했다. 빈칸의 뒤에서는 그가 계속 공부해 나아감을 전개했다. 따라서 연결어는 역접인 (d)가 알맞다. (b)는 뒤의 내용이 앞의 내용과 대조를 이룰 때 알맞다.

suffer from ~로 고통 받다 **fatal** 치명적인 **injury** 손상 **opportunity** 기회 **speech** 말, 발화 **rely on** ~에 의존하다 **prevent** 막다, 저지하다 **continue** 계속하다 **refuse** 거부하다 **admit** 인정하다 **determined** 결연한

3

거시 경제학에서 사람들은 경제에 의해 생산되는 모든 재화와 서비스의 수요와 공급에 초점을 맞춘다. **따라서** 한 경제에서 화폐 재고의 수요와 공급은 통화 정책의 문제이다. 현금 흐름에 관한 데이터는 인플레이션과 물가 수준, 환율에 영향을 미치기 때문에 정부와 기관에 의해 주의 깊게 추적된다. 돈의 유효성 증가와 가격 인플레이션 사이에 직접적인 관련이 있다는 역사적인 증거는 많다.

(a) 마찬가지로
(b) 그러나
(c) 그렇긴 하지만
(d) 따라서

앞 문장에 대하여 뒤 문장에서 자세히 풀어서 설명하고 있으므로 (d)가 알맞다. likewise는 앞뒤 문장의 적용되는 논리는 같으나 대상은 다를 경우 사용하는 연결어이므로 앞 문장에서 언급한 대상과 같은 대상에 대한 내용이 뒤 문장에서 나오는 경우는 쓰지 않는다.

macroeconomics 거시 경제학 **demand** 수요 **supply** 공급 **monetary** 통화의 **track** 추적하다 **institution** 기관 **exchange rate** 환율 **plenty of** 많은 **link** 관련, 관계

4

화학 무기 금지에 관한 협약은 대량 파괴 살상 무기 모두를 없애는 것을 목표로 한다. 그것은 협약 당사국에 의한 화학 무기의 개발, 생산, 습득, 보유, 전달 또는 사용을 금지한다. **이에 따라**, 이 협약 국가들은 자국 안에서 이런 금지를 시행해야 한다. 현재, 세계 거의 모든 국가가

화학 무기 협약의 당사국이며, 당사국이 아닌 나라는 단 네 나라뿐이다.

(a) 이에 따라
(b) 대신에
(c) 대안적으로
(d) 그렇지 않으면

앞의 내용은 국제적 금지 협약의 목표이고 뒤 문장은 그에 따른 협약 국가의 의무를 언급하고 있다. 즉, 앞 문장에 따른 부가적인 내용이 따르므로 (a)가 적절하다.

convention 협정　**prohibition** 금지　**destruction** 파괴
aim 목표 삼다　**eliminate** 제거하다　**acquisition** 획득
retention 보유　**transfer** 이전, 이동　**enforce** (법률을)
시행하다　**territory** 영토

Unit		
03	**어울리지 않는 문장 찾기**	p.84

1. (a)　**2.** (c)　**3.** (c)

1

물리학자는 관성이라는 용어를 물체가 움직임의 변화를 저항하는 경향에 대해 설명할 때 쓴다. (a) 이러한 관성의 개념은 뉴턴에 의해 처음 나온 것은 아니었다. (b) 밀거나 당기지 않는 한 정지해 있는 물체는 영원히 정지해 있을 것이다. (c) 움직이고 있는 물체는 뭔가가 밀거나 당길 때까지는 직선으로 영원히 움직일 것이다. (d) 예를 들어, 차가 벽을 부딪칠 때, 차 안의 사람은 외부의 힘에 부딪히기 전까지 같은 속도로 직선으로 움직인다.

관성의 개념을 설명하는 글로, (a)만 처음 관성의 개념을 고안해 낸 사람에 대해 언급하므로 글의 흐름에 가장 어울리지 않는다.

physicist 물리학자　**term** 용어　**inertia** 관성　**tendency**
경향　**object** 물체　**resist** ~에 저항하다　**motion** 움직임
concept 개념　**at rest** 정지하여　**constant** 지속적인
external 외부의　**encounter** 마주치다, 부딪히다

2

공상 과학 소설에서 읽은 몇몇 발상들이 마침내 실현되고 있지만 '미래의 연구' 영역이 과학에만 한정되어야 할까? (a) 대답은 '아니다'이다. 미래 연구는 다양한 연구 분야를 이용해 앞으로의 일을 예측하기 때문이다. (b) 따라서 과학 및 기술의 발달과 함께 정치적, 사회적 동향도 고려된다. (c) 미래 연구에 의하면 과학적 진보는 세상의 변화의 핵심 원천이다. (d) 이런 이유로 '미래 연구'는 다양한 지식 분야의 전문가들을 결합하는 몇 안 되는 연구 영역 중 하나다.

미래 연구는 과학뿐 아니라 다양한 영역에서 이루어진다는 내용이다. (a)는 첫 문장에서의 질문에 대답하는 내용이고, (b)와 (d)는 각각 앞 문장과 연결하는 적절한 표현으로 시작하고 있다. (c)는 과학의 진보가 중요 원천이라고 하므로 전체 주제에서 벗어난다.

science fiction novel 공상 과학 소설　**eventually** 마침내
multiple 다양한, 복합적인　**forecast** 예측하다　**political**
정치적인　**social** 사회적인　**along with** ~와 함께　**progress**
진보　**combine** 결합하다　**discipline** 학문의 부문[분야]

3

내부 고발자는 불법 행위나 잘못된 관행을 폭로하면서 일반적으로 보복이나 직업에의 위험 등을 무릅쓸 필요가 없습니다. (a) 내부 고발자는 정부나 기업의 사기 행위나 낭비적인 행동들과 관련된 필요 정보나 문서를 익명으로 제공할 수 있습니다. (b) 이것은 공격당할 위험 없이 내부 고발자가 잘못을 드러내도록 돕습니다. (c) 과거에 저희는 내부 고발자로서 익명을 유지하는 사람과 일했습니다. (d) 그러므로 당신이 불공정한 것을 목격했다면 당신의 신분을 비밀로 하고 증거를 제공해 주십시오.

내부 고발자에 대한 설명으로 익명성이 보장된다는 데 글의 초점이 있다. (c)는 글의 소재는 같지만 전체 맥락에 벗어나 있다.

whistleblower 내부 고발자　**risk** 위험　**reprisal** 보복
jeopardize 위태롭게 하다　**expose** 폭로하다　**illegal**
불법적인　**misconduct** 위법 행위　**anonymously**
익명으로　**wholly** 전적으로　**fraudulent** 사기의
wrongdoing 나쁜 행위　**notice** 알아채다　**unfair** 불공정한
evidence 증거　**withhold** 주지 않다　**identity** 정체, 신원

4

세포 분열은 세포가 두 개 이상의 세포로 나누어지는 과정이다. (a) 세포 분열은 무성 생식을 하는 생명체들에 있어서는 번식의 방법으로서 중요하다. (b) 유성 생식을 하는 유기체들은 세포 분열을 통해 생식 세포를 만든다. (c) 단백질의 오작동이 세포 분열에 문제를 일으킬 수 있다. (d) 세포 분열은 또한 다세포 생물에 있어서 조직 성장과 회복의 원천이기도 하다.

세포 분열의 중요성과 의미를 설명하고 있다. 따라서 단백질의 오작동이 세포 분열에 문제를 일으킬 수 있다고 세포 분열이 잘못되는 이유를 설명한 (c)는 주제에서 벗어난다.

division 분열 process 과정 whereby (그것에 의하여) …하는 critical 대단히 중요한 reproduce 번식하다 asexually 무성으로 organism 유기체 gamete 생식세포 malfunction 오작동 protein 단백질 bring about 야기하다 tissue 조직 multicellular 다세포의

Unit 04 주제나 목적 찾기
p.90

1. (d)   2. (b)   3. (b)   4. (d)

1

1950년대 고전 영화의 배역으로 유명한 제인 러셀은 19살의 나이에 미국 감독에 의해 발굴되었다. 그녀가 할리우드에 있는 동안 이 은막의 스타는 프로 축구 선수와 결혼을 했다. 후에, 그들의 24년의 결혼 생활은 이혼으로 끝이 났다. 그리고 나서 그녀는 한 배우와 결혼을 했는데, 그는 4개월 후에 심장 마비로 사망하였다. 그녀의 세 번째, 그리고 마지막 결혼은 1978년 한 개발자와 이루어졌다. 그는 1999년 심장병으로 사망하였다.

Q 주로 무엇에 관한 글인가?
(a) 제인 러셀의 영화 경력
(b) 어떻게 제인 러셀이 이혼하였는가
(c) 어떻게 제인 러셀이 스타가 되었는가
(d) 제인 러셀의 결혼 생활

한 여배우의 세 번의 결혼에 대한 이야기가 주를 이루고 있으므로 (d)가 알맞다. 이혼했다는 언급은 했으나 세 번의 결혼 중 한 번만 이혼으로 헤어졌고, 이혼이 이 글의 초점은 아니므로 (b)도 알맞지 않다.

silver screen 은막, 스크린 divorce 이혼 heart attack 심장 마비 developer 개발자 career 직업, 경력

2

그리스는 휴식을 취하고 여행하기 좋은 곳으로 유명하다. 이 나라에서 가장 인기 있는 곳은 세계에서 가장 오래되고 아름다운 그리스의 수도인 아테네이다. 문화적 기념물과, 여러 사원들, 위대한 박물관들은 매년 수천의 관광객들을 이곳으로 이끈다. 아크로폴리스와 나이키 신전 같은 아름다운 장소들은 오랫동안 고대 그리스의 상징이자, 역사를 느끼는 방문자들의 장소가 되어 왔다. 아테네에만 200개가 넘는 박물관과 화랑이 있다. 그리고 또 하나의 그리스의 주된 명소는 물론 아름다운 섬인데, 훌륭한 시설을 갖춘 유명 리조트들이 특징이다.

Q 이 글의 주된 요지는?
(a) 그리스는 훌륭한 박물관들이 많다.
(b) 사람들은 그리스에서 휴식하고 관광하며 즐길 수 있다.
(c) 그리스는 자연스러운 풍광으로 유명하다.
(d) 그리스 방문객들은 현대적 시설을 감상할 수 있다.

휴식을 취할 수 있고, 고대의 유적들을 볼 수도 있다고 했으므로 두 가지 내용을 모두 담은 (b)가 알맞다. (a)와 (c)는 글에 언급은 되었으나 일부만을 말하고 있으므로 적절하지 않다.

renowned 유명한 relax 휴식을 취하다 capital 수도 monument 기념물 various 다양한 temple 신전 attract 끌어당기다 resort 휴양지 infrastructure 기본 시설 sightseeing 관광 scenery 풍경 appreciate 감상하다 facility 시설

3

분자 생물학의 발달은 유전학, 세포 생물학, 신경 과학 같은 모든 분야에 새로운 통찰력을 제공하고 있다. 이러한 발견들은 생물 다양성의 보존, 지구 기후 변화, 인간의 건강과 같은 중대한 문제들을 다루는 데 도움이 된다. 생태학은 또한 다른 살아 있는 유기체들과 연결하는 새로운 방법의 중심에 있기도 하다. 반면, 생물 의학은 인류에게 고통을 준 오래된 문제들을 다루는 데 떠오르는 새로운 희망이라는 관점으로 나아가고 있다.

Q 주로 무엇에 관한 글인가?
(a) 생물학의 역사
(b) 생물학의 공적
(c) 생물학적 의문들
(d) 생물학적 어려움

생물학이 생물의 다양성과 지구 기후 변화, 인간의 건강에 도움이 된다는 내용이므로 (b)가 적절하다. 생물학의 역사나 의문, 어려움에 관한 내용은 나오지 않는다.

molecular biology 분자 생물학 insight 통찰 genetics 유전학 cell biology 세포 생물학 neuroscience 신경 과학 finding 발견 address 해결하다 grave 중대한 biodiversity 생물의 다양성 climate change 기후 변화 organism 유기체 biomedicine 생물 의학 progress (앞으로) 나아가다 plague 괴롭히다 mankind 인류 merit 장점, 공적

4

친애하는 회원들께

앞으로 몇 달간 모두가 연례 기념행사에 참여하는 것이 중요합니다. 회원들은 여러 가지 방법으로 도움을 줄 수 있습니다. 친구들이 신학기 파티 행사 티켓을 사게끔 할 수 있고, 아니면 음악가와 연주자들을 모집할 수 있습니다. 우리는 계획과 장식을 감독할 위원회도 필요합니다. 마지막으로, 캠퍼스 전역에 행사를 홍보할 경험 있는 회원이 필요합니다. 이것은 매년 열리는 우리의 가장 큰 프로젝트로, 역사상 가장 신 나는 축제가 되기를 바랍니다. 여러분의 참여가 있어야 성공할 것입니다.

캠퍼스 라이프 협회 회장 올림

Q 편지의 주요 목적은 무엇인가?

(a) 모든 멤버들에게 새로운 조사를 작성해 달라고 부탁하려고
(b) 기구를 위해 봉사할 예술가들을 모집하려고
(c) 캠퍼스 현안에 대해 문의하려고
(d) 멤버들에게 행사 참여를 독려하려고

축제를 위해 할 수 있는 여러 가지 일을 열거하면서 회원들의 참여를 독려하고 있으므로 적절한 내용은 (d)이다.

contribute to ~에 기여하다 **back-to-school** 신학기의 **recruit** 모집하다, 선발하다 **performer** 연주가 **committee** 위원회 **oversee** 감독하다 **experienced** 경험이 풍부한 **publicize** 알리다, 홍보하다 **participation** 참여 **annual** 연례의

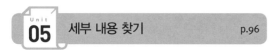

05 세부 내용 찾기　　　　p.96

1. (c)　**2.** (d)　**3.** (b)　**4.** (a)

1

달이 지구로부터 가장 가까운 궤도로 지구를 지나는 '수퍼문' 현상이 어젯밤 관찰되었다. 이 현상 동안 달은 일반적인 보름달보다 14% 더 크고 30% 더 밝게 보였다. 언론은 구경하는 사람들이 꽉 찬 보름달을 보는 것을 즐겼다며, 달이 지구에 가장 가까이 있는 내내는 그것은 지구에서 356,989킬로미터밖에 떨어져 있지 않다고 전했다. 천문학자들은 이 현상이 일어나는 것은 달이 타원형 모양의 궤도로 지구를 돌고, 그래서 지구로부터 달의 거리가 매달 다르기 때문이라고 한다.

Q 이 글에 의하면 다음 중 옳은 것은?

(a) 수퍼문은 지구가 태양에 가까이 있을 때 관찰된다.
(b) 달과 태양의 거리는 수퍼문 현상을 야기한다.
(c) 달은 지구의 둘레를 타원형 궤도를 따라 돈다.
(d) 수퍼문은 일반적인 달보다 30% 더 커 보였다.

달은 지구의 둘레를 타원형 모양의 궤도를 돈다고 했으므로 (c)가 알맞다. 수퍼문은 지구가 태양에 가까이 있을 때가 아니라, 달과 가까이에 있을 때 나타나므로 (a)는 적절하지 않으며 수퍼문이 보름달보다 커 보인 정도는 14%이므로 (d)도 적절하지 않다.

phenomenon 현상 **observer** 관찰자 **phase** (달의) 상 **revolve** 회전하다 **oval-shaped** 타원형의 **distance** 거리 **rotate** 회전하다 **elliptical** 타원의 **normal** 평범한

2

5월과 6월은 싱가포르의 일 년 중 가장 더운 달이고 싱가포르인은 시원한 날씨를 즐기려면 9월 말까지는 기다려야 할 것이다. 기상 예보에 의하면, 지난주 토요일에 기온이 섭씨 34도까지 올랐다고 한다. 또 이번 주말에도 기온은 섭씨 30에서 33도의 범위가 될 것으로 예상된다. 지난달 4월 28일, 기온은 섭씨 34.9도까지 올라갔고, 이것은 작년 최고 기온을 훌쩍 넘는 온도였다. 올해의 최고 기온은 섭씨 36.2도였다.

Q 이 글에 의하면 다음 중 옳은 것은?

(a) 9월 말 이후로도 더운 날씨는 계속될 것이다.
(b) 작년 최고 기온은 올해 최고 기온보다 높다.
(c) 5월과 6월은 보통 세계적으로 가장 더운 달이다.
(d) 다음 몇 주간 싱가포르 사람들은 더운 날씨를 경험할 것이다.

이번 달인 5월과 6월은 더우며 9월이 되어서야 시원해질 것이라 했으므로 알맞은 보기는 (d)이다. 전 세계에 관한 내용이 아니라 싱가포르의 날씨에 대한 내용이므로 (c)는 적절하지 않다.

weather forecast 일기 예보 **temperature** 온도 **reach** 도달하다 **range** (온도가) 오르내리다 **climb up** 오르다

3

섹션 A는 농산품의 생산, 공급, 유통에 관한 데이터를 보여준다. 모든 데이터는 미국 농무부 자료에서 온다. 데이터는 보통 한 달에 한 번 업데이트한다. 데이터는 상품, 국가, 변수에 따라 분류된다. 공급과 유통/사용 표는 상품의 총 공급을 설명하는 전형적인 방법이다. 공급과 사용 표는 거의 항상 그 상품의 마케팅 연도를 기본으로 하는데, 왜냐하면 그것은 공급과 수요가 균형이 맞는 기간이기 때문이다.

Q 이 글에 의하면 섹션 A에 관해 다음 중 옳은 것은?

(a) 그것은 농업과 기술 변수의 데이터를 포함한다.

(b) 그것의 데이터베이스는 정부 기관에서 제공하는 것에서 온다.

(c) 그것의 정보는 두 달에 한 번씩 업데이트된다.

(d) 공급과 사용 표는 역년에 기본을 둔다.

데이터는 미국 농무부에서 가져온다고 했으므로 적절한 보기는 (b)이다. (a)의 경우 데이터가 기술 분야는 포함되지 않으므로 적절하지 않다. (c)는 두 달에 한 번이 아니고 한 달에 한 번 업데이트되므로 적절하지 않고, (d)는 역년이 아닌 마케팅 연도를 기준으로 작성한다고 하므로 적절하지 않다.

production 생산   distribution 배분   agricultural 농업의   commodity 상품   source (출처를) 얻다   classify 분류하다   variable 변수   typical 전형적인   method 방법   account 설명하다   period 기간   balance 균형을 잡다   derive from ~에서 유래하다   government institution 정부 기관

4

석유 정보 시스템(OIS)은 석유의 가격과 뉴스 정보에 대한 폭넓은 자료로 유명하다. OIS는 60명 이상의 정보 전문가들로 구성되는데, 사업 분야에서 가장 노련한 에디터들로, 150년 이상의 업계 경험을 갖추고 있다. 그들은 시장 정보를 다루고 속보를 전하며, 추세의 의미와 그것들이 가격 및 구매 동향에 어떠한 영향을 미칠 것인지에 대한 날카로운 분석도 제공한다. 우리의 고객들은 선도 석유 기업, 수백의 석유 유통 업체, 정부 기관 및 상업적 구매자들 등 다양한 분야에서 일한다.

Q 글에 의하면 OIS에 관해 다음 중 옳은 것은?

(a) 정부와 산업을 위한 뉴스와 분석을 특징으로 한다.

(b) 석유의 가격 및 뉴스 정보만을 다룬다.

(c) 100년 동안 석유에 대한 뉴스를 제공해 왔다.

(d) OIS의 고객은 민간 부분에 제한된다.

시장 분석과 뉴스를 다루며 고객으로 석유 업체들과 정부 기관이 있다고 하므로 알맞은 보기는 (a)이다. 가격 정보와 뉴스 이외에도 날카로운 분석도 제공하고 있으므로 (b)는 적절하지 않다. (d)는 정부 기관도 고객에 포함된다고 했으므로 옳지 않다.

comprehensive 포괄적인   petroleum 석유   pricing 가격 책정   specialist 전문가   seasoned 노련한   cover 다루다   breaking story 뉴스 속보   keen 날카로운   purchasing decision 구매 의사 결정   client 고객   various 다양한   commercial 상업상의   private sector 민간 부문

Unit 06 추론하기　　p.102

1. (a)　**2.** (c)　**3.** (d)　**4.** (a)

1

영국 당국은 일본의 조직적인 범죄자들을 박물관 위조 티켓 유통의 배후로 의심하고 있다. 박물관은 한 직원이 9월에 한 일본인 관광 가이드로부터 건네받은 티켓을 의심하게 됐을 때 위조 티켓에 대한 경계를 하게 되었다. 영국 세관원은 일본에서 온 소포에서 4천 장이 넘는 위조 티켓을 압수했다. 그러나 관계자는 당황스러운 일이 발생할까봐 공개적인 발언을 주저하고 있다. 티켓은 유효 기간이 1년이다. 따라서 지금으로서는 얼마나 많은 티켓이 유통되고 있는지 알 수 없고, 이번 박물관에 대한 사기의 피해액도 아직은 추정할 수 없다.

Q 이 글로부터 유추할 수 있는 것은?

(a) 영국은 일본과 외교적 마찰을 빚고 싶어 하지 않는다.

(b) 위조된 티켓의 손실액은 지나치게 높게 추산되었다.

(c) 박물관은 모두 4천 장 이상의 위조 티켓을 일본인 관광객들로부터 압수했다.

(d) 위조된 티켓은 유효 기간을 표시하지 않는다.

영국은 당황스러운 일이 일어날까봐 논평하기를 주저한다고 했으므로 일본과 외교적으로 불미스러운 일이 될까봐 걱정한다는 (a)가 적절하다. 손실액은 아직 추산이 불가능하다고 하며, 유효 기간은 1년으로 언급되었다.

authorities 당국   suspect 짐작하다, 의심하다   organized 조직적인   criminal 범죄자   circulation 순환, 유통   fake 위조의   alert (위험을) 알리다   suspicious of ~을 의심하는   hand over ~로 넘기다   customs officer 세관원   seize 붙잡다, 체포하다   forged 위조된   parcel 소포   wary 조심성 있는   comment 논평하다   publicly 공개적으로   embarrassment 난처함, 낭패   valid 유효한   there's no telling 아무도 모른다, 알 수가 없다   calculate 계산하다   diplomatic 외교적인   counterfeit 위조의   overestimate 과대평가하다   specify 일일이 열거하다

2

월요일에 강력한 태풍이 대만을 강타했고 많은 비를 뿌려 타이베이 지역을 침수시켰으며, 그곳에서 약 3십만 명의 주민이 대피소로 대피 명령을 받았다. 태풍은 시속 158킬로미터의 바람과, 유례없이 많은 양의 비를 타이베이에 뿌렸고, 곧 타이난 방향으로 이동했다. 타이베이에 대피소를 찾는 사람들 이외에도 수십만의 사람들 또한 대만 서부에서 대피 명령을 받았다. 대만의 서부와 중앙 지역의 약 8만 2천 가구가 전기 없이 지냈다.

Q 이 글로부터 유추할 수 있는 것은?

(a) 태풍은 시속 150킬로미터가 넘는 속도로 밤사이 타이난을 휩쓸고 지나갔다.

(b) 이번 태풍 때문에 8만 명 정도의 사람들이 타이베이를 탈출해야 했다.

(c) 대만은 이 태풍 전에 홍수에 대비하여 대피소를 마련해 놓았었다.

(d) 태풍이 너무 강해서 올해 가장 강력한 태풍이 되었다.

사람들이 대피소로 피했다고 하므로 이런 경우에 대비하여 거처를 미리 마련해 놓았다는 것을 알 수 있다. 따라서 (c)가 가장 적절하다. 태풍이 언제 타이난으로 이동했는지에 대한 정보는 없으므로 (a)는 알맞지 않다.

flood 침수되다 evacuate 대피하다 shelter 대피소
pack (위력을) 갖추고 있다 unprecedented 전례 없는
electricity 전기

3

요즘 사람들은 온라인 친구나 팔로워의 수에 가치를 두는 경향이 있다. 그러나 온라인에서 사는 우리의 삶이 현실을 제대로 반영하지는 않는다는 점을 명심하라. 사실, 우리는 외로울 때나 화가 날 때는 일반적으로 업데이트하지 않는다. 온라인에서 다른 이들의 사진을 보면서 외로움을 느낄 수 있다. 너무 많은 사람들이 단지 그들이 얼마나 좋은 시간을 가졌는지를 남기는 데에만 초점을 둔다. 그러나 예전의 좋은 시간을 생각해 보라. 우리가 되풀이하여 사진을 찍어 온라인에 올리기 위해 계속 멈췄는가? 아니다. 그저 즐겁게 시간을 보냈을 뿐이다.

Q 이 글로부터 유추할 수 있는 것은?

(a) 온라인에 친구가 많을수록 당신은 더 행복해진다.

(b) 사람들은 항상 친구들이 좋은 시간을 보낸 것을 보여 주는 사진을 보기를 즐긴다.

(c) 온라인에서의 과도한 친구 수는 당신이 진짜 친구가 없다는 것을 보여 줄 뿐이다.

(d) 많은 사람들이 온라인에서 오직 긍정적인 경험만을 보여 주고 싶어 한다.

예전보다 사람들은 온라인에서 좋은 시간을 보낸 경험을 보여 주는 데 초점을 둔다고 하는데, 즐거운 시간을 보내려 하기보다는 사진을 찍어 올리는 데에 집중한다는 내용을 통해 (d)를 유추할 수 있다. (c)와 같은 내용을 유추할 근거는 없다.

tend to ~하는 경향이 있다 put value on ~에 가치를 두다 indicator 지표, 표준 reality 현실 lonely 외로운 document 상세히 기록하다 repeatedly 되풀이하여

4

몇십 년간 미국의 딸기 재배자들은 벌레를 죽이려고 땅에 살충제 화학 물질을 살포해 딸기 성장을 촉진했다. 그러나 그 화학 물질은 유해한 것으로 밝혀졌고, 국제 조약에 의거하여 단계적으로 없어질 전망이다. 왜냐하면 지구의 오존층이 그것의 사용 때문에 얇아지고 있다고 여겨지기 때문이다. 이제, 미국의 단속 기관들은 전통적인 딸기 재배자들이 그들의 식물을 더 잘 자라게 하기 위해 사용해 온 살충제를 더 강하게 규제하기 위한 입안을 했다. 그 규제들은 딸기 재배 산업이 살충제 화학 물질에서 더 안전한 대안을 개발하도록 유도할 것이다.

Q 이 글로부터 유추할 수 있는 것은?

(a) 이 살충제 화학 물질을 사용하지 않도록 국제적인 압력이 있다.

(b) 딸기를 기르는 전통적 방법은 더 환경 친화적이었다.

(c) 살충제 화학 물질은 더 이상 미국 농부들에게 사용되지 않는다.

(d) 미국 시민들은 규제자들에게 살충제 화학 물질을 규제하는 법안을 제정하라고 강제하였다.

딸기 재배에 수년간 이용되었던 살충제 화학 물질이 국제 조약에 의해 단계적으로 없어질 전망이며, 이 조약으로 살충제 화학 물질 대신 더 안전한 대안을 개발할 수 있다고 하므로 (a)가 가장 알맞다.

pesticide 살충제 soil 흙 remove 제거하다 chemical 화학 물질 phase out 단계적으로 제거하다 pact 조약, 협정 thin 가늘어진다 regulator 단속하는 사람 enact (법을) 제정하다 strict 엄격한 protect 보호하다 traditional 전통적인 alternative 대안, 대체물 pressure 압력 ban 금지하다

1. (b)　2. (d)　3. (b)　4. (c)　5. (d)　6. (a)
7. (b)　8. (c)

1~2

◀ 제니퍼

〈나〉

안녕, 제니퍼.

우리 테니스 클럽의 10주년 파티에 너를 초대하고 싶어. 우리는 다음 주 금요일 데니 클럽에서 오후 7시부터 저녁식사 및 댄스 파티를 개최할 예정이야. 너와 너의 친한 친구들 몇 명이 참석해 주기를 바라. 그 파티는 흥겨운 오락과 기분 좋은 음악을 제공할 예정이야. 가벼운 간식과 음료 후에 저녁 식사가 제공될 거야. 파티를 더 즐겁게 하기 위해 네가 참석해 주기를 바라.

〈제니퍼〉

안녕, 데이비드.

올해 다시 클럽 파티에 초대해 주어 매우 고마워. 너와 함께 즐거운 시간을 보내는 것이 가장 즐거울 것이라 생각해. 나는 분명히 내 친구들 두 명과 함께 할 거야. 나는 거기에서 너와 다른 테니스 클럽 회원들을 만나고 싶어. 나와 내 친구들을 초대해 줘서 다시 한번 고마워.

1 Q 왜 데이비드는 메시지를 보냈는가?

(a) 그는 제니퍼와 친구들이 테니스 클럽에 가입하기를 희망한다.

(b) 그는 제니퍼와 친구들이 클럽 파티에 함께 하기를 원한다.

(c) 그는 제니퍼가 그를 친구들 중 한 명에게 소개해 주기를 원한다.

(d) 그는 제니퍼에게 그녀의 친구들과의 그의 약속을 말하고 싶어 한다.

2 Q 메시지 대화문에서 추론할 수 있는 것은?

(a) 테니스 클럽의 기념일 파티는 매년 데니 클럽에서 개최된다.

(b) 모든 간식, 음료 그리고 저녁은 테니스 클럽에서 제공할 것이다.

(c) 데이비드가 이미 알고 있는 두 명의 친구들이 제니퍼와 동행할 것이다.

(d) 이것은 제니퍼가 클럽 파티에 참석하는 처음이 아니다.

1.

테니스 클럽의 10주년 기념식에 대해 알리는 메시지에서, "invite you to our tennis club's 10th anniversary party" 및 "with some of your close friends"를 통해 제니퍼와 그녀의 친구들을 초대하고 있음을 알 수 있다. 따라서 정답은 (b)이다.

2.

제니퍼의 답장에서 "Thank you so much for your kind invitation to the club's party once again this year"라는 내용을 통해, 올해 제니퍼가 처음으로 초대되는 것은 아니라는 것을 알 수 있다. 따라서 정답은 (d)이다.

anniversary 기념일　**onwards** 그 후로　**cordially** 진심으로　**heartening** 격려하는, 용기를 북돋우는　**appointment** 약속　**accompany** 동행하다

3~4

https://www.worldhistory.com/sites/mongoleurope

몽골 군대의 갑작스러운 유럽에서의 철수
로저 마르케스 / 기고자

유럽 역사상 가장 파괴적인 침입 가운데 하나는 칭기즈칸의 손자가 이끄는 몽골 황금 군단에 의해 수행되었다. 그러나 당대 유럽인들이 매우 놀랍게도, 그것은 헝가리에서의 설명할 수 없는 철수로 갑작스럽게 끝났다. 칭기즈칸이 몽골에서 무적의 지도자가 된 이후에, 그와 그의 후계자들은 아시아 전역과 유럽의 일부까지 제국을 확장시켰다. 그러나 AD 1242년에, 몽골 군대는 유럽에서 사라졌으며, 그것은 몇몇 역사가들이 또 다른 역사적 전환점이라고 인식하는 것이다.

그들의 예상치 못했던 철수에 대한 역사적 논쟁은 역사가들 사이에 지속되어 왔다. 몇몇 역사가들은 그 군대의 지도자였던 바투가 황제의 사망 이후에 새로운 칸을 선출하기 위해 고향으로 돌아가야 했다고 주장해 왔다.

하지만 다른 역사가들은 유럽에 대한 침공이 단지 우연한 공격에 불과했으며, 몽골인들은 서구 세계를 정복할 의도가 없었다고 생각해 왔다. 그러나 기후 변화가 군대의 진행 경로를 바꾸었을 가능성이 학계에서 신뢰성을 얻고 있다. 기후 데이터에 대한 자세한 분석은 특이하게 습한 날씨 조건과 같은 비정상적인 기후 조건이 그들을 후퇴하게 만들었다고 결론지었다.

3 Q 몽골인들은 유럽에서 어떤 모습을 보여 주었는가?

(a) 그들의 군사 지도자들은 최전선에서 침공을 주도하고 있었다.

(b) 그들의 갑작스러운 철수는 유럽인들에게 불가사의한 사건이었다.

(c) 그들의 설명할 수 없는 군사적 취약점이 유럽인들에게 노출되었다.

(d) 그들의 일련의 패배가 갑작스러운 철수로 이어졌다.

4 Q 유럽에서의 몽골인들의 철수에 대해 옳은 것은?

(a) 대부분의 역사가들은 그것에 대해 합의하고 있다.

(b) 그것은 철저한 계획 하에서 기획되고 수행되었다.

(c) 심한 날씨 현상과 관련한 가설이 설득력을 얻고 있다.

(d) 습한 날씨 상황은 성공적인 철수에 매우 유리했다.

3.

몽골 군대의 침공과 철수가 유럽인들에게 보여준 인상에 대해 설명하는 글이며, "it abruptly ended with inexplicable retreat from Hungary"를 통해서 몽골의 철수가 유럽인들에게 설명할 수 없는 불가사의한 것이었다는 것을 알 수 있다. 따라서 정답은 (b)이다.

4.

유럽에서 몽골 군대의 철수와 관련된 여러 이론이 있으나, "the possibility of climatic changes having turned the course of the horde is now gaining credibility"라는 내용을 통해 습한 날씨 현상 이론이 신뢰성을 얻고 있다는 것을 알 수 있다. 따라서 정답은 (c)이다.

horde 무리, 군대 abrupt 갑작스러운 retreat 후퇴 devastating 파괴적인 execute 시행하다 contemporary 당대의 inexplicable 설명할 수 없는 invincible 무적의, 극복할 수 없는 khan 칸, 지배자 speculate 추정하다 inadvertent 우연한, 의외의 conquer 정복하다 credibility 신뢰 abnormal 비정상적인 marshy 습지의, 습한 withdraw 철수하다 arcane 불가사의한, 신비로운 a sequence of 연속적인 consensus 여론, 일치 hypothesis 가설 phenomena 현상 humid 습한

5~6

영국 문화 센터 구인 공고

영국 대사관에 있는 영국 문화 센터 뉴욕은 다음 직위에 자격을 갖춘 지원자들을 찾고 있습니다.

A. 부문 : 아시아인들을 위한 문화 프로그램 관리

B. 자격 요건 :

- 미국에서 일할 수 있도록 법률적으로 공인받아야 한다.

- 다른 아시아 언어들의 유창함이 우대된다.

C. 직무

- 아시아인들을 위한 문화 행사와 프로그램 관리

- 필요시 행정 보조

D. 계약 조건

- 근무 시간 : 월요일부터 금요일. 오전 9시부터 오후 6시. (정규직)

- 급여 : 협의 가능

- 근무 시작일 : 2018년 12월 초

E. 지원 절차

- 마감일 : 2018년 9월 30일

- "해외 지원"이라는 제목으로 jobopening@overseas.culture.go.uk로 이메일을 보내주세요. 이메일 본문에 전체 이름과 연락처를 포함시켜 주세요.

- 동봉할 문서 : 이력서 및 자기소개서 (관심분야 및 능력에 대한 요약)

- 학위, 성적표, 자격증, 경력증명과 같은 자격 요건이 고려될 것입니다.

5 Q 광고된 직책에 대해 옳은 것은?

(a) 선발된 사람들은 영국에서 일할 것이다.

(b) 어떤 외국어라도 능숙함이 있으면 선발 과정에서 우대될 것이다.

(c) 이전 경험에 따라 급여는 결정될 것이다.

(d) 합격자는 2018년 말까지는 일을 시작하고 있을 것이다.

6 Q 광고에서 추론할 수 있는 것은?

(a) 1차 면접 이전에 다양한 요인들이 검토될 것이다.

(b) 아시아인들을 위한 문화 프로그램을 기획하는 것이 그 직책의 유일한 업무이다.

(c) 선발된 사람은 필요시 수발에도 근무를 해야 한다.

(d) 지원자의 전체 이름이 지원서 제목에 포함되어야 한다.

5.

영국 문화 센터에서 근무할 직원을 뽑는 광고 지문이며, "Starting Date: Early December, 2018"이라는 내용을 통해, 2018년 말까지는 이미 일을 시작했을 것이라는 점을 알 수 있다. 따라서 정답은 (d)이다.

6.

선발 과정에 대해 설명하는 과정에서, "Your qualifications such as degrees, transcripts, certificates, and work experience will be considered"라는 내용을 통해 면접 이전에 다양한 요소들이 고려된다는 것을 알 수 있다. 따라서 정답은 (a)이다.

announcement 공지, 발표 qualified 자격을 갖춘 applicant 지원자 requirement 요구 조건 legally 법적으로 authorize 권한을 부여하다 fluency 유창함 oversee 관리하다, 감독하다 administrative 관리의, 행정의 assistance 지원 compensation 보상, 보수, 월급 negotiable 협상 가능한 deadline 마감일 enclosed 동봉된 transcript 성적표 certificate 자격증 in accordance with ~에 따라

7~8

<table>
<tr><td>사설</td><td>워싱턴 데일리</td></tr>
</table>

원자력 발전소: 다른 대안 에너지

핵에너지는 재생 가능한 에너지원 산업에서 논쟁적인 문제이다. 한편으로 그것은 믿을만하고 지속가능한 오염을 유발하지 않는 에너지원의 약속이다. 반면에, 일부 사람들은 방사능 누출의 위험 그리고 핵물질을 채굴하고 처리하는 것의 위험성을 우려하고 있다. 왜냐하면 그것은 더 나아가 핵무기를 만드는 데 이용될 수 있기 때문이다.

그러나 세계원전사업자협회(WANO)는 1989년부터 전 세계의 모든 원자력발전소는 안전성을 향상시키기 위해 노력해 왔다. 원자력 발전은 그 조직의 강화된 예방 조치, 직원 훈련 그리고 새로운 시설물을 통해 더 안전해졌다.

새로운 유형의 핵 반응기들도 또한 에너지를 더 안전하게 생산하기 위해 개발되고 있다. 예를 들어, 여전히 연구가 진행되고 있지만, 이론적으로 더 안전한 대안인 핵융합기술이 오늘날 이용되고 있는 핵 분열 기술 대신에 권고되고 있다.

핵물질들이 치명적인 무기로 전환될 수도 있으나, 30개국 이상이 국제원자력협력체제(IFNEC)를 만들었으며, 핵무기의 개발과 확산을 억제하기 위해 노력해 왔다.

7 Q 본문의 주제는 무엇인가?

(a) 원자력 발전소들에 대한 논쟁이 지속될 것 같다.

(b) 원자력 발전은 더 안전한 대체 에너지원이 될 수 있다.

(c) 국제적인 협력은 핵무기가 확산되는 것을 막을 것이다.

(d) 핵에너지의 생산자들은 안전성을 최우선으로 여겨야 한다.

8 Q 본문에 따르면 옳은 것은 무엇인가?

(a) 대부분의 사람들은 원자력 발전소를 건설하는 것을 지지하고 있다.

(b) 세계원전사업자협회(WANO)는 핵발전의 안전성을 강화하기 위해 아무 것도 하지 않았다.

(c) 핵융합반응기들은 현재의 기술적 한계에 대한 대안이 될 것 같다.

(d) 국제원자력협력체제(IFNEC)는 핵무기의 확산을 막는 데 아무런 실질적 권한이 없다.

7.

여러 가지 우려에도 불구하고 원자력 에너지가 궁극적으로 대체 에너지가 될 수 있다는 내용이므로, (b)가 정답이다.

8.

원자력 발전소에서 이용되는 반응기에 대한 설명 과정에서, "though it is still being researched"와 "a theoretically safer alternative, nuclear fusion technology, is recommended"를 통해서 핵융합반응기가 대안이 될 수 있다는 것을 알 수 있다. 따라서 정답은 (c)이다.

nuclear 핵의 alternative 대안의, 대체의 controversial 논쟁적인 renewable 재생 가능한 reliable 믿을 만한 sustainable 지속가능한 radiation 방사능 hazard 위험 dispose 처리하다 enhanced 강화된 precaution 예방조치, 대응책 facility 시설 reactor 반응기 theoretically 이론적으로 fusion 융합, 결합 convert 전환하다 lethal 치명적인 curb 제한하다 cooperation 협력 priority 우선순위 supportive 지지하는 limitation 제한

ACTUAL TEST 1　　　p.134

Part I
01 (d)　02 (a)　03 (b)　04 (c)　05 (d)　06 (d)
07 (c)　08 (a)　09 (b)　10 (d)

Part II
11 (b)　12 (c)

Part III
13 (b)　14 (d)　15 (a)　16 (d)　17 (c)　18 (c)
19 (d)　20 (b)　21 (c)　22 (b)　23 (a)　24 (a)
25 (c)

Part IV
26 (d)　27 (a)　28 (b)　29 (c)　30 (a)　31 (c)
32 (c)　33 (b)　34 (d)　35 (a)

Part I
01

> 야구 선수 재키 로빈슨은 **인종 평등을 향한 여정에서** 핵심 인물이었다. 1947년 브루클린 다저스는 로빈슨을 1루수에 배치하기 시작하면서, 1890년대 이후 흑인 선수들을 기용한 최초의 팀이 되었다. 팀이 이동하면서, 로빈슨은 끊임없는 차별을 견뎌냈다. 팬들은 그에게 야유를 보냈고, 다른 선수들은 로빈슨이 뾰족한 신발 밑창으로 억지로 슬라이딩하게 하면서 경기장에서 적극적으로 그를 다치게 하려 했다. 하지만 시민의 평등권을 위한 운동 초기에 그의 대단한 재능과 프로 근성, 순수한 성격이 미국 흑인에 대한 사람들의 생각을 서서히 바꿔놓았다.
>
> (a) 흑인 운동선수들의 능력을 입증하는
> (b) 스포츠에서의 폭력에 맞서 싸웠던
> (c) 백인들이 팀을 소유하는 것을 막기 위한
> (d) 인종 평등을 향한 여정에서

로빈슨은 팬들과 동료의 인종 차별을 견뎌내고, 시민의 평등권을 위한 운동의 시작될 무렵 흑인들에 대한 생각을 바꾸어 놓았다고 하므로, 그가 핵심적인 역할을 한 부분은 인종 평등과 관련된 (d)가 빈칸에 적절하다. 흑인의 운동 능력을 입증한 것은 핵심에서 벗어나며, 로빈슨이 차별에 맞서 싸웠다는 내용은 없다.

key figure 핵심 인물　endure 참다, 견디다
discrimination 차별　constantly 끊임없이　boo
야유하다　slide into ~로 슬라이딩하다　tremendous
대단한　professionalism 프로 근성　African American
아프리카계 미국인(흑인)　civil right 시민 평등권　athlete
운동선수　fight against ~에 맞서 싸우다　violence 폭력

ownership 소유　journey 여정　racial equality 인종
평등

02

> 바다의 위엄은 거센 파도가 인다고 하더라도 내가 **자연 세계의 아름다움에 놀라게** 하며 항상 나에게 자양분을 주었다. 워싱턴에 있는 우리 집은 해변에서 10분밖에 떨어져 있지 않았다. 바다에 다시 한 번 다다르면 나를 지치게 하는 세상의 모든 걱정과 일상의 중압감이 사라지곤 했다. 그곳에서 하늘과 구름의 색은 자연의 작품이었고, 바닷바람에서는 자유의 향기가 났다. 바다는 결코 나이가 들지 않았고, 바다와 멀리 떨어져 있는 지금 특히 그립다.
>
> (a) 자연 세계의 아름다움에 놀라게
> (b) 고향의 새로운 면을 발견하게
> (c) 문제를 해결하기 위해 필요한 해결책을 찾게
> (d) 주중의 직장 생활의 고된 일들을 무시하게

바닷가에서 세상의 모든 걱정이 사라지곤 했다며 자연의 작품인 하늘과 구름, 자유의 향기가 나는 바닷바람을 그리워하고 있는 내용으로 자연의 아름다움을 이야기하는 (a)가 알맞다.

majesty 위엄　nourish (감정, 생각 등을) 키우다
exhausting 진을 빼는　pressure 압박　sea breeze
바닷바람　far away from ~에서 밀리 떨어진　marvel at
~에 놀라다　demand 요구, 부담

03

> 온라인 비디오 서비스 회사인 넷플릭스가 이제 자사의 TV 프로그램을 제작하기 시작하면서 **텔레비전이 새로운 방향으로 이동하고 있다.** 넷플릭스는 원래 비디오 배송 서비스를 제공했으며, 요청이 있으면 DVD를 발송하는 업체였다. 이후, 구독자에게 영화와 TV 프로그램을 인터넷 스트리밍으로 제공하면서 사업을 확장시켰다. 이제 넷플릭스는 어떤 특별한 일을 마쳤다. 이 회사는 프로그램의 에피소드 전편을 한꺼번에 온라인에 올리면서 자체 TV 프로젝트들을 제작하고 있다. 그 제작물들이 엄청난 인기를 끌면서 여러 개의 상을 받을 것으로 기대된다.
>
> (a) 사람들이 전보다 DVD를 더 많이 산다
> (b) 텔레비전이 새로운 방향으로 이동하고 있다
> (c) 온라인 기술이 바뀌었다
> (d) 신문사들이 살아남기 위해 고군분투하고 있다

넷플릭스가 초기에 배송 서비스만 제공했지만 이제 자체 제작을 시작하며 인터넷 스트리밍 서비스를 하면서 인기를 끌고 있다고 한다. 예전과 달리 온라인 기술을 이용하여 텔레비전의 경향이 바뀌어 가고 있음을 보여 주고 있으므로 정답은 (b)이다. 다른 언론사들에 대한 언급은 전혀 없으므로 (d)는 알맞지 않다.

produce 제작하다   delivery 배달   upon request 요청에
따라   expand 넓히다   subscriber 구독자   all at once
한꺼번에   wildly 걷잡을 수 없이   win awards 상을 받다
modify 변경하다   struggle 고군분투하다

04

캘리포니아의 지형과 비슷한 칠레는 서쪽으로는 태평양을
보고 있고, 동쪽으로는 산지에 인접해 있다. 이러한 지형으
로 칠레는 와인용 포도 재배에 필요한 충분한 비가 내리는
데, 특히 좀 더 건조한 북부와 좀 더 추운 남부 사이의 지역
이 그렇다. 수도인 산티아고 근처의 바예 쌘뜨랄이 이 지역
에 있다. 이곳의 추운 밤 기온 역시 포도의 산도를 유지하
는 데 필수적이다. 와인 생산에서는 이런 품질을 추구하기
때문에 이 지역의 경작자들은 <u>훌륭한 상품을 생산하는 데
유리한 입장에 있다.</u>

(a) 수요를 충족하기 위해 포도밭에 비닐하우스를 쓴다
(b) 산도를 인공적으로 재현하기 위해 대단한 노력을 한다
(c) 훌륭한 상품을 생산하는 데 유리한 입장에 있다
(d) 권장 횟수보다 더 자주 식물에 물을 댄다

지형상 칠레의 바예 쌘뜨랄 지역은 품질이 좋은 포도주 생산에
알맞은 기후이므로, 이곳 경작자들은 좋은 상품을 생산하는 데
유리하다는 (c)가 정답이다. 자연적인 조건이 된다고 하므로 (a)
는 적절하지 않으며, 산도 보존에 자연적으로 유리한 곳이므로
인공적 재현 또한 알맞지 않다.

topography 지형   bound on ~에 접경하다   latitude
위도, 지역   vital 필수적인   acidity 산도   vineyard
포도밭   meet demand 수요를 충족시키다   frantic 대단한
recreate 재현하다   artificially 인공적으로   desired
훌륭한   position ~의 자리를 잡다   at an advantage
유리한 입장에   irrigate 물을 대다

05

편집자께,
귀사 신문의 논설 기사들은 대개 <u>분별력을 갖췄고 흥미로
운 방식으로 쓰입니다.</u> 저는 그 기사들을 즐겨 읽습니다.
하지만 새로운 공평 과세 법안에 대한 기사는 정보가 매우
불충분합니다. 집필진은 미국의 평균 노동자에게 이 새로
운 법은 불공평한 부담이 될 것임을 인지하지 못합니다. 새
법안은 이미 복잡한 세법을 불필요하게 복잡하게 하며, 근
로자에게 부당하게 세금을 부과합니다. 유감이지만, 귀사의
집필진의 그러한 시각으로 인해 실제로 저는 귀사의 신문
을 외면하게 되었습니다.

(a) 쟁점을 다루지 않고 소문에 집중합니다
(b) 우리 사회가 직면한 시급한 문제와 쟁점을 다룹니다
(c) 흥미롭지만 제 생각과 반대됩니다
(d) 분별력을 갖췄고 흥미로운 방식으로 쓰입니다

빈칸의 내용은 뒤에 나오는 but 이하의 내용과 반대의 내용이
라는 점을 인지하면 빠르게 풀 수 있다. but 이하에서 기사가
정보 불충분하고 올바른 글이 되지 못했다고 항의하고 있으므
로 빈칸에는 지금까지의 기사들이 분별력 있었고 흥미로워 즐
겨 읽었다는 내용이 알맞으므로 (d)가 정답이다. 기사에서 다루
는 내용이 초점이 아니라, 집필진의 시각에 초점이 맞추어져 있
으므로 (b)는 알맞지 않다.

taxation 과세   informed 정보가 충분한   unfair 불공평한
burden 무거운 짐   needlessly 불필요하게   complicate
복잡하게 하다   complex 복잡한   tax code 세법   slap
(세금을) 부과하다   concentrate on ~에 집중하다   cover
다루다   urgent 시급한   run counter to ~에 거스르다
good sense 분별

06

미국의 지도자는 선출된 대통령인 반면, 영국의 원수는 왕
실의 일원이다. 미국의 대통령은 의회 투표를 통해 전쟁을
선포하는 총사령관이다. 영국의 여왕은 그 자신이 군의 최
고 통수권자로, 의회의 도움으로 전쟁을 공식 선포한다. 또
한, 영국의 여왕은 영국 교회의 수장으로 각료들과의 협의
를 통해 모든 주교들을 임명한다. 그러므로 미국과 영국은
정치적으로 어떤 점에서는 공통되는 면이 있지만 그럼에도
<u>다른 리더십 구조를 갖고 있다.</u>

(a) 상대의 정부 스타일을 반대한다
(b) 유사한 기능을 수행하는 지도자들이 있다
(c) 관공서들을 완전히 분리하고 있다
(d) 다른 리더십 구조를 갖고 있다

미국 대통령과 영국 여왕의 정치적 구조를 비교, 대조하고 있다.
결론적으로 두 국가는 정치적으로 공통되는 면이 있지만 그러
나(yet) 다른 리더십 구조를 갖고 있다는 내용이 알맞다.

whereas 반면에   royal family 왕실   commander-in-
chief 총사령관   declare 선포하다   with the aid of ~의
도움으로   Parliament 의회   appoint 임명하다   bishop
주교   counsel 상담, 협의   minister 장관, 각료   overlap
공통되다   oppose 반대하다   government office 관공서
possess 보유하다

07

젊은 작가로서, 〈호밀밭의 파수꾼〉의 저자 J. D. 샐린저는
자신의 재능이 인정받기를 간절히 바랐다. 자신의 유명한
성장 소설을 출간한 후 그는 원했던 것을 얻었지만, 샐린저
는 곧바로 그런 주목을 경멸하기 시작했다. 그는 책 표지에
있는 자기 사진을 보는 것을 싫어했고, 팬들에게서 온 편지
를 불태웠고, 시골로 이사했으며, 인터뷰하는 것도 거부했
다. 하지만 사람들은 그에 관해 알기 힘들수록, 더 많이 알
고 싶어 했다. 마치 <u>그의 무관심이 자신의 명성에 불을 붙
인</u> 것 같았다.

(a) 그의 출판 작품들이 그 자체로 생명력이 있었던

(b) 그는 더 이상 글을 쓸 이유가 없는

(c) 그의 무관심이 자신의 명성에 불을 붙인

(d) 자신이 저술한 책들을 싫어했던

샐린저는 대중의 관심을 받았지만 그 관심을 경멸하기 시작하고 노출되지 않았다고 한다. 하지만 그럴수록 대중은 그에 대해 더 알기 원했다고 하므로 (c)가 적절하다. 대중의 관심이 싫었던 것이지 책을 쓸 이유가 없어졌다거나 자신의 책을 싫어했다고 볼 직접적 근거는 글에 나오지 않았다.

author 저자, 저술하다 **long to** ~을 간절히 바라다
publication 출판 **coming-of-age novel** 성장 소설
despise 경멸하다 **detachment** 무관심, 초연 **fuel** (감정, 논쟁에) 불을 붙이다 **celebrity** 명성

08

바이러스와 스팸 메일의 연쇄 반응이 지하로 숨어들면서 인터넷의 분산성은 여전히 현실로 남아 있다. 개개인의 컴퓨터는 주인도 모르게 감염되고 소위 말하는 좀비 PC가 되고 있다. 좀비 PC들은 월드 와이드 웹을 통해 다른 컴퓨터에 다양한 컴퓨터 파괴 프로그램을 퍼뜨리며 작동한다. 보안업체들은 전 세계 스팸의 거의 절반이 좀비 PC에서 온다고 생각한다. **알아채지 못하는 사이에 같은 운명에 시달리지** 않도록 최신 보안 소프트웨어와 방화벽을 업데이트하는 것이 권장된다.

(a) 알아채지 못하는 사이에 같은 운명에 시달리지

(b) 안전성의 측면에서 일이 향상되지

(c) 컴퓨터가 이미 해커들에게 침입되지

(d) 바이러스가 감지되어 확산을 방지하지

개인의 컴퓨터가 바이러스나 스팸 메일로 주인도 모르는 사이에 좀비 PC로 감염되고 그 좀비 PC가 다시 스팸 메일을 보낸다는 통제되지 않는 연쇄적인 악순환을 이야기하고 있다. 따라서 컴퓨터를 최신 보안 소프트웨어와 방화벽을 업데이트하는 이유로 (a)가 적절하다. 빈칸 앞에 lest가 있으므로 (d)를 고르지 않도록 주의한다.

decentralize 분산시키다 **chain reaction** 연쇄 반응 **go underground** 지하에 숨다 **individual** 개별적인 **infect** 감염시키다 **notice** 알아챔 **so-called** 이른바 **operate** 작동하다 **malware** 컴퓨터 파괴 소프트웨어 **firewall** 방화벽 **lest** ~하지 않도록 **awareness** 지각 **invade** 침입하다 **detect** 발견하다 **prevent** 예방하다

09

아이작 뉴턴의 세 가지 운동 법칙은 물리학의 기초적인 연구에 필수이다. 이 세 개의 법칙은 사물과 그 사물의 운동에 영향을 미치는 힘 사이의 관계를 이해하는 데 쓰인다. **그러므로** 수송을 위한 탈것을 개발하거나 우주의 메커니즘을 조사하는 우리의 능력은 뉴턴이 없었더라면 불가능했을 것이다. 뉴턴은 자기 이론의 일부는 갈릴레오의 이전 연구에 기초를 두었다. 그리고 뉴턴의 견해는 케플러의 행성 운동의 법칙이 성립되는 데 도움이 되었다.

(a) 이와 대조적으로

(b) 그러므로

(c) 게다가

(d) 그럼에도 불구하고

글 초반에 뉴턴의 운동 법칙이 사물과 힘 사이의 관계를 이해하기 위해 필수적이라고 했고, 빈칸 뒤에서는 현재 우리의 능력이 뉴턴이 없었더라면 불가능했을 것이라고 하므로, 뒤의 문장은 앞 문장의 결과라고 볼 수 있다. 따라서 (b)가 정답이다. 빈칸 앞뒤 문장의 내용 전개가 대등하게 덧붙여지는 것이 아니므로 (c)는 알맞지 않다.

motion 운동 **essential** 필수적인 **physics** 물리학
principle 원리 **movement** 움직임 **vehicle** 탈것 **examine** 검사하다 **mechanics** 역학, 메커니즘
planetary 행성의

10

가뭄은 지구의 환경 사이클의 자연스러운 일부이다. 지구의 대기가 성장한 이후, 지구는 수많은 우기와 건기를 겪어 왔다. 하지만 이제는 국가들은 상품에 관해 서로 크게 의존하고 있어, 가뭄은 심지어 비가 많이 내리는 곳에도 좋지 않은 영향을 줄 수 있다. **예를 들어,** 미국에서의 가뭄은 육류와 채소의 생산을 둔화시킬 수 있어, 가격 인상을 초래한다. 그 결과, 미국의 수출에 의존하는 다른 나라들은 식량 부족에 직면하게 된다.

(a) 그럼에도 불구하고

(b) 그러는 동안에

(c) 그렇기는 하지만

(d) 예를 들어

빈칸 앞 문장에서 가뭄이 좋지 않은 영향을 줄 수 있다는 주장을 하고, 빈칸 뒤 문장에서는 미국에서의 가뭄이 가격 인상을 초래하여 다른 나라에는 식량 부족이 될 수 있다는 구체적인 예를 들고 있으므로 (d)가 적절하다.

drought 가뭄 **atmosphere** 대기 **wet and dry period** 우기와 건기 **dependent** 의존하는 **goods** 상품
production 생산 **export** 수출 **food shortage** 식량 부족

## Part II

11

반 고흐 박물관은 최근 예술 애호가들에게 판매하기 위해 반 고흐의 가장 유명한 그림들을 3D 사본으로 제작하기 시작했다. (a) 사본은 최첨단으로 발전된 스캐닝 장치로 제작되지만, 진품보다 훨씬 더 저렴하다. (b) 다른 예술 비평가들은 이것이 반 고흐 작품에 대한 모욕이라고 생각한다. (c) 이는 수집가들이 더 저렴한 가격으로 특별한 예술 작품을 소유할 수 있음을 의미한다. (d) 복제품을 판매함으로써 어려운 경제 상황에서 이 박물관은 새로운 전시회를 하고 시설을 유지할 돈을 벌 수 있다.

박물관에서 고흐의 작품을 판매용 3D 복제품으로 제작한 것과 그로 인한 이점에 대한 내용이다. 이 일에 대해 부정적인 견해를 담은 (b)는 글 전체의 어조에 반대되고 있다.

copy 사본, 복제품 evolved 발전된 reproduction 복제품 critic 평론가 insult 모욕 collector 수집가 affordable 가격이 알맞은 maintain 유지하다 facility 시설

12

북미의 영양학자들은 최근 아르헨티나의 일반 음료인 마테차를 마시는 사람들이 좋은 콜레스테롤 증가를 경험한다는 것을 발견했다. (a) 이 발견으로 마테차가 어떻게 이러한 효과를 발생시키는지 알아내기 위해 미국에서 연구가 터져 나오고 있다. (b) 초기의 결과는 마테차가 체내에서 건강을 증진시키는 산화 방지 효소를 자극한다고 시사했다. (c) 남미에서 이 음료는 전통적으로 말린 조롱박에 담겨 나오고, 금속 빨대로 마신다. (d) 이러한 소식에 기업들은 주스와 탄산음료, 맥주와 같은 다른 제품에 마테차를 포함시킬 방법을 찾고 있는 중이다.

몸에 좋은 효과를 발견하면서 마테차에 대한 관심이 커져, 기업에서도 마테차를 이용한 상품 제조 방법을 찾고 있다는 내용이다. (c)는 마테차의 전통적인 음용 방법을 언급하고 있으므로, 소재는 같지만 전체 맥락에서 벗어나 있다.

nutritionist 영양학자 beverage 음료 boost 증가 spate 내뿜음 initial 초기의 excite 자극하다 antioxidant 산화 방지 enzyme 효소 gourd 조롱박 in light of ~을 고려하여 incorporate 포함하다

## Part III

13

산업 동향

산업 통계는 2010년의 정점 이후 전자책의 판매 감소를 나타내고 있다. 성인 전자책의 판매는 10%가 줄어든 한편, 어린이 전자책 판매는 전년의 1/3로 감소했다. 전자책 판매는 이제 전체 책 판매의 1/4을 차지하며, 지배적인 것과는 거리가 멀다. 사람들은 이것이 전자책에 대한 흥미가 감소했기 때문일 것이라고 본다. 독자들은 여전히 종이책에 대한 만족을 즐기는지도 모른다. 전자책의 가격 역시 종이책보다 현저히 저렴한 것도 아니다.

Q 이 글의 주된 내용은?

(a) 종이책의 인기가 증가했다.

(b) 전자책이 종이책을 대체하고 있지 않다.

(c) 다른 온라인 매체가 전자책의 판매를 감소시켰다.

(d) 가격은 전자책 판매에 중요한 역할을 한다.

전자책의 판매가 감소하고 있으며 전체 책 판매에서도 지배적이지 않다는 내용이다. 따라서 전자책이 종이책을 대신하지 못하고 있는 상황에 대한 글로 볼 수 있으므로 (b)가 적절하다. 종이책의 인기가 증가했다는 내용은 없으며, 가격이 저렴하지 않다는 것은 전자책의 판매 감소의 이유로 제시되었을 뿐이다.

statistics 통계 decline 감소 account for ~을 차지하다 a quarter of ~의 1/4 dominant 우세한 것 diminish 감소하다 excitement 흥미 appreciably 눈에 띄게 physical 물리적인 counterpart 상대물 popularity 인기 cut into 줄이다 play a major role 중요한 역할을 하다

14

에듀컬처는 초보 언어 학습자들이 스페인어와 독일어, 프랑스어를 유창하게 하는 데 도움이 될 다양한 프로그램을 제공합니다. 수업은 밤에 진행되며 과정의 일부에서만 교재에 기초합니다. 대부분의 수업은 식당과 공항, 병원 또는 구직 면접 등 다양한 환경에서의 말하기 연습에 할애됩니다. 특별 프레젠테이션과 회화 수업을 위해 문화적인 장소로의 견학도 포함합니다. 학생들은 수강 자격을 얻기 위해 제2 언어의 기본 지식이 있음을 입증하는 시험을 봐야 합니다.

Q 이 글의 목적은?

(a) 어린이용 외국어 프로그램을 설명하기

(b) 구직 면접에 와달라고 요청하기

(c) 스페인어를 하는 선생님을 고용하기

(d) 교육 기관의 언어 프로그램 홍보하기

초급 학습자에게 제공되는 스페인어, 독일어, 프랑스어 수업 과정에 대해 홍보하고 있으므로 정답은 (d)이다. 수업 과정이 어린이를 위한 것이라는 근거는 없으므로 (a)는 적절하지 않다.

a variety of 다양한 fluently 유창하게 majority 다수 textbook 교재 setting 환경 outing 견학 prove 증명하다 secondary 제2의 qualify 자격이 되다 opportunity 기회

15

터키의 한 실험실 실험에서 녹색 빛을 발하는 토끼들을 만들었다. 이 기이한 포유동물들에게는 해파리에서 추출한 유전자가 이식되었다. 두 종의 유전자를 결합하는 것은 새로운 일이 아니다. 이런 일은 의료상의 목적과 식품 생산 증가를 위해 여러 차례 이용되었다. 이 실험은 어리석은 일처럼 보인다. 어찌되었건 빛을 내는 토끼는 쓸모가 없다. 하지만 과학자들은 이런 특이한 실험들이 이목을 끌어, 그로 인해 실질적인 차이를 만들어 낼 연구에 더 많은 자금을 유치하게 된다고 말한다. 이 연구는 또한 유전자 조작이 안전하게 진행될 수 있다는 증거도 제공한다.

Q 이 글의 주제는?

(a) 과학에 대한 지원을 늘리기 위한 연구 활동

(b) 포유동물이 인간에게 흥미를 주도록 하는 시도

(c) 실험실에서의 안전한 실험의 중요성

(d) 육상 생물과 해양 생물을 결합하는 새로운 발견

녹색 빛을 내는 토끼가 실질적으로 쓸모가 없지만 이런 일을 통해 이목을 끌 수 있고, 그러한 과정에서 앞으로의 실질적인 연구에 돈을 모을 수 있다는 내용이다. 이러한 주장은 (a) 과학에 대한 지원을 늘리기 위한 연구 활동으로 요약할 수 있다.

lab 실험실 give off 발산하다 glow 빛, 빛을 내다 bizarre 기이한 implant 이식하다 jellyfish 해파리 combine 결합하다 attract attention 이목을 끌다 bring in 가져오다 practical 실질적인 genetic manipulation 유전자 조작 conduct 수행하다 support 지원

16

특정 화학 물질을 복용하는 것이 인체에 좋은지 아닌지에 대한 의견은 다를 수 있다. 원칙상 이에 반대하는 사람들에게는 음료를 마시는 것조차 몸을 망치는 길이다. 하지만 그 물질이 어떤 나라에서 법적으로나 의학적으로 승인되지 않았다면, 그 물질을 복용하는 것은 오용으로 간주될 수 있다. 아이러니하게도 승인된 물질조차도 안전 권장 사항을 따르지 않은 방법으로 복용할 수 있다. 어느 정도는 이 물질을 입수하는 것이 합법적이기 때문인데, 처방전 약품을 사용하는 것은 바로 중독으로 이끄는 나쁜 습관이 될 수 있다.

Q 이 글의 주제로 알맞은 것은?

(a) 어떤 것을 복용하는 게 합법인지에 대해 법이 더 엄격해야 한다.

(b) 약은 중독성 마약보다 더 위험할 수 있다.

(c) 중독성이 있는 건 뭐든지 불법화해야 한다.

(d) 합법화된 물질도 남용될 수 있다.

약물의 오남용(abuse)에 대한 글이다. 특히 문제가 될 수 있는 것은 승인된 물질이라 할지라도 합법적인 절차를 따른 약, 즉 처방전 약품을 받는 것이 중독에 이르는 길이 될 수 있다는 모순을 꼬집고 있다. 따라서 (d)가 정답이다. 물질에 대한 합법성 여부가 문제되는 것이 아니며, 법이 엄격해진다고 해서도 해결될 수 없는 모순을 말하고 있으므로 (a)는 알맞지 않다.

differ on ~에 대해 다르다 chemical substance 화학 물질 be against ~에 반대하다 principle 원칙 ruin 망치다 approve 승인하다 abuse 남용 ironically 모순되게도 safety recommendation 안전 권고 get a hold of ~을 입수하다 prescription medicine 처방전 약 lead to ~로 이어지다 addiction 중독

17

학부모님께

신학기를 맞아, 학부모님 모두 즐거운 겨울 방학을 보내셨기 바랍니다. 내일과 금요일은 정상 수업을 합니다. 매일 아침 도시락을 잊지 말고 보내 주시기 바랍니다. 봄 학기 수업 요강에 관한 보다 자세한 정보는 본 편지에 첨부합니다. 다음 주부터 학생들이 스토리 키트를 집에 가져갈 것입니다. 스토리 키트는 독서에 대한 사랑을 키울 수 있도록 설계되어 있으며, 모두 자녀와 함께 이 책들을 읽으실 것을 권합니다. 학교 웹 사이트에서 제가 올리는 숙제 및 기타 공지들도 확인해 주시기 바랍니다.

리사 존스 드림

Q 편지에 의하면 학교에 관해 다음 중 옳은 것은?

(a) 모든 학생들에게 정기적으로 아침 간식을 제공한다.

(b) 제출해야 할 겨울 방학 숙제가 있었다.

(c) 학부모로 하여금 아이들의 학습에 참여하도록 권장한다.

(d) 스토리 키트는 학교 웹 사이트에서 언제든 이용 가능할 것이다.

편지의 끝에서 두 번째 문장에 모두 자녀와 함께 이 책들을 읽으실 것을 권한다고 하므로 (c)가 글의 내용과 일치한다. 스토리 키트는 아이들이 집에 가져가는 것이며, 웹 사이트에서 확인 가능한 것은 숙제와 기타 소식이므로 (d)는 옳지 않다.

syllabus 수업 요강 semester 학기 attach 첨부하다 nurture 가르쳐 길들이다 posting 게시물 hand in ~을 제출하다 regularly 정기적으로 participate 참여하다 available 이용할 수 있는

18

아리스토파네스가 희극 〈구름〉을 썼을 때 그는 아테네의 관객들이 스스로를 생각하고 웃는 것을 의도했다. 그 희극은 그리스 세계에서 발달했던 철학적 사상들을 비교하고 대조한다. 특히, 소크라테스의 사상은 익살스러운 방식으로 표현된다. 당시 아테네의 관객들은 그가 누구인지 알았다. 하지만 아테네 출신이 아닌 사람들은 그를 몰랐다. 전설에 의하면, 아리스토파네스의 극이 공연되는 동안 외지인들이 소크라테스가 누구냐고 묻자, 그 철학자가 자리에서 일어나 한 마디도 하지 않았다고 한다.

Q 이 글에 의하면 다음 중 옳은 것은?

(a) 극의 일부는 소크라테스가 썼다.

(b) 철학자들에 대해 매우 비판적이었다.

(c) 극의 대상 중 한 명이 종종 객석에 앉아 있었다.

(d) 관객들은 극의 주제를 알 수 없었다.

희극 속에서 소크라테스의 사상이 우습게 표현되었는데, 그가 누군지 모르는 외부인이 극중 그가 누구냐고 물으면 소크라테스가 자리에서 일어나 한 마디도 하지 않았다는 말에서 그가 객석에 앉아 있었음을 알 수 있다. 따라서 (c)가 정답이다.

comedy 희극 intend 의도하다 audience 관객 play 희곡 compare 비교하다 contrast 대조하다 philosophical idea 철학적 관념 humorous 유머러스한, 익살스러운 legend 전설 outsider 외부인, 외지인 philosopher 철학자 critical 비판적인

19

레이크사이드 버거 개점

이번 주말 레이크사이드 버거에서는 성대한 개점을 기념할 것입니다. 자동차나 배로 오실 수 있는데, 호수 밖에 있는 손님은 레스토랑에 배를 대고 식사하러 들어오실 수 있습니다.

- 페닝턴 호숫가에 실내외 좌석 둘 다 완비하고 있습니다.
- 추가 토핑을 곁들인 다양한 햄버거를 즐길 수 있습니다.
- 채식주의자들을 위한 옵션 역시 준비되어 있습니다.
- 현장에 놀이터도 있어서, 부모님들이 잠시 동안 경치를 감상하기로 하신다면 아이들은 자기들끼리 즐거운 시간을 보낼 수 있습니다.

Q 광고에 의하면 다음 중 옳은 것은?

(a) 레이크사이트 버거는 주로 고상한 메뉴에 치중한다.

(b) 이 레스토랑은 최초로 배를 대는 서비스를 제공한다.

(c) 사람들은 오랫동안 이곳에서 식사를 해오고 있다.

(d) 이 레스토랑은 물 위에 특별한 주차장이 있다.

자동차뿐만 아니라 배를 대고 식사하러 들어올 수 있다고 하므로 (d)가 옳다. 다양한 햄버거를 판매하므로 고상한 메뉴에 치중한다고 보기 어렵고, 레스토랑에 배를 댈 수 있지만 최초라는 언급은 없다. 그리고 이번에 개점하는 곳이므로 오랫동안 식사해오고 있다는 것은 알맞지 않다.

feature 특색으로 삼다 dock (배를) 부두에 대다 dine 식사를 하다 shore (호수의) 물가 vegetarian 채식주의자 view 경관 delicate 우아한

20

동물과 마찬가지로, 생명의 가장 기본적인 단위인 개별 세포 또한 살아남기 위해 의사소통이 필요합니다. 다른 존재와 다를 것 없이, 세포의 성공 여부는 주어진 환경에서 정보를 수집하고 처리하는 능력에 달려 있다. 여기에는 영양분의 이용 가능성에 관한 신호와 온도나 조도의 변화에 관한 신호가 포함될 수 있다. 분명, 세포는 다른 세포에게 말을 할 수 없다. 오히려 세포들은 화학적, 기계적 교환에 의존한다. 대부분의 경우, 세포의 의사소통은 비슷한 세포들이 함께 모여 혈액이나 근육 같은 조직을 형성할 수 있게끔 한다.

Q 이 글에 의하면 세포에 대해 다음 중 옳은 것은?

(a) 다른 유기체와 독립적으로 작동한다.

(b) 정보를 공유함으로써 협력할 수 있다.

(c) 변화에 순응하려고 서로 싸운다.

(d) 계속해서 비슷한 세포들을 찾고 있다.

글의 후반부에서 세포들이 화학적, 기계적 교환에 의존하여 소통하며, 그러한 소통으로 함께 모여 조직을 형성할 수 있다고 하므로 정보를 공유함으로써 협력할 수 있다는 (b)가 적절하다. 세포들은 서로 협력적인 관계이므로 (c)는 옳지 않다.

signal 신호 nutrient 영양분 rely on 의지하다 mechanical 기계적인 exchange 교환 enable 가능하게 하다 form 형성하다 tissue 조직 operate 작동하다 independently 독립적으로 organism 유기체 coordinate 협력하다 adapt 순응하다

21

지구의 온도가 올라가고 해수면이 상승하면서, 영국에서는 바다오리와 제비갈매기와 같은 해안가의 새들이 생존을 위해 분투하고 있다. 기후의 변화가 바다오리의 식습관에 걱정스러운 변화로 이어졌다. 그 새들은 일반적으로 까나리들을 마음껏 먹지만, 바닷물이 따뜻해지면서 더 차가운 바닷물을 찾아 먼 북쪽으로 이동하며 사라지고 있다. 새로운 종들이 이동해 왔는데, 이 실고기는 까나리보다 가시가 훨씬 더 많다. 바다오리들은 이 동물을 소화하는 데 애를 먹고 있어서, 굶어 죽는 경우도 생긴다.

Q 이 글에 의하면 바다오리의 먹이가 달라진 이유는?

(a) 새들이 먹을 경골어가 충분하지 않다.

(b) 바다오리가 까나리보다 더 많다.

(c) 해양종이 서식지 변화 후에 이동했다.

(d) 해수면 때문에 새가 물고기를 잡기가 어렵다.

해수의 온도가 따뜻해지면서 기존에 먹던 먹이들이 이동해 가고 새로운 종이 나왔다고 하므로 서식지의 환경적인 변화 이후에 이동했다는 (c)가 적절하다. 해수면 자체가 문제가 아니라, 수온의 상승이 원인이므로 (d)는 옳지 않다.

coastal 해안의 **sea level** 해수면 **climate** 기후 **alarming** 놀라운, 걱정스러운 **typically** 전형적으로 **feast on** ~을 마음껏 먹다 **species** 종 **bony** 가시가 많은 **digest** 소화시키다 **starvation** 굶어 죽음 **marine** 해양의 **habitat** 서식지

22

다른 기기와 소통하는 능력은 스마트 기기에 '스마트함'을 불어 넣는 필수 요건이다. 전선과 케이블 선이 데이터를 가장 빨리 전송하기는 하지만, 무선으로 하는 여러 가지 방법이 있다. 위성은 먼 거리라도 방송을 내보내는 반면, 보이지 않는 신호가 TV와 리모컨을 연결해 준다. 블루투스는 짧은 영역의 정보 교환에 적합한 기술이다. 블루투스는 특정 무선 주파수로 작동한다. 이 이름은 여러 개의 왕국을 하나로 통합한 블라탄드라는 덴마크 왕의 이름을 땄다. 그 왕은 블루베리를 즐긴 걸로 유명했는데, 그래서 치아 하나가 파랗게 변했던 것이다.

Q 이 글에 의하면 블루투스에 대해 다음 중 옳은 것은?

(a) 전송을 위해 블루투스로 위성을 사용할 수 있다.

(b) 서로 가까운 기기를 연결해 준다.

(c) 기기가 똑똑해지기 위해 필수적으로 소유해야 한다.

(d) 초기에 덴마크의 왕에 의해 개발되었다.

글의 중간에 블루투스가 짧은 영역 간의 정보 교환에 적합한 기술이라고 하므로 가까이에 있는 기기들을 연결해 준다는 (b)가 옳다. 위성은 원거리 전송을 위한 것이며, 블루투스라는 이름의 유래가 덴마크의 왕이다.

transmit 전송하다 **means** 수단 **satellite** 위성 **broadcast** 방송하다 **remote** 리모컨 **appropriate** 적합한 **radio frequency** 무선 주파수

23

피어슨 카운티 경찰은 토요일에 한 남성이 총에 맞아 부상당한 범죄 현장을 보고했다. 가스파 해리슨 국장에 의하면, 사건은 오후 7시 15분 경, 웨인 가 31번지에서 발생했다. 아직 신원이 확인되지 않은 20대 피해자는 위독한 상태로 병원으로 급히 이송되었다. 목격자들에 의하면 또 다른 남성이 현장에서 도망쳤다고 한다. 용의자는 피해자와 비슷한 연령대인 남성으로 묘사된다. 경찰은 범인 수색에 나섰지만 아직 계속 찾고 있는 중이다.

Q 뉴스로부터 범죄에 관해 유추할 수 있는 것은?

(a) 경찰은 범인이 20대일 것으로 생각한다.

(b) 국장이 용의자가 현장을 떠나는 것을 보았다.

(c) 그 공격은 상점 강도와 관련이 있었다.

(d) 목격자들은 격한 언쟁을 벌이는 두 남성을 보았다.

용의자가 피해자와 비슷한 연령대일 것으로 보이므로, 20대라고 유추 가능하므로 (a)가 정답이다. 또 다른 남성, 즉 용의자가 현장에서 도망치는 것을 보았다는 목격자들의 증언으로 (d)를 유추하기는 어렵다.

crime scene 범죄 현장 **wound** 부상을 입히다 **incident** 사건 **be identified** 신원이 밝혀지다 **be in critical condition** 위독하다 **witness** 목격자 **suspect** 용의자 **manhunt** 범인 수색 **criminal** 범인 **robbery** 강도(질) **heated argument** 격한 언쟁

24

우리의 현재 정부 체제는 고위층 사람들만 섬기고, 힘 있는 사람들이 타인보다는 자신들에게 도움이 되는 법을 만들 수 있도록 마련되어 있다. 대기업의 운영 방식에 이러한 모습이 나타난다. 최근 우리는 수많은 기업 범죄들에 관해 알았지만, 관련된 사람 누구도 벌을 받은 적이 없다. 이것은 기업들이 입법자들에게 그들의 환심을 사기 위해 수백만 달러를 주기 때문이다. 반면, 가난하게 사는 사람들은 수많은 인구가 사소한 마약 범죄에 투옥되어, 자신들의 권리를 빼앗아가는 수감 제도에 갇힌다.

Q 글쓴이에 관해 유추할 수 있는 것은?

(a) 국회의원들에 대한 기업의 기부를 반대한다.

(b) 교도소가 교육에 이용되어야 한다고 믿는다.

(c) 체제를 바로잡을 계획을 전개했다.

(d) 기업의 규모가 감시되어야 한다고 생각한다.

대기업들은 범죄를 저지르고도 입법자들에게 기부하기 때문에 처벌을 모면하게 된다는 비판을 하고 있으므로, 글쓴이는 이러한 기업들의 기부가 부정적으로 작용하고 있다고 생각하는 것을 알 수 있다. 잘못된 체제를 비판하고는 있지만 바로잡을 계획을 발표했다고 볼 근거는 없으므로 (c)는 알맞지 않다.

proof 증거 large corporation 대기업 involved 연루된
lawmaker 입법자 win favor 환심을 사다 in poverty
가난한 be jailed 수감되다 rob A of B A에게서 B를
빼앗아가다 donation 기부 remedy 개선하다 monitor
감시하다

25

사우스빌 타임즈
오락 〉영화

1941년 영화 〈시민 케인〉은 대중의 논의를 통제하려는 힘
있는 신문사 경영주의 이야기이다. 이 작품은 영화 역사상
최고의 작품이면서 가장 영향력 있는 작품 중 하나로 간주
된다. 이러한 영광의 일부는 영화 촬영에 사용된 기법 덕분
이다. 감독은 익스텐디드 신에서 전경과 배경에 뚜렷한 초
점을 주면서 세트장의 작은 상징적 디테일을 강조하였는
데, 이는 그 이전에는 볼 수 없었던 장면이다. 또한, 카메라
를 낮은 각도에 놓고 등장인물들을 뚜렷하게 올려다보게
했는데, 이는 등장인물의 힘과 나약함을 관객들에게 신호
로 보여 준 것이다.

Q 글쓴이가 가장 동의할 만한 것은?
(a) 영화는 업계에서 아이콘이 되는 인물을 미화했다.
(b) 영화는 기존의 카메라 기술을 향상시켰다.
(c) 감독은 영화 제작의 새로운 스타일을 창조했다.
(d) 영화의 주인공은 일부분 곡해되었다.

감독이 이전에 없었던 새로운 장면들과 촬영의 기법들로 영화
를 최고의 작품으로 만들었다고 하므로 글쓴이가 동의할 만한
내용은 감독이 영화를 만드는 데 새로운 스타일을 만들었다는
(c)가 적절하다. 카메라 기술을 발전시킨 것이 아니라 촬영의 새
로운 기법을 창조해냈다고 볼 수 있으므로 (b)는 알맞지 않다.

influential 영향력 있는 attribute ~에 기인하다
foreground 전경 emphasize 강조하다 symbolic
상징적인 sharply 뚜렷하게 cue 신호를 주다 glorify
미화하다 advance 진보시키다 existing 현존하는
partially 부분적으로

Part IV
26~27

1970년대에, 미국의 젊은이들은 소비주의와 같은 대부분
의 주류 사회적 가치들을 거부하는 것으로 널리 여겨졌다.
그러나, 수십 년이 지난 이후, 수많은 미국의 젊은이들은 그
들의 이전 세대가 한때 거부했던 물질문화를 적극적으로
수용하는 것 같다. 실제로, 아동 발달 전문가들은 십대들의
유명상표에 대한 강한 추구와 제품 마케팅에 대한 그들의
취약성에 대해 걱정하고 있다.

〈십대들의 구매 습관〉의 저자인 허버트 린제이는 그의 책에
서 수많은 십대들이 유명 상표 및 디자이너가 만든 제품들
에 중독되어 있다고 주장한다. 린제이에 따르면, 십대들을
대상으로 하는 수많은 오늘날의 광고들 — 대략 연 200억
달러 — 은 십대들의 영혼을 망치고 있으며, 학교에서 그들
사이에 정신적 물질적 분리를 유발한다. 실제로, 대부분의
선생님들은 학생들에게서 발견되는 과도한 물질주의가 교
실에서도 눈에 띄는 문제들을 유발하고 있다고 주장한다.
그들 중 일부는 대부분의 학생들이 마음속에서 돈을 버는
것을 다른 어떤 것보다 더 중요하다고 생각하는 것을 걱정
한다.

26 Q 본문의 주로 무엇에 관한 것인가?
(a) 과거에 10대를 목표로 한 효과적인 광고
(b) 유명 브랜드와 디자이너가 만든 제품들
(c) 학교에서 학생들의 소비주의를 막기 위한 조치들
(d) 십대들에게 피해를 입히는 만연된 물질주의

27 Q 본문에서 추론할 수 있는 것은?
(a) 많은 학생들은 다른 어떤 것보다 물질적 부에 높은 가
치를 부여하는 것 같다.
(b) 소비주의는 1970년대에 가장 심각한 사회적 문제였다.
(c) 대부분의 교육자들은 십대들이 광고에 상당히 중독되
어 있다고 믿는다.
(d) 마케팅의 영향력은 학생들이 돈을 벌기 위하여 학교에
결석하도록 만들고 있다.

26.

현대사회에서 십대들 사이에 만연된 물질주의에 대한 위험성을
경고하는 글이며, "a number of teenagers have become
addicted to brand names and designer products" 및
"spoil teens' spirit and trigger emotional and mate-
rial divisions among them at school"을 통해, "십대들에
게 피해를 입히는 만연된 물질주의"가 주제라는 것을 알 수 있
다. 따라서 정답은 (d)이다.

27.

물질주의가 십대들에게 유발하는 문제점을 지적하고 있으
며, "most students think earning money to be more
important than any other thing in their mind"라는 내
용을 통해 돈을 버는 것이 십대들의 목표가 되고 있다는 것을
알 수 있으며, 이를 통해 물질적 부에 높은 가치를 부여하고 있
다는 것을 추론할 수 있다. 따라서 정답은 (a)이다.

reject 거부하다 mainstream 주류의 consumerism
소비주의 a profusion of 수많은 adopt 채택하다
pursuit 추구 vulnerability 취약성 assert 주장하다
addicted 중독된 a myriad of 수많은 approximately
대략 annually 매년 division 분리 excessive
과도한 materialism 물질주의 conspicuous 눈에 띄는

effective 효과적인 measure 조치, 계획 wreak havoc on 손상시키다, 해를 끼치다

28~29

경찰 컴퓨터 전문가 구함

우드브리지 경찰서에서는 하드웨어 설치 및 유지관리, 소프트웨어 개발, 그리고 운영을 담당할 컴퓨터 전문가를 찾고 있습니다.

• 교육 자격
정규대학을 졸업하고 컴퓨터 과학, 정보 시스템 혹은 그에 상응하는 학위를 가지고 있어야 합니다.

• 경력
기술지원환경 그리고/혹은 시스템 분석에서 최소 2년의 경력이 필수입니다. 컴퓨터 시스템, 프로그래밍, 그리고 운영에서 상당한 경력은 우대됩니다.

• 임무
- 컴퓨터 시스템, 운영 시스템 그리고 연관된 소프트웨어 설치, 유지관리 그리고 업데이트하기
- 이용자 계정, 배포 리스트 그리고 패스워드 리셋을 만들고 유지관리하기
- 경찰관들의 응용프로그램을 설치하고, 오류를 수정하고, 테스트하기
- 데이터베이스에 저장된 정보를 추출하고, 계산하거나 처리하기
- 새로운 장비 및 소프트웨어 프로그램의 이용에 대해 이용자 훈련 제공하기

비상 대기할 수 있어야 하며, 때때로 연장된 시간 동안 일할 수 있어야 합니다. 또한 다른 정부 기관들과 협력하면서 팀의 일원으로서 협력해야 합니다. 대부분의 업무들은 사무실에서 진행되지만, 일부 업무는 이례적인 영역에서 수행될 수도 있습니다.

recruitment@wbp.org로 이력서를 보내주세요.

---

28 Q 합격자는 어떤 자격요건을 가지고 있어야 하는가?
(a) 전문적인 해킹방지 기술들
(b) 컴퓨터 관련 학위
(c) 1년 이상의 경력
(d) 주말 근무 가능성

29 Q 지원자들의 임무/책임에 내해 올바른 것은?
(a) 경찰을 위해 새로운 운영 시스템을 개발해야 한다.
(b) 때때로 모든 이용자들의 계정을 재설정해야 한다.
(c) 응용프로그램을 통해 경찰관들을 지원해야 한다.
(d) 경찰이 만든 데이터베이스를 감사해야 한다.

28.

경찰서에서 컴퓨터 전문가를 구하는 광고이며, "a degree in computer science, information systems or the equivalent"를 통해 컴퓨터 관련 학위를 요구하고 있으므로, 정답은 (b)이다.

29.

여러 가지 업무들 중에서 "Install, debug and test police officers' applications"를 통해, 경찰관들의 응용 프로그램을 설치하고, 오류를 검사하고, 테스트해야 하므로, 응용프로그램으로 경찰을 지원한다고 한 (c)가 적절하다.

specialist 전문가 be in charge of 책임지다, 담당하다 installation 설치 maintenance 유지, 관리 operation 운영 educational 교육의, 교육적인 qualification 자격요건 accredited 공인된, 인가된 equivalent 동등한, 상당하는 considerable 상당한 distribution 배포, 유통 extract 추출하다 manipulate 다루다, 조작하다 atypical 비전형적인 application 응용프로그램

30~31

시카고 트리뷴

홈	정치	사회	국제	투고란

총기 통제에 대한 행동 촉구

팀 다이어 / 2018년 3월 5일 - 미국인들을 오싹하게 하는 일련의 총기 사건들 이후, 저는 "총기 통제에 대한 행동 촉구"라는 당신의 기사를 읽고서 희망을 느끼게 되었습니다. 저는 학교에서 총기에 대한 강력한 통제를 요구하는 수만 명의 학생들을 응원합니다. 왜냐하면 그들은 저를 부끄럽게 하여 증가하는 총기 폭력을 심각하게 여기도록 했기 때문입니다. 우리는 1980년 한 사람의 사회적 문제에 대한 각성의 좋은 예를 목격한 적이 있습니다. 한 어머니가 그녀의 아이의 죽음 이후에 음주 운전을 막기 위해 싸웠으며, 몇 년이 지나고 나서 음주 운전은 불법화되었습니다.

저는 젊은 시위자들의 목소리가 우리 사회에서 변화를 불러일으킬 것이라고 확신합니다. 전국의 학교에서 온 수많은 학생들은 들고 일어나 행동을 요구하기 시작했습니다. 그들의 목소리는 의회 의원들이 총기 로비스트들의 이익이 아니라 선거구민들을 위한 법률을 지지하도록 압박할 것입니다. 미국의 젊은이들은 그들 자신의 삶뿐만 아니라 그들의 후손의 삶을 위한 것입니다. 불행한 선이득이 우리는 단지 경외심에 가득 차 있으며, 우리가 달성하지 못했던 업적을 위해 그들을 지지할 것입니다.

---

30 Q 편지에 따르면 옳은 것은?

(a) 학교들은 무기 소지를 효과적으로 통제하지 못했다.

(b) 작가는 사회적 문제들과 관련하여 사람들의 노력에 회의적이다.

(c) 단 몇몇 학생들만 무기 남용에 대한 항의에 참여하고 있다.

(d) 총기 폭력에 대한 싸움은 단지 현재 학생들의 이익을 위한 것이다.

31 Q 편지의 주요 목적은 무엇인가?

(a) 무기에 대한 학군의 미온적 조치들을 비판하기 위하여

(b) 학생들이 무기를 사용하는 것을 막도록 학군에 요구하기 위하여

(c) 총기 폭력에 대한 학생들의 시위를 칭찬하기 위하여

(d) 선거구민들을 위하여 의원들의 역할을 강조하기 위하여

30.

미국 학교에서 발생하는 총기 사고의 위험성에 대해 지적하는 글이며, "tens of thousands of students who require strong control on firearms on school premises"라는 내용을 통해, 학교가 무기 소지를 효과적으로 통제하지 못했다는 것을 알 수 있다. 정답은 (a)이다.

31.

"I'm convinced that young protesters' voices will make a difference in our society" 및 "will support them for their accomplishment that we haven't achieved"라는 내용을 통해 십대들의 행동을 지지하기 위해 편지를 쓰고 있다는 것을 알 수 있다. 정답은 (c)이다.

urge 촉구하다 **horrify** 오싹하게 하다 **firearm** 총기, 소형화기 **premises** 토지, 구내 **violence** 폭력 **awaken** 자각하다, 깨닫다 **pressure** 압박을 가하다 **for the sake of** ~을 위하여 **constituent** 선거인, 선거구민 **for the benefit of** ~을 위하여 **descendant** 후손 **in awe** 경외하는 **accomplishment** 성취, 성과 **possession** 소유, 소지 **skeptical** 회의적인 **lukewarm** 미온적인, 무관심한 **demonstration** 시위 **highlight** 강조하다

32~33

http://www.seattledaily.com/local/abolishingtelecommute

시애틀 데일리

지역 뉴스: 재택근무 폐지, 지역 교통체증을 가중시키다
제니퍼 루빈

시애틀 시의 많은 회사들은 그들의 직원들이 집에서가 아니라 사무실 내부에서 일하도록 요구할 계획이다. 그것은 교통 전문가들이 지역의 도로에서의 교통정체를 우려하게 한다. 수많은 직원들에게 수년 동안 재택근무를 하도록 한 이후에, 그들은 방침을 바꾸기로 결정했으며, 경영진에 의해 허락받은 자격을 갖춘 직원들만이 일주일에 2일까지 재택근무를 할 수 있다.

그러나, 각 회사에 공간상의 문제가 있기 때문에, 각 부서의 관리자들에 의해 사례별 예외가 있을 것으로 예상된다. 재택근무 정책을 시행하는 동안, 회사들은 많은 직원들이 재택근무를 선택했기 때문에 사무실 공간을 줄여왔다. 따라서, 그 지역의 몇몇 회사들은 그들이 근무 프로그램에 대한 변화를 취할 계획이 없다고 말했다.

그럼에도 불구하고, 그 계획은 역행하는 조치로서 교통 전문가들에 의해 비판을 받고 있다. 왜냐하면 그 변화는 매일 도로에 거의 20,000 대의 자동차를 추가할 것이기 때문이다. 부분적으로, 재택근무는 교통 체증이 빈번하게 발생했던 도시 지역에서 교통 체증을 줄이기 위한 핵심적인 전략으로 도입되었다. 근무 환경의 변화는 교통체증이 다시 문제가 되도록 유발할 것 같다.

32 Q 뉴스 기사에 따르면 옳은 것은?

(a) 시애틀 시의 수많은 직원은 재택근무를 선호한다.

(b) 수많은 회사는 재택근무를 허락을 주저해 왔다.

(c) 재택근무를 원하는 사람들은 관리자의 허락을 받아야 한다.

(d) 회사는 직원들이 재택근무를 하도록 사무실 공간을 줄이고 있다.

33 Q 뉴스 기사에서 추론할 수 있는 것은?

(a) 시애틀 시 정부는 재택근무를 권장한다.

(b) 재택근무는 교통 체증을 완화시키는 데 기여해왔다.

(c) 재택근무는 사무실 공간을 확장하는 것보다 비용 효과적이지 않다.

(d) 그 지역의 거의 모든 회사들은 그 추세를 따를 것이다.

32.

"case-by-case exceptions are expected to be made by each department's supervisors"라는 내용에서 관리자들의 허락 하에 사례별 예외가 가능하다는 내용을 통해 재택근무를 원하는 사람들은 관리자의 허락을 받아야 한다는 것을 알 수 있다. 따라서 정답은 (c)이다.

33.

재택근무 폐지로 인해 생겨날 문제로 교통체증을 들고 있으며, "traffic experts worried about congestion on area roadways" 및 "is likely to cause traffic to be an issue again"의 내용을 통해 재택근무가 폐지될 때 교통체증이 발생할 수 있다는 것을 추론할 수 있다. 따라서 정답은 (b)이다.

abolish 폐지하다   telecommute 재택근무하다
congestion 밀집, 혼잡   reverse 뒤집다, 바꾸다   eligible
자격이 있는   supervisor 관리자, 감독관   implement
수행하다, 시행하다   retrograde 퇴행하는, 역행하는
strategy 전략   commonplace 일반적인, 흔한   be
reluctant to ~을 내키지 않다   permission 허락, 허가
cost-effective 비용효과적인

34~35

에두아르 마네의 〈풀밭 위의 점심식사〉

마네의 〈풀밭 위의 점심식사〉는 현대 미술의 전환점으로 그리고 전통적인 주제와 재현 방식으로부터의 새로운 자유로 여겨질 수 있다. 그 작품은 예술이 확립된 전통을 따르고 영원성을 달성해야 한다는 고전주의적 관점에서 벗어난 대표적인 인상주의 작품들 중 하나였다. 그 그림이 처음 갤러리에 제출되었을 때, 그것은 여성 누드와 옷을 갖춰 입은 부르주아 남성들 사이의 부조화 때문에 프랑스 한림원에 의해 거부당했다. 게다가, 그들의 모습은 그 비현실적인 장면을 그 당시 대중들의 눈에는 외설적인 것으로 만들었다.

그러나 마네는 그가 이탈리아 화가인 티지아노 베첼리오에 의해 그려진 〈전원 음악회〉에 대한 경의의 표시였다고 주장했다. 그래서 마네는 공식적인 갤러리에 의해 거부된 그림들을 전시하기 위해 설립된 대안적 전시회인 "낙선전"에 그림을 전시했다. 그는 르네상스 그림에서 강조된 3차원적 원근법에 저항하기 위해 평면으로 형상을 그리기 위해 노력했다. 그의 그림 속 스타일과 현실적인 소재는 현대 회화에 영향을 끼친 것으로 보고되고 있다.

---

34 Q 지문의 주제는 무엇인가?

(a) 마네가 어떻게 인상주의 회화라고 불리는 새로운 스타일을 개척했는지

(b) 왜 마네는 이탈리아 화가인 티지아노 베첼리오를 존경했는지

(c) 왜 인상주의 그림은 대중들로부터 차단되었는지

(d) 예술계에서 거부된 그림이 어떻게 현대 회화에 영향을 끼쳤는지

35 Q 〈풀밭 위의 점심식사〉에 대해 추론할 수 있는 것은?

(a) 전통적인 회화 스타일을 유지하는 사람들에게 영합하지 못했다.

(b) 확립된 예술적 전통을 따르는 것으로 여겨졌다.

(c) 프랑스 예술가들은 〈전원 음악회〉에서 발견되지 않은 외설성을 비판했다.

(d) 3차원적 원근법은 그 그림의 주요 스타일이었다.

34.

에두아르 마네의 〈풀밭 위의 점심식사〉라는 작품에 대한 글이며, "His painting style and realistic subject matter in the painting are reported to have influenced modern painting"이라는 내용을 통해, 주류 미술계에서 거부당했던 그의 그림이 현대 회화에 영향을 끼쳤다는 것이 주제임을 알 수 있다. 따라서 정답은 (d)이다.

35.

에두아르 마네의 〈풀밭 위의 점심식사〉는 당대 미술계 및 대중들에게 거부당했는데, "a new freedom from traditional subjects and modes of representation"라는 내용을 통해 전통적인 관점에 부합하지 않았기 때문이라는 것을 추론할 수 있다. 따라서 정답은 (a)이다.

turning point 전환점   mode 방식   representation
묘사, 표현, 재현   representative 대표적인
impressionist 인상주의의   conform to 따르다,
순응하다   perpetuity 영속성, 불멸성   salon 미술전람회
incongruity 불일치, 부조화   bourgeois 부르주아, 자본가,
중산계급   render 만들다   obscene 외설적인   assert
주장하다   pay homage to 경의를 표하다   flatness 평평함
three-dimensional 3차원의   perspective 관점, 원근법
emphasize 강조하다   pioneer 개척하다   venerate
존경하다   conventional 전통적인

Part I					
01 (a)	02 (c)	03 (d)	04 (c)	05 (b)	06 (d)
07 (c)	08 (b)	09 (c)	10 (a)		

Part II	
11 (c)	12 (a)

Part III					
13 (d)	14 (b)	15 (b)	16 (d)	17 (c)	18 (b)
19 (a)	20 (b)	21 (c)	22 (c)	23 (b)	24 (c)
25 (d)					

Part IV					
26 (a)	27 (b)	28 (b)	29 (d)	30 (d)	31 (a)
32 (b)	33 (c)	34 (b)	35 (c)		

Part I

01

미국의 가장 유명한 소스 중 하나인 타바스코 소스는 지난 세기에 걸쳐 꾸준히 인기를 끌어왔는데, 그것은 아마도 <u>이 회사가 전통을 고수하기</u> 때문일 것이다. 이 매콤한 소스는 1868년 에드먼드 매킬레니에 의해 처음 생산되었다. 그의 가족은 그 이후로 줄곧 사업을 운영해 오고 있다. 타바스코에 쓰이는 고추는 원래 에이버리 아일랜드에서 생산된 것인데, 오늘날 그 종자는 같은 지역에서 나오지만 고추는 다른 지역에서 재배된다. 그리고 여전히 손으로 고추를 따고, 빻아서, 통에 저장해, 식료품점에 도달하기 전에 3년 동안 보관한다.

(a) 이 회사가 전통을 고수하기
(b) 미국인들이 음식에 맛내기를 좋아하기
(c) 생산 과정이 발달했기
(d) 그 고품질의 재료들

타바스코 소스의 생산 과정에서 여전히 손으로 따서, 빻고, 일정 기간 보관해 놓았다가 판매한다는 것이다. 즉, 예전부터 하던 방법 그대로 쓰고 있음을 강조하고 있으므로 (a)가 적절하다. 고품질의 재료 때문이라면 그 재료의 우수성에 대한 내용이 나왔을 것이므로 (d)는 알맞지 않다.

condiment 소스, 양념 steadily 꾸준하게 popularity 인기 pepper 고추 mash 으깨다 barrel 통 stick to ~을 고수하다 flavor 맛을 내다 evolve 발달하다 high-quality 고품질의 ingredient 재료

02

일상생활에 쫓기다 보면, 수많은 작고 사소한 것들에 질리기 쉽다. 분명히 세세한 것들도 중요하지만, 시험이나 축구 경기, 정시에 등교하는 것에 관한 걱정은 손해가 될 수 있다. 모든 중압감 속에서 우리는 주위의 아름다운 것들에 관심 갖는 것을 잊게 된다. 하지만 속도를 늦추고 주위를 돌아보면 사랑스러운 꽃들과 웃음 짓는 두 친구들, 또는 계단을 내려오는 어머니를 돕는 남자를 발견하게 될 것이다. 이러한 순간들이 우리에게 <u>사소한 일들에 너무 스트레스를 받지 않도록</u> 일깨워 준다.

(a) 우리의 많은 책임감들을 두고 가도록
(b) 미래에 성취할 모든 것들을
(c) 사소한 일들에 너무 스트레스를 받지 않도록
(d) 관찰이 개인적 위안으로 이어진다는 사실을

필자가 정말 하고 싶은 말은 But 이후에 나온다. 사소한 일에 스트레스를 받지 않고 천천히 주위를 둘러보면 주위의 아름다움을 볼 수 있을 거라고 하므로 (c)가 적절하다. 관찰 그 자체가 위로가 된다는 것은 아니므로 (d)는 적절하지 않다.

overwhelm 압도하다 on time 정시에 take one's toll 피해를 주다 pressure 압박감 slow down 속도를 늦추다 remind 상기시키다 leave behind 두고 가다 accomplish 성취하다 minor 사소한 observation 관찰 comfort 위로, 위안

03

캠든 박물관에서 전시하는 마야 문명의 보석이 여러분을 초대해 <u>고대 아메리카의 전설을 탐구하도록</u> 합니다. 세계는 수 세기 동안 마야인의 성스러운 전통과 그 신성한 보물에 관해 소문으로만 들어 왔습니다. 돌로 만든 신전에서 그곳의 성직자들이 영적인 세계와 소통했다고 알려졌습니다. 스페인 사람들이 오늘날의 콜롬비아 땅에 발을 디뎠을 때, 그들은 이런 이야기들의 원천에 접근했습니다. 그 시대의 400여 점이 넘는 유물들의 전시는 콜롬비아 고대인들이 그들의 종교 의식에 음악과 향정신성 식물을 어떻게 이용했는지를 보여 줍니다.

(a) 고대 도시의 유적을 발굴하도록
(b) 마야인들의 예술과 공예를 실습하도록
(c) 콜럼버스가 미 대륙을 발견하기 이전의 기술을 배우도록
(d) 고대 아메리카의 전설을 탐구하도록

소문으로만 들었던 마야인의 종교적인 전통 의식에 썼던 보물을 보여 주는 전시라는 점이 가장 중요하므로 (d)가 가장 적절하다. 유적을 발굴한다거나 예술 공예품을 실습을 한다는 언급은 없다.

sacred 성스러운, 종교적인 local 현지의 priest 성직자
temple 사원 land 발을 디디다 artifact 유물 reveal
드러내 보이다 mind-altering 정신에 변화를 주는, 향정신성의
religious ceremony 종교 의식 ancestor 조상 craft
공예 pre-Columbian 콜럼버스가 미 대륙을 발견하기 이전의
excavate 발굴하다 remains 유적 legend 전설

04

그랜빌 타임즈
과학 〉건강

네덜란드의 마스트리흐트 대학의 과학자들이 **보다 환경적이고 인도적이 되기 위한** 노력으로 암소 없이 소고기를 생산해 냈다. 인조육을 만들기 위해 동물의 근육 줄기 세포를 복제해 실험실에서 배양했다. 이 과정은 과거의 방식으로 같은 양의 고기를 키우는 데 필요했던 에너지의 약 90%를 절약하는 것으로 추정된다. 이것은 또한 열악한 환경에서 동물들을 키우거나 도축해야 했던 윤리적 문제들도 방지한다.

(a) 더 맛있는 고기 제품을 생산하기 위한

(b) 흥미로운 속임수로 고객들을 끌기 위한

(c) 보다 환경적이고 인도적이 되기 위한

(d) 가축 사육의 비용을 줄이기 위한

실험을 통해 인조육을 만들어서 에너지도 절약하고 윤리적 문제들도 해결한다고 했으므로, 두 가지의 내용을 모두 포괄하는 (c)가 알맞다. (d)는 글의 전체적인 내용을 담지 못하므로 적절하지 않다.

artificial 인조의 stem cell 줄기세포 clone 복제하다
estimate 추정하다 old-fashioned 구식의 ethical
윤리적인 poor 열악한 slaughter 도축하다 tasting
맛있는 humane 인도적인 expense 비용 cattle 가축

05

주로 콩고의 열대 우림 지역에서 볼 수 있는 오카피는 **몇개의 종을 특이하게 섞은 것처럼 보인다.** 관광객들은 가끔 오카피의 크기와 모양이 당나귀나 말과 비슷한데 등은 검붉은 색이라는 데 놀란다. 하지만 오카피의 다리는 얼룩말의 무늬와 거의 똑같다. 동시에 머리 모양은 기린의 그것과 많이 흡사하다. 더욱이 오카피는 목이 긴 짐승의 강하고 유연한 혀를 가지고 있는데, 이 혀는 나무에 달린 잎을 뜯어 먹는 데 쓴다.

(a) 주로 진화 생물학자들에 의해 연구된다

(b) 몇 개의 종을 특이하게 섞은 것처럼 보인다

(c) 세 가지 다른 동물의 가장 좋은 특성을 섞은 것이다

(d) 사파리에 온 관광객들의 명물이 되었다

오카피는 당나귀, 얼룩말, 기린의 특성을 모두 갖고 있는 특이한 동물이라고 소개하고 있으므로 (b)가 적절하다. 세 가지 동물의 특성이 가장 좋은 특성이라고 언급하지 않았으므로 (c)는 알맞지 않다.

rainforest 열대 우림 marvel 경이로워하다 marking
(얼룩) 무늬 flexible 유연한 evolutionary 진화의
biologist 생물학자 trait 특성

06

기술을 사용할 수 있기 전에 대부분의 농업은 개개 가정에 의해 이루어졌다. 20세기에 새로운 기계를 이용할 수 있게 되면서 산업형 농업이 출현했다. 기계화와 화학 제초제, 비료를 이용하여 기업들은 전국에 수급 가능한 식량을 대량으로 생산하고 유통시킬 수 있었다. 하지만 시간이 흐르면서 사람들은 이 방식이 자원을 급격하게 감소시키고, 식량의 영양가를 빼앗는다는 것을 알게 되었다. 최근 몇 년간 더 많은 언론 매체가 이에 대해 보도했고, 수천 명의 소규모 농부들은 전국에서 **전통적인 방법으로의 회귀를 나타내면서** 모습을 드러냈다.

(a) 대규모 농장이 더 이상 먹히지 않는다는 것을 입증하면서

(b) 예상하지 못했던 새로운 개발을 이끌면서

(c) 훨씬 더 많은 양의 식량을 공급하면서

(d) 전통적인 방법으로의 회귀를 나타내면서

20세기에 등장한 산업형 농업이 자원을 고갈시키고 영양가도 떨어뜨린다는 것을 알게 되면서 과거의 소규모 농부들이 모습을 드러냈다고 하므로 (d)가 가장 적절하다. 대규모 농장이 더 이상 효과가 없다는 것을 입증한다기보다, 산업형 농업의 부정적인 측면이 드러났기 때문에 소규모 농장이 다시 출현한 것이므로 (a)는 알맞지 않다.

mechanization 기계화 pesticide 제초제 fertilizer
비료 distribute 분배하다 massive 거대한 quantity 양
deplete 감소시키다 nutritional value 영양가 news
outlet 언론 매체 demonstrate 입증하다 indicate
나타내다, 시사하다

07

과학자들은 최근 매우 강력한 우주 망원경을 사용해 HFLS3라는 활동적인 은하계에서 온 상당량의 빛에 주목했다. 그 거리가 먼 것으로 보아 그 빛은 사실상 수십억 년 된 것이었다. 빛의 세기는 그 당시 HFLS3가 우리 은하수보다 2천배 이상 더 빠르게 변한 형성하고 있었음을 나타내는데, 이는 천문학자들이 그때껏 본 적 없는 것이었다. 그들은 **놀라운 속도로 새로운 별을 만들어 내고 있던** 멀리 떨어진 태양계를 발견했다고 결론지었다.

(a) 완전히 이해하기에는 너무 멀리 있었던

(b) 지구라는 행성에 끝없이 에너지를 제공할 수 있던

(c) 놀라운 속도로 새로운 별을 만들어 내고 있던

(d) 셀 수 없이 많은 행성을 보유한

멀리 떨어져 있지만 그 빛의 세기로 보아, 이 은하계의 별 생성이 매우 빠르다는 것은, 바꿔 말하면 놀라운 속도로 새로운 별을 만들어내고 있었다고 말할 수 있다. 따라서 정답은 (c)이다. 글의 요지는 이 은하계의 별의 생성 속도가 매우 빠르다는 것에 있다.

space telescope 우주 망원경   energetic 활발한
galaxy 은하계   solar system 태양계   astronomer
천문학자   astonishing 믿기 힘든, 놀라운   rate 속도
uncountable 셀 수 없는

08

그리스 문자는 수학과 과학에서 등식을 설명하는 단축 기호로 사용된다. 한 예가 문자 파이(π)로, 원의 둘레를 계산하기 위한 숫자를 나타낸다. 델타(δ)는 선의 기울기 증가와 같은 값의 변화를 표시하는 데 쓰인다. 한편, 대문자 시그마(Σ)는 계산기로 긴 일련의 숫자를 더하도록 한다. 종합하여 볼 때, 그리스 문자들은 **다양한 방법으로 값과 연산을 전달하는** 기능을 한다.

(a) 학생들이 등식을 보다 빨리 배우도록 효율적으로 돕는
(b) 다양한 방법으로 값과 연산을 전달하는
(c) 그것이 어떻게 작용하는지 많은 사람들의 이해가 없이
(d) 수학적 이론에 필요한 세부 사항을 제공하는

그리스 문자가 수학과 과학에서 등식을 설명하는 기호로 사용된다고 하며, 그 예로 각각 다른 역할을 하는 파이와 델타, 시그마를 들고 있다. 따라서 그리스 문자가 다양한 방식으로 값과 연산을 전달하는 기능이 있다는 내용이 알맞으므로 정답은 (b)이다.

shortcut 단축 기호   interpret 설명하다, 해석하다
equation 등식   calculate 계산하다   circumference
둘레   value 값, 가치   slope 기울기   uppercase 대문자의
calculator 계산기   symbol 상징, 기호   function
기능을 하다   communicate 전달하다   operation 연산
mathematical 수학의

09

비밀 투표에 의한 선거는 유권자들에 대한 외압의 가능성을 줄이는 하나의 방법이다. 이는 사람들을 위협과 압력으로부터 보호하기 위해 고안되었다. 어떤 사람이 비밀로 투표를 할 수 없다면, 다른 이들이 때로 강압적인 방법을 써서 그의 마음을 바꾸려 하는 것은 뻔한 일이었다. **그럼에도 불구하고** 비밀 투표는 19세기 서양에만 보급되었다. 고대 그리스에서도 이용되었지만, 프랑스에서는 1795년 의회에서 쓰기 시작했다. 그리고 1856년에는 영국령 태즈메이니아에서, 1892년에는 매사추세츠에서 채택되었다.

(a) 그보다
(b) 정반대로
(c) 그럼에도 불구하고
(d) 대신에

빈칸 앞에서는 누구나 공감할 수 있는 비밀 투표의 필요성에 대해 설명하고, 빈칸 뒤에서는 비밀 투표가 지역별로 서서히 도입되었음을 이야기하고 있으므로 역접의 연결어가 적당하다. 따라서 (c)가 정답이다.

secret ballot 비밀 투표   voter 유권자   intimidation
위협, 협박   keep private 비밀로 하다   forceful 강압적인
methode 방법   widespread 널리 퍼진   adopt 채택하다

10

상당수의 사람들이 휴대 전화에서 나오는 전자파의 잠재적인 건강상의 위험에 대해 걱정한다. 대중 매체의 상반되는 보도는 혼란을 더할 뿐이다. 휴대 전화와 기지국, 와이파이에 사용되는 주파수는 생물학적으로 안전한 수준에 있다는 확신이 있다. 자외선과 감마선, 엑스레이 같은 더 높은 에너지의 주파수만이 DNA를 손상시킬 수 있다는 것이다. **그렇기는 하지만** 세포가 전자파의 모든 영역의 영향을 받는다는 보도를 인용하며, 모든 사람이 이것이 유용한 과학이라고 수긍하는 것은 아니다.

(a) 그렇기는 하지만
(b) 게다가
(c) 마찬가지로
(d) 한술 더 떠서

빈칸 앞에서는 휴대 전화에서 나오는 전자파는 안전한 수준이라는 내용이며, 빈칸 뒤에서는 그래도 세포는 전자파의 영향을 받는다며 모든 사람들이 전자파의 안전성에 수긍한 것은 아니라는 내용이 이어지므로 (a)가 적절하다.

potential 잠재적인   hazard 위험   electromagnetic
radiation 전자기 방사선   conflicting 상반되는
assurance 확신   cell tower 휴대 전화 기지국
frequency 주파수   biologically 생물학적으로   convince
납득시키다   cite 인용하다   spectrum 스펙트럼, 범위

Part II
11

서양인들이 해초의 이점과 좋은 맛을 알아차리기 시작하면서 더 자주 해초를 즐겨 먹고 있다. (a) 아직 수프나 샐러드처럼 다른 음식들에 이용되지는 못했지만, 대개 말린 간식으로 먹고 있다. (b) 그래도 적어도 서양인들은 미네랄이 풍부한 이 저칼로리 식품의 가치를 이해하고 있다. (c) 아시아에서는 해조류가 식단의 중요한 부분으로 적어도 하루에 한 번 식탁에 오른다. (d) 더욱 고무적인 것은 건강 관련 뉴스 보도에서 해초에 들어 있는 단백질이 얼마나 혈압을 낮출 수 있는지에 관해 설명하고 있다는 점이다.

아직은 제한적이지만 서양인들이 해조류의 가치를 알고 더 많이 즐기게 되었다는 글이다. (c)는 아시아의 식단에 오르는 해조류에 관한 이야기로 글의 흐름에 가장 어울리지 않는다.

recognize 인식하다   flavor 풍미, 맛   seaweed 해초
catch on to ~을 이해하다   value 가치   mineral 미네랄,
무기질   marine plant 해조류   encouraging 고무적인
blood pressure 혈압

12

좀비는 최근 비디오 게임과 TV 방송, 영화, 심지어 문학
에도 등장하면서 현대 시장의 큰 부분을 차지하고 있다.
(a) 이야기 속에서 좀비는 인류를 위협하는 것으로 보인다.
(b) 일부에서는 좀비들이 현대 생활의 무서운 특성을 나타
내기 때문에 인기가 있다고 주장한다. (c) 우선, 좀비를 정
의하는 특징이 좀비가 가진 더 많은 것에 대한 끊임없는 갈
망과 만족하지 못하는 점이다. (d) 같은 맥락에서 선진국들
의 현대 소비자들은 더 많은 옷과 더 좋은 집, 새로운 기기
와 자동차를 항상 갈망하고 있다.

좀비가 현대 시장에서 인기가 있는 것은 좀비의 특성과 현대인
들의 특성이 서로 관련이 있기 때문이라는 내용이다. (b)가 주제
이고, (c)와 (d)에서 근거를 제시하고 있다. 하지만 (a)에서는 일
반적으로 이야기 속에 나타나는 좀비의 모습을 이야기하고 있
으므로 전체 맥락에 가장 알맞지 않다.

marketplace 시장   literature 문학   menace 위협하다
threat 위협   humanity 인류   frightening 겁을 주는
characteristic 특징, 특질   ongoing 지속적인   hunger
갈망   inability 할 수 없음   consumer 소비자   first
world 선진국들   long for 열망하다   gadget 기기

Part III
13

난독증에는 몇 가지 문제 유형이 있다. 하나는 시각적 과밀
화 현상인데, 많은 글자가 한 페이지에 있기 때문에 한 번
에 한 단어를 집중하기가 어렵다. 그러나 연구자들은 전자
책 단말기가 이런 어려움을 해결한다는 것을 알아냈다. 문
장의 줄이 짧아질 수 있고, 글자가 확대될 수 있기 때문에
난독증이 있는 사람들이 일반적으로 겪게 되는 정신이 산
만해지는 상황을 줄인다는 것이다. 전자책 단말기를 이용
해서 난독증이 있는 많은 이들이 글로 써진 정보를 더 빨
리, 더 쉽게 읽을 수 있다.

Q 이 글의 주된 내용은?
(a) 난독증 학생들이 겪는 특정 어려움들 중 하나
(b) 독자가 개별적인 단어에 집중하도록 돕는 전략
(c) 구입 적정 가격이 되도록 책의 판형을 변경하기
(d) 학습 장애가 있는 사람들을 도울 수 있는 장치

전자책 단말기로 난독증이 있는 사람들의 어려움이 해소되어
글을 읽을 수 있다고 하므로 (d)가 알맞다. 이 글은 난독증이 있
는 독자에 대한 내용이므로 일반적인 독자까지 포괄하는 (b)는
주된 내용으로 보기 어렵다.

dyslexia 난독증   component 구성하는   e-reader
전자책 단말기   alleviate 완화하다   enlarge 확대하다
distraction 집중을 방해하는 것   encounter 맞닥뜨리다
separate 개별적인   format 구성하다   disability 장애,
장애가 있는 사람

14

공고

로진데일 출신의 45세인 데보라 오그렌 씨는 버지니아 주
생활 준비 캠페인의 새 얼굴이 될 것입니다. 이 프로그램은
사람들이 안정된 생활 환경을 유지하고 직업을 가질 수 있
도록 훈련시킵니다. 한때 노숙자 보호소에서 생활했던 오
그렌 씨는 로진데일의 새 주택 프로그램의 성공을 홍보하
는 게시판 광고에 나오게 되어 기쁘다고 말했습니다. 오랜
세월 거리에서 생활한 끝에 그녀는 최근 교육을 마치고 폭
스우즈 선박 회사에서 정비공으로서 꿈에 그리던 일자리를
얻었습니다.

Q 공고의 목적은?
(a) 버지니아 주의 일자리를 광고하려고
(b) 사회 프로그램을 홍보하는 사람을 소개하려고
(c) 노숙자들을 위한 프로그램을 사람들에게 알리려고
(d) 실습생에서 근로자로 전환하는 방법을 설명하려고

노숙자 출신의 데보라 오그렌 씨가 버지니아 주의 사회 복지 프
로그램인 생활 준비 캠페인의 새 얼굴이 될 것이라는 내용의 공
지로 정답은 (b)이다.

native 출신의   stable 안정된   rejoin 다시 합류하다
workforce 노동력   homeless 노숙자   shelter 보호소
billboard 게시판   ad 광고   highlight 강조하다   housing
주택 공급   land a job 취직하다   mechanic 정비공
employment 고용, 취업   publicize 홍보하다   transition
이행하다   trainee 수습, 실습생

15

화성과 목성 사이에서 태양 주위를 도는 왜성 케레스는
1801년 눈부신 태양 뒤로 사라지기 전에 한 달 간 처음 발
견되었다. 몇 달 후 망원경을 이용해 그것을 다시 찾는 것
은 불가능한 것으로 드러났다. 이 행성은 태양 괘도의 불확
실한 지점에 있었고, 지구 자체도 계속 움직이고 있다. 행
성을 찾을 유일한 방법은 지구에서 태양까지 고정 거리를
이용하는 것이었다. 천문학계에 다행히도, 수학자 칼 프리
드리히 가우스가 이것을 알고 그 위치를 정확히 계산해 냈
다. 이는 천문학의 관측 분야에 있어 중대한 발전이었다.

Q 이 글의 주된 내용은?
(a) 가우스가 수학의 새 분야를 만들었다.
(b) 궤도는 수학적으로 예측될 수 있다.
(c) 망원경은 행성까지 거리를 보여줄 수 있다.
(d) 태양계에는 아직도 알려지지 않은 행성들이 있다.

망원경으로 관찰할 수 없었던 행성을 한 수학자가 지구와 태양의 고정 거리를 이용해 그 위치를 정확히 계산해 냈다는 내용이므로 (b)가 적절하다. 천문학적 분야에 관한 내용이며, 수학의 새로운 영역을 만들었다고 볼 수 없으므로 (a)는 알맞지 않다.

dwarf planet 왜성 **circle** ~의 주위를 돌다 **track** 추적하다 **glare** 눈부신 빛 **telescope** 망원경 **orbit** 궤도 **consistent** 불변의 **distance** 거리 **astronomy** 천문학 **mathematician** 수학자 **catch on to** ~를 알다, 이해하다 **calculate** 계산하다 **crucial** 중대한 **astronomical** 천문학의 **observation** 관측 **mathematics** 수학 **solar system** 태양계

16

어린아이들이 친절함과 동정심을 가지고 행동하도록 하는 것은 부모로서 섬세한 균형감을 요구한다. 아이들에게 너무 많은 자유를 주고 그들이 원하는 모든 것을 제공하는 것은 자기중심적 태도와 자기가 원하는 모든 것들이 항상 충족되어야 한다는 기대감을 갖게 한다. 반면에 심한 훈육과 단호한 처벌은 아이들이 스스로 통제하는 법을 배우거나 자신감을 얻기 어렵게 한다. 이 양극단 사이에서 길을 찾음으로써, 부모는 자식들이 균형 잡힌 개인으로 성숙하는 것을 보게 될 것이다.

Q 이 글의 주된 요지는?
(a) 자기중심성은 어린아이들의 자산이 된다.
(b) 엄격한 가르침은 올바른 행동으로 이어질 수 있다.
(c) 부모가 자식이 원하는 모든 것을 충족시켜 줘야 하는 것은 아니다.
(d) 육아 기술에서 중심을 잡는 것이 최선이다.

자식을 키울 때, 부모가 자식에게 너무 많은 자유를 주는 방식과 지나치게 엄격하게 가르치는 방식 사이에 균형을 잘 잡아야 자식이 균형 잡힌 개인으로 성장할 수 있다는 내용이므로 글의 요지로 (d)가 적절하다.

compassion 연민, 동정심 **delicate** 섬세한 **self-centered** 자기중심적인 **attitude** 태도 **expectation** 기대 **desire** 욕구 **discipline** 훈육 **confidence** 자신감 **path** 길 **extreme** 극단 **mature** 성숙하다 **asset** 자산 **strict** 엄격한 **proper** 올바른 **parenting** 육아

17

비즈니스 월드

세간의 이목을 끄는 세일즈맨인 케빈 트루도는 거짓 광고로 벌금 3천 7백만 달러를 내야 한다. 다이어트에 관한 자신의 최근 저서 홍보 광고에서 트루도는 체중 감량 계획은 '쉽다'고 주장했다. 하지만 그 책은 사람들에게 비싼 치료를 권하면서 충분한 칼로리 소모 없이 장기간 계속하기를 권한다. 트루도는 아직 벌금을 내지 않았는데 그가 벌금을 낼 만한 돈이 없었다는 걸 주장하면서 사치품 구매에 수백 달러를 쓴 것을 판사가 알게 된 후에 법원에 불려 갔다.

Q 이 글에 의하면 케빈 트루도에 관해 다음 중 옳은 것은?
(a) 그는 벌금을 지불할 만한 충분한 돈을 벌 수 없었다.
(b) 그의 체중 감소 계획은 매우 효율적인 것으로 드러났다.
(c) 그의 소비 습관이 법 집행으로 감시되어 왔다.
(d) 자신에게 닥친 법적 문제를 해결하기 위해서 판사와 조치를 취하는 중이다.

사치품 구매에 수백 달러를 쓴 것을 판사가 알게 되었다는 것은 그의 소비 행태가 법에 의해 감시되었던 것으로 볼 수 있으므로 (c)가 알맞다. 사치스러운 생활을 하면서도 벌금을 내고 있지 않았다고 하므로 (d)는 적절하지 않다.

high-profile 세간의 이목을 끄는 **fine** 벌금 **commercial** 광고 **treatment** 치료 **period** 기간, 시기 **consume** 소비하다 **luxury goods** 사치품 **monitor** 감시하다 **enforcement** 집행 **take a step** 조치를 취하다 **resolve** 해결하다

18

벌새는 육안으로는 거의 보이지 않는데, 크기가 5센티미터 정도밖에 되지 않기 때문이다. 고속 카메라만이 벌새의 모습을 담을 수 있는데 이 새는 초당 80번 날갯짓한다. 벌새는 주로 혼자 지내며, 교미하기 위해서 짝을 맺을 뿐이다. 아주 작은 둥지(인형의 컵 만한 크기)를 지어 거미줄을 이용해 나뭇가지에 붙인다. 벌처럼 벌새도 다양한 식물을 수분시키는데, 그래서 식물의 생존에 필수적이다. 쿠바에서 아주 흔한 새지만 현재 개체 수가 감소하고 있다.

Q 이 글에 의하면 벌새에 관해 다음 중 옳은 것은?
(a) 안전상 나무 꼭대기에 알을 놓는다.
(b) 여러 면에서 곤충들과 유사점이 있다.
(c) 개체 수 감소는 쿠바의 서식지 변화 때문이다.
(d) 포식자로부터 살아남기 위해 무리를 형성한다.

크기가 매우 작은 특징을 갖고 있는 벌새는 벌처럼 다양한 식물을 수분시켜 식물의 생존에 중요한 역할을 한다고 하므로 곤충과 유사점이 있다는 (b)가 알맞다.

high-speed camera 고속 카메라 **flap** 퍼덕이다 **primarily** 주로 **form** 형성하다, 맺다 **mate** 교미하다 **pollinate** 수분하다 **survival** 생존 **on the decline** 내리막에 **similarity** 유사성 **population** 인구, 개체 수 **habitat** 서식지 **flock** 떼, 무리 **aid** 거들다 **protection** 보호 **predator** 포식자

19

공고

다음 주 토요일 오후에는 지난해 다양한 방법으로 지역을 개선하는 데 시간을 보냈던 고등학생들을 표창하기 위해 이웃들과 함께 개리슨 공원으로 오세요. 10대들과 방문해서, 벽화와 나무 심기, 야외 공연을 비롯해 더 나은 동네를 만들기 위한 그들의 프로젝트에 관해 알아보세요. 지역 사회 정신에 입각해 파티 참가자들과 함께 나눌 좋아하는 음식을 가져오세요. 어린이들과 애완동물도 환영합니다. 행사는 학생들을 위한 시상식으로 마칠 것입니다.

Q 공고에 의하면 파티에 관해 다음 중 옳은 것은?

(a) 지역의 자원봉사자들의 노력이 인정받을 것이다.

(b) 참석자들은 공원 개선을 도울 것이다.

(c) 음식은 파티 주최 측에서 제공할 것이다.

(d) 학생들은 학업 성적을 보여 줄 것이다.

지역 개선을 위해 봉사 활동을 했던 고등학생들을 표창하기 위한 모임으로 학생들의 노력이 인정받는 자리가 될 것이다. 따라서 정답은 (a)이다. 음식은 파티 기획자들에 의해 제공될 것이 아니라 각자 가져와야 하므로 (c)는 적절하지 않다.

honor 표창하다 **better** 개선하다 **mural painting** 벽화 **planting** 심기 **outdoor performance** 야외 공연 **in the spirit of** ~의 정신에 따라 **party-goer** 파티 참석자 **conclude** 마치다 **award ceremony** 시상식 **volunteer** 자원봉사자 **attendee** 참석자 **organizer** 주최자 **display** 내보이다 **academic achievement** 학업 성취도

20

잭슨 폴락의 미술 작품에 대해 몇몇 비평가들은 그것을 예술로 여기기는커녕 무가치한 것이라고 생각하곤 했다. 그럼에도 불구하고, 1억 4천만 달러에 그의 작품 〈No. 5, 1948〉는 2006년 경매에서 세계에서 가장 비싸게 팔린 그림으로 나왔다. 팬들은 물감을 떨어뜨리는 그의 그림 스타일이 캔버스 위의 선에 관한 화가들의 생각을 바꾸었다고 말한다. 그는 뭔가 사실적인 것을 표현하려 하기보다 무작위적이고 순간적인 색의 창조에 기댔다. 일부에서는 그의 작품이 단순하고 성의 없다고 생각했지만, 다른 쪽에서는 뭔가 완전히 추상적인 것에 주목한 점에 박수를 보냈다.

Q 이 글에 의하면 잭슨 폴락의 작품들에 관해 다음 중 옳은 것은?

(a) 작품들은 실제로 유치하고 쓸모없다.

(b) 폴락의 작품들은 상반된 의견들을 불러일으킨다.

(c) 그들은 다양한 예술적 접근을 조합한다.

(d) 그의 최고 작품들에는 숨겨진 상징주의가 있다.

일부에서는 그의 작품이 단순하고 성의 없다고 생각했지만 다른 이들은 완전히 추상적인 것에 주목한 점에 갈채를 보냈다고 하므로 그의 작품에 대한 평가가 상반된 의견을 낳는다는 (b)가 알맞다. 물감을 떨어뜨리는 그림 스타일에 무작위적이고 순간적인 색의 창출에 기댔다고 하므로 숨겨진 상징주의가 있다고 보기는 어렵다.

critic 비평가 **worthless** 쓸모없는 **auction** 경매 **admirer** 숭배자 **drip** 뚝뚝 떨어짐, 물방울 **realistic** 사실적인 **resort to** ~에 기대다 **random** 무작위의 **creation** 창작 **lazy** 성의가 부족한 **applaud** 박수를 보내다 **abstract** 추상적인 **attract** 불러일으키다 **contrasting** 상반된 **combine** 결합하다 **varied** 다양한 **hidden** 숨겨진 **symbolism** 상징주의

21

특정 온도에서 우유에 두 가지 박테리아가 더해지면 요거트가 된다. 오늘날 식료품점에서는 브랜드와 유형, 맛에 따라 온갖 종류의 요거트를 취급하여, 그것이 마치 현대 문명의 산물인 양 보인다. 하지만 인간은 수백 년 동안 요거트를 즐겨 왔다. 중앙아시아에서는 기상 조건과 냉장의 부족으로 수 세기 전에 요거트가 주식이 되었다. 오늘날 서양에서는 가벼운 아침 식사로 꿀이나 과일을 섞어 먹지만, 터키 같은 나라에서는 저녁 식사에 사용된다.

Q 이 글에 의하면 요거트에 관해 다음 중 옳은 것은?

(a) 생산을 위해 복잡한 기술이 필요하다.

(b) 식량 공급에 비교적 최근에 더해진 것이다.

(c) 전 세계적으로 다양한 방식으로 이용된다.

(d) 세계의 한 지역의 한 문화에서만 발견된다.

환경적 조건에 의해 수 세기 전부터 중앙아시아에서 주식이 되었던 요거트에 관한 글이다. 오늘날 식료품점에서 다양한 제품을 만날 수 있고, 서양에서는 간단한 아침 식사 대용으로 먹지만 터키 같은 나라에서는 저녁으로 먹는다고 하므로 (c)가 가장 알맞은 내용이다.

bacteria 박테리아, 세균 **carry** 취급하다 **assortment** 모음, 종합 **modern civilization** 현대 문명 **weather conditions** 기상 조건 **lack of** ~의 결여 **refrigerator** 냉장고 **dietary staple** 주식 **relatively** 비교적 **complicated** 복잡한 **in a wide variety of** 매우 다양한

22

경영은 '일을 올바르게 하는 것'인 반면, 리더십은 '올바른 일을 하는 것'이다. 이는 영향력 있는 기업 컨설턴트이자 작가인 피터 드러커의 인용문에서도 볼 수 있다. 그는 '지식 노동자'라는 말을 만들어 냈다. 그는 정보 사회와 평생 학습의 필요성을 예견했다. 그렇지만 그는 회사의 성공이 리더십에 달려 있다고 기술하지는 않았다. 자신의 경험상 회사는 직원들이 자신이 훈련 받은 것들을 자유롭게 할 수 있을 때 가장 제대로 기능한다고 결론지었다.

Q 이 글에 의하면 다음 중 옳은 것은?

(a) 경영은 컨설턴트를 얼마나 잘 이끄는가에 달려 있다.

(b) 드러커는 강한 리더십의 중요성을 강조했다.

(c) 회사들은 주로 숙련된 노동력을 기반으로 성공한다.

(d) 정보 사회는 집중된 경영을 요구한다.

마지막 문장에서 직원들이 훈련 받은 일을 자유롭게 할 때 회사가 잘 돌아갈 수 있다고 하므로, 숙련된 노동력이 비즈니스 성공의 주요 기반이 된다는 (c)가 적절하다.

management 경영 **quote** 인용구 **influential** 영향력 있는 **corporate consultant** 기업 컨설턴트 **coin** (새로운 말을) 만들다 **foresee** 예견하다 **lifelong learning** 평생 학습 **state** 진술하다 **conclude** 결론짓다 **emphasize** 강조하다 **primarily** 주로 **skilled** 숙련된 **focused** 집중된

23

희토류는 주기율표에서 17개의 상당히 비중이 있는 원소 중 하나이다. 희토류가 반드시 지구상에서 가장 희귀한 원소인 것은 아니다. 희토류가 발견되는 광석 암석들이 일반적으로 광대한 지역에 분포되어 있기 때문에 희귀한 것으로 불린다. 이로 인해 희토류를 캐내는 일은 힘들고 비용이 많이 든다. 사실, 암석에서 희토류를 발굴하는 기술은 1950년대에만 개발되었다. 희토류의 수요가 그 시대 전자 제품 제조업의 번성과 함께 증가했기 때문에 이는 우연이 아니었다.

Q 이 글로부터 유추할 수 있는 것은?

(a) 최근 개발된 기술로 희토류를 발견할 수 있다.

(b) 이 원소들은 주로 전자 기기 제조에 쓰인다.

(c) 대규모 광업은 희토류의 비용을 낮출 것이다.

(d) 지도를 만드는 새로운 능력으로 희토류 찾기가 쉬워질 것이다.

글의 마지막에서 희토류의 수요가 그 시대 전자 제품 제조업의 번성과 함께 증가했다는 것에서 희토류가 전자 기기를 만드는 데 이용된다는 것을 유추할 수 있으므로 (b)가 적절하다. 희토류를 찾아내는 기술은 1950년대에만 개발되었으므로 (a)는 적절하지 않고, 규모가 작아서 비용이 높은 것이 아니므로 규모가 커진다고 해서 비용이 준다고 볼 수는 없으므로 (c)도 적절하지 않다.

rare earth 희토 **element** 요소, 성분 **periodic table** 주기율표 **mineral** 광물 **mine** 캐다 **costly** 돈이 많이 드는 **extract** 추출하다, 꺼내다 **accident** 우연 **shoot up** 급속히 자라다 **mapping** 지도 제작

24

여름 청소년 연수원(SYI) 프로그램

여름 청소년 연수원(SYI)에 지원하세요. 자신이 선택한 분야에 대해 안내를 받고 싶어 하는 고등학생들에게 딱 맞는 훈련 프로그램입니다.

- 연수원의 2주 과정 동안 참가자들은 정치 캠페인, 행사 편성, 제품 개발, 비즈니스 문제 해결 같은 실습 활동에 참여합니다.

- 참가자들은 또한 그룹으로 항의 사안을 처리하거나 불만족스러워하는 직원들에게 대처하는 방법과 같은 전문적인 문제를 다루는 것도 훈련하게 됩니다.

- 이러한 활동들로 연수원은 많은 대학과 기업체가 지원자들에게 기대하는 직접적인 경험을 제공합니다.

오늘 지원하세요!

Q 광고로부터 유추할 수 있는 것은?

(a) 연수원은 대부분 정치에 필요한 기술에 초점을 둔다.

(b) 학업적 교습만 필요한 학생들이 지원해야 한다.

(c) 참가자들은 자신의 목표를 달성하는 데 더욱 성공할 것이다.

(d) 연수원은 청소년들이 근무 중에 배우도록 한다.

참가 학생들에게 본인이 선택한 분야에 직업적인 실습 활동을 제공하여, 대학과 업체에서 기대하는 직접적인 경험을 제공한다고 하므로 참가자들의 목표 달성에 도움이 될 것임을 알 수 있다. 따라서 (c)가 정답이다. 연수원은 일을 하는 중에 배우도록 한다는 언급은 없으므로 (d)는 적절하지 않다.

participant 참가자 **take part in** 참여하다 **coordinate** 편성하다 **navigate** 처리하다, 다루다 **first-hand** 직접적 **applicant** 지원자 **academic** 학업적인 **tutoring** 교습 **on the job** 근무 중에

25

점점 더 많은 의사들이 환자들이 병과 싸우는 데 도움이 되도록 진료실에 '도우미 개들'을 데리고 있다. 병원에 방문했을 때 그들은 개를 데리고 산책할 수 있고 혹은 개가 환자와 함께 휴식하면서 위로와 애정을 주기도 한다. 그 개들은 또한 다른 방식으로도 이용될 수도 있다. 좀 더 구체적으로, 한 환자가 도전을 극복하거나 목표를 달성하면 보상으로 병원의 애완견과 시간을 보내도록 허락받을 수 있다. 이 동물들은 긍정적인 영향을 준다. 혈압과 스트레스 호르몬, 일반적인 불안 증상 등 모두 환자의 회복을 더디게 할 수 있는 요소들을 줄이는 데 도움이 될 수 있다.

Q 글쓴이가 가장 동의할 만한 것은?

(a) 병원에 개를 데려오는 것은 주요 건강상의 위험을 가져올 수 있다.

(b) 의사들은 다른 방법이 들지 않을 때 애완동물을 이용할 수 있다.

(c) 동물은 고통스러운 치료로부터 주의를 돌리는 용도다.

(d) 동물은 치유를 촉진하는 진정 효과가 있다.

병원의 동물들이 환자의 회복에 긍정적인 영향을 미칠 수 있다는 내용이므로 유추할 수 있는 것은 (d)가 적절하다. 다른 치료 방법이 들지 않을 때 동물을 이용하는 것이 아니라 보조적으로 환자에게 도움을 주도록 하는 것이므로 (b)는 적절하지 않다.

assistance 도움, 원조 **combat** 싸우다 **clinic** 병원 **affection** 애정 **specifically** 구체적으로 **overcome** 극복하다 **challenge** 해볼 만한 문제, 난제 **reward** 보상 **impact** 영향 **blood pressure** 혈압 **anxiety** 불안 **slow** 속도를 줄이다 **recovery** 회복 **pose** (위험·문제를) 제기하다 **distraction** 주의 분산 **calming effect** 진정 효과 **promote** 촉진하다 **healing** 치유

Part IV

26~27

어떤 부모들은 십대 아이들과의 강한 관계성을 형성하는 데 어려움이 있지만, 나는 그들 사이에 신뢰와 존경심을 갖는 것이 다른 어떤 것보다 더 중요하다고 생각한다. 그들은 그들 사이에 상황과 문제들을 공유할 수 있다는 것을 알 필요가 있다. 때때로 부모들의 반응은 그들의 아이들이 상황을 공유하거나 부모들의 간섭을 거부하도록 만든다. 따라서 중요한 것은 서로가 대우를 받아야 할 올바른 방법을 아는 것이다.

대부분의 부모들이 동의하듯이, 십대들은 자유롭고 독립적인 삶을 선호하며 부모들은 그것을 잘 이해하지 못한다. 그들은 부모님들의 말을 듣기를 원하지 않으며, 그들이 원하는 대로 하기를 선호한다. 그러나 그들은 그들의 부모님과 훨씬 더 많은 토론을 해야 한다. 십대 아이들은 자신과 부모 모두에게 힘든 기간이지만, 그들 삶의 최고의 기간을 즐기고 있다. 따라서 십대들과 부모들 사이의 좋은 관계를 형성하기 위하여 가장 중요한 것은 상호간의 신뢰감을 형성하는 것이다.

26 Q 본문에서 작가는 주로 무엇을 다루고 있는가?

(a) 부모와 십대 사이의 불화를 어떻게 해결할 것인지

(b) 십대가 왜 부모님에게 존경심을 보이기를 거부하는지

(c) 부모가 십대의 충동에 어떻게 대처하고 있는지

(d) 십대가 왜 자유롭게 독립적인 삶을 살기를 선호하는지

27 Q 작가에 대해 옳은 것은?

(a) 그 주변의 모든 부모들은 사회적 관계 형성에 어려움이 있다.

(b) 그는 관계 형성에서 신뢰와 존경을 높게 평가한다.

(c) 그는 십대일 때 항상 부모님의 조언을 받아들이지 않았다.

(d) 그는 사람들 사이에 상호 신뢰를 형성하는 것이 가장 힘든 일이라고 생각한다.

26.

십대와 부모들 사이의 관계 형성의 어려움과 이에 대한 대안을 제시하는 글인데, "having trust and respect between them is more important than any other thing"과 "the most important thing is to establish mutual trust"와 같은 내용을 통해 대안을 제시하고 있으므로, 부모들과 십대 아이들 사이의 불화를 해결하는 방법이 주제라는 것을 알 수 있다. 정답은 (a)이다.

27.

십대와 부모 사이의 관계 형성을 위해 "having trust and respect between them is more important"라고 제안하고 있으므로, 글쓴이는 관계 형성에서 신뢰와 존경을 높게 평가하고 있다는 것을 알 수 있다. 정답은 (b)이다.

relationship 관계 **interruption** 간섭, 개입 **independent** 독립적인 **relish** 좋아하다, 즐기다 **mutual** 상호간의 **discord** 불일치, 불화 **cope with** 대처하다 **value** 높이 평가하다 **confidence** 확신 **veneration** 존중, 존경

28~29

◀ 사이먼

⟨나⟩

안녕, 사이먼.

이제야 문자를 보내게 되어 정말로 미안해. 여기에 온 이후로 수업을 듣고 중국, 러시아, 태국, 스페인, 브라질 등 다양한 국적의 새로운 친구들을 사귀느라 너무 바빴어. 다행스럽게도 내 하숙집 가족들은 매우 호의적이고 친절해. 좋은 부모님인 수잔과 폴 외에도, 아이들인 로버트와 제인은 매우 사랑스럽고 귀여워. 물론 때때로 성가시기는 하지만. 우리는 도시 중심부와 매우 가까운 곳에 살고 있어. 그래서 쇼핑을 하고 무료 길거리 공연을 보면서 길거리에서 놀기도 했어. 만약 외국에서 공부하는 것에 여전히 관심이 있다면, 망설이지 말고 연락해.

〈사이먼〉

안녕, 프레드!

네가 새로운 삶에 만족하고 있다니 정말 다행이야. 너도 알고 있듯이, 나는 다른 나라에서 대학을 다닐 수 있는 기회를 갖기를 바라. 나는 다른 나라 출신의 외국 친구들을 사귀고 싶고, 그들의 문화와 관습에 대해 알고 싶어. 또한, 나는 선진국에서 유명한 과학자들과 공부하기 시작한다면 내 전공 실력을 향상시킬 수 있을 것 같아. 공부가 끝나면, 나는 고향에서 내 꿈을 실현하고 싶어. 새로운 소식은 계속 전해줄게.

28 Q 프레드는 왜 메시지를 보냈는가?

(a) 사이먼을 그의 대학에 초대하기를 원한다.

(b) 사이먼에게 그의 새로운 삶에 대해 알리기를 원한다.

(c) 하숙 가정과 함께 사이먼을 방문하기를 원한다.

(d) 사이먼과 도심에서 놀기를 원한다.

29 Q 대화 메시지에서 추론할 수 있는 것은?

(a) 프레드는 하숙집 가정의 아이들과 같은 대학에 다닌다.

(b) 프레드와 사이먼은 보통 주말마다 놀러 나간다.

(c) 프레드와 사이먼은 둘 다 해외에서 공부하기 시작했다.

(d) 사이먼은 외국에서 공부한 이후에 모국으로 돌아가기를 희망한다.

28.

사이먼에게 새롭게 생활하면서 겪고 있는 상황에 대해 알리는 내용의 메시지이므로, 사이먼에게 그의 새로운 삶에 대해 알리려는 내용이라는 것을 알 수 있다. 따라서 정답은 (b)이다.

29.

사이먼도 외국에서 공부하기를 원하지만, "After the end of my study, I'd like to realize my dreams in my homeland"라는 내용을 통해서, 외국에서 공부한 이후에, 고향으로 돌아오기를 원한다는 것을 알 수 있다. 따라서 정답은 (d)이다.

text ~에게 문자를 보내다 take a course 수업을 듣다 diverse 다양한 hang out 어울려 지내다 performance 공연 relief 안도, 안심 hail from ~출신이다 keep someone up-to-date 소식을 전하다

30~31

구인광고: 튜터

저희는 9월에 시작할 수 있는 능력 있는 튜터를 고용하려고 합니다. 지도 교수들의 추천서는 필수 사항이며, 시간 급여는 경력과 능력에 따라 결정될 것입니다.

- 학문 분야: 화학, 물리학, 생물학, 그리고 미적분학
- 주로 학교에서 상급 과정을 듣고 있는 고등학교 학생들 교육
- 당신이 가능한 시간 아무 때나 요일과 시간은 유동적입니다. 몇몇 학생들은 매주 동일한 시간에 오지만, 다른 학생들은 비정기적 시간에 약속을 요청하기도 합니다.
- 경력은 필수사항이 아니지만, 과목에 대한 지식과 설명할 수 있는 능력은 필수적입니다. 학생들과 좋은 관계를 형성하는 것은 필수적입니다. 왜냐하면 학생들의 다양한 능력 수준에 적응하는 것이 자신감에 영향을 줄 것이기 때문입니다.
- 만약 위에 언급되지 않은 과목을 가르치는 데 관심이 있다면, 저희에게 전화 주세요. 몇몇 다른 학생들은 때때로 다른 학과목에서 도움을 요청하기도 합니다.
- 관심이 있다면 이력서를 보내주세요. MS Word 양식이 선호되지만, PDF 파일도 또한 제출 가능합니다.

에듀센터 튜터링

080-713-0522

webmaster@educenter.com

30 Q 광고된 직위에 대해 옳은 것은?

(a) 그것은 9월을 위한 임시직이다.

(b) 대부분의 학생들은 고등학교에서 기본 수준 수업을 듣고 있다.

(c) 주기적으로 학생들을 가르쳐야 한다.

(d) 목록 이외의 튜터링에 관심이 있는 사람들도 지원할 수 있다.

31 Q 광고에서 추론할 수 있는 것은?

(a) 경력이 없는 지원자들도 그 지위에 고려될 수 있다.

(b) 고정된 시급이 월별로 지급될 것이다.

(c) 에듀센터 튜터링은 합격자들을 미리 훈련시킬 것이다.

(d) 튜터들은 학생들의 학업 성적만 관리하면 된다.

30.

튜터를 구하는 광고 지문이며, "If you are interested in tutoring a subject that is not listed above, please call us"라는 내용을 통해, 언급된 학과목 외의 영역에서도 튜터링이 가능하다는 것을 알 수 있다. 따라서 정답은 (d)이다.

31.

전문적 지식과 가르치는 능력은 필수라고 했지만, "Though experience is not required"라는 내용을 통해서 경력은 필수 사항은 아니라는 것을 알 수 있으므로, 경력 없는 지원자들도 고려될 수 있다는 것을 알 수 있다. 따라서 정답은 (a)이다.

competent 유능한, 능력 있는   reference 추천서
requirement 요구조건   discipline 학문분야   calculus
계산법, 미적분학   flexible 유연한, 유동적인   mandatory
의무적인   self-confidence 자신감   occasionally 때때로
temporary 임시적인, 일시적인   on a regular basis
주기적으로

32~33

32.

토마스 에디슨의 알려지지 않은 발명품 가운데 하나인 전기의자에 대해 설명하는 지문이며, "as one of the methods for execution"이라는 내용을 통해 이것이 사형을 위한 새로운 방식으로 고안되었다는 것을 알 수 있다. 따라서 정답은 (b)이다.

33.

뉴욕주 의원의 편지에 대하여, "more than 1,000 volts of electricity could result in a quick and relatively pain-less death and immediately began a sequence of experiments to prove his hypothesis"라는 답변을 통해 감전에 의한 사형 가능성에 대해 가설을 세웠다는 것을 알 수 있다. 따라서 정답은 (c)이다.

execution 사형   electric 전기의   ingenious 영리한, 독창적인   phonograph 축음기   motion picture 영화   legislature 입법부, 의회   inhumane 비인간적인   felony 중죄   hanging 교수형   inadvertently 우연하게   electrocute 감전시키다   a sequence of 일련의   hypothesis 가설   conduct 수행하다   put to death 처형하다   a multitude of 수많은   be credited with ~의 공로를 인정받다   beware of 주의하다, 조심하다   abominable 가증스러운   cruelty 잔인성   capital punishment 사형   criminal 범죄자   contrive 고안하다, 생각해내다   a throng of 수많은   electronic 전자의   appliance 가전제품   inappropriate 부적절한   hypothesize 가설을 세우다   pronounce 단언하다   in favor of ~에 호의적인

34~35

34 Q 뉴스 기사는 주로 무엇에 관한 것인가?

(a) 오클랜드 시의 경제적 발전과 도시 확장

(b) 건설 산업의 성장에 의한 고용율의 증가

(c) 전국적인 IT 회사들의 오클랜드 시로의 예상치 못했던 유입

(d) 경기침체에 의한 오클랜드 시의 부진한 부동산 산업

35 Q 본문에 따르면 옳은 것은?

(a) 8,000개 정도의 직업들이 건설 산업에서 예상치 못하게 창출되었다.

(b) 건설 영역에서의 노동자들은 오클랜드에서 멀어지고 있다.

(c) 대기업의 이전은 실업률을 줄였다.

(d) 건설 산업은 수십 년 동안 발전되어왔다.

34.

오클랜드 주의 고용률 증가에 대해 설명하는 지문이며, "a record high of employment in March, fueled by robust construction industry in the city"라는 내용을 통해 건설 산업 성장에 의한 고용률 증가가 지문의 중심 주제라는 것을 알 수 있다. 따라서 정답은 (b)이다.

35.

"plans to relocate their headquarters to the city and some other ones leased five big office buildings, which include enough room for 3,000 to 4,000 employees"라는 내용을 통해 기업의 이전 때문에 고용률이 증가하고 실업률이 감소했다는 것을 알 수 있다. 따라서 정답은 (c)이다.

bay 만 surge 급증하다 robust 건강한, 튼튼한 construction 건설, 건축 spur 자극하다 move forward 진전되다, 진행하다 facilitate 촉진시키다 relocate 이전시키다 headquarters 본사 expansion 확장 modest 심하지 않는, 완만한 sluggish 활기 없는, 부진한 upsurge 급증 real estate 부동산 recession 경기침체 boom 급격히 발전시키다

 ACTUAL TEST 3 p.174

Part I
01 (c) 02 (c) 03 (d) 04 (d) 05 (b) 06 (c)
07 (a) 08 (c) 09 (c) 10 (b)

Part II
11 (a) 12 (b)

Part III
13 (b) 14 (b) 15 (c) 16 (a) 17 (c) 18 (a)
19 (c) 20 (d) 21 (b) 22 (c) 23 (b) 24 (d)
25 (c)

Part IV
26 (a) 27 (c) 28 (b) 29 (c) 30 (a) 31 (b)
32 (c) 33 (b) 34 (b) 35 (d)

Part I

01

놀랄 수도 있지만 우리는 개로부터 **보다 효과적으로 일하는 방법**에 대해 많은 것을 배울 수 있다. 예를 들어, 개가 노는 시간을 즐기는 것처럼 일을 하는 중에도 휴식을 취하고 뭔가 즐거운 일을 하는 것이 중요하다. 이로써 뇌가 휴식하고 재충전할 수 있다. 그리고 우리의 강아지 친구들이 꼬리를 흔들고 코를 우리 다리에 비비며 애정과 감사를 표하는 것처럼 동료들의 기여에 감사한 마음을 나누는 것이 매우 중요하다. 이는 스트레스 수준을 낮추고 모든 직원들이 더 만족스럽고 성공적이게 느끼도록 한다.

(a) 동료들을 알아가는 것

(b) 힘든 프로젝트에 협력하는 것

(c) 보다 효과적으로 일하는 방법

(d) 가장 유용한 의사소통 능력

개의 모습을 통해, 우리 인간도 휴식을 취하고 애정과 고마움을 표현하면 스트레스를 덜 받고 성공적으로 느끼게 된다고 하므로 적절한 것온 (c)이다. 동료들을 알아가는 것은 부분적으로 언급되어 전체 내용을 포괄하지 못하므로 (a)는 적절하지 않다.

thrive on ~을 즐기다 take a break 휴식을 취하다 recharge 재충전하다 canine 개의 affection 애정 appreciation 감사 wag 흔들다 nuzzle 코[입]을 비비다 gratitude 고마움, 감사 contribution 기여 decrease 줄이다 cooperate 협력하다 effective 효과적인 communication skill 의사소통 능력

비만만큼 그렇게 많은 우려를 불러일으키지는 않지만 과체중이 되는 것 <u>역시 개인에게 문제가 된다</u>. 적정 수준 이상의 체지방이 있으면 정서적 고통과 육체적 고충을 야기할 수 있다. 이 주제에 관한 웹 사이트와 기사에서는 과체중인 사람들에게 자신의 생활 습관을 조절하라고 권고한다. 비록 그렇다 하더라도, 값비싼 헬스클럽 회원권이나 야외 운동 공간 부족과 같은 외적인 조건들이 과체중이 되는 위험과 관련될 수 있다.

(a) 사람이 운동할 가능성을 적게 한다
(b) 훨씬 더 큰 위협이 될 수 있다
(c) 역시 개인에게 문제가 된다
(d) 사람들이 관리할 수 있는 것이다

빈칸 다음 문장에서 과체중이 되면 정서적, 육체적 고충을 겪을 수 있다고 하므로 과체중이 개인에게 문제를 야기할 수 있다는 내용의 (c)가 적절하다. 첫 문장에서 비만만큼 심한 것은 아니라고 했으므로 (b)는 적절하지 않다.

concern 걱정, 근심 obesity 비만 overweight 과체중의 optimal level 적정 수준 body fat 체지방 distress 고통 article 기사 external 외부의 be linked to ~와 연관되다 less likely to ~할 가능성이 더 적은 manage 관리하다

미국 사진작가 안셀 애덤스는 사람들이 여행하지 않고서도 미국의 숨이 멎을 듯한 경치를 볼 수 있게 해 주었다. 그의 유명한 흑백 사진은 한 프레임에 수 마일의 산과 사막을 담아 놀랄 만큼 멋진 고요를 경험하게 한다. 그의 작품을 보면서 많은 사람들이 야외로 옮겨지는 느낌을 받았다. 애덤스는 미국이 댐을 더 많이 건설하고자 석유와 광물 같은 천연자원을 채굴하기 위해 공유지를 더 많이 사용하고 있던 때에 유명해졌다. 하지만 애덤스의 사진은 사람들이 <u>미국의 훼손되지 않은 지역을 보호하기</u> 위해 준비하도록 자극했다.

(a) 더 아름다운 경관을 기록하기
(b) 도심 지역에 새로운 공원을 조성하기
(c) 대체 연료 자원에 투자하기
(d) 미국의 훼손되지 않은 지역을 보호하기

안셀 애덤스는 사진을 통해 자연의 아름다움을 보여줌으로써 자연의 훼손에 대해 각성하면서 아직 훼손되지 않은 지역을 보호하는 노력을 이끌어냈다는 결론이 적절하므로 (d)가 정답이다. 그의 사진 자체보다 사진으로 인한 환경의 아름다움을 깨닫는 데 글의 초점이 있으므로 (a)는 알맞지 않다.

breathtaking 숨이 멎는 듯한 landscape 경치 capture 포착하다 stunning 놀랄 만큼 멋진 transport 운송하다 outdoors 야외로 mine 채굴하다 mineral 광물 motivate 동기 부여를 하다 organize 계획[준비]하다

documentation 기록 scenery 경관 urban 도시의 investment 투자 alternative fuel 대체 연료 unspoiled 훼손되지 않은 territory 지역

용감무쌍한 우주 소년 아톰에게 있어 일이 항상 순탄하게 흘러가는 것만은 아니다. 텐마 박사는 원래 사고로 잃은 친아들인 토비오를 대신하기 위해 아톰을 만들었다. 하지만 박사는 로봇이 나이를 먹지 않고, 그래서 사람과 전혀 다르다는 것을 깨닫고 낙심하게 된다. 그래서 박사는 로봇을 폭력적인 서커스 사장에게 팔기로 한다. 다행히 텐마의 동료 중 하나가 서커스에서 아톰을 보고 그를 구해 준다. 그렇게 하여 오늘날 우리가 아는 범죄에 맞서 싸우는 아톰이 처음에는 <u>버림받고 나서 또 다른 기회를 얻었던 것이다</u>.

(a) 처벌받고 나서 범죄자가 되었던 것이다
(b) 훈련받고 나서 서커스 단원으로 남았던 것이다
(c) 자유가 되고 나서 서커스에 의해 구조되었던 것이다
(d) 버림받고 나서 또 다른 기회를 얻었던 것이다

아톰을 창조했던 박사가 서커스에 팔았으나 이후 동료에 의해 구출되고 오늘날 우리가 아는 영웅이 된 것이므로 버림받은 후 기회를 얻었던 것으로 정리할 수 있다. 따라서 (d)가 적절하다.

go smoothly 순탄하게 진행되다 heroic 영웅적인 replace 대신하다 abusive 폭력적인 colleague 동료 rescue 구조하다 punish 벌주다 criminal 범죄자 remain ~인 상태로 남다 entertainer 연예인 set free 풀려나다 abandon 버림받다

수십 년 동안 보스턴의 마피아 두목인 와이티 벌저는 <u>오랜 범죄 이력에도 불구하고 자유롭게 살았다</u>. 하지만 2013년 8월, 배심원단이 그가 자신의 사업을 계속 운영하려고 저질렀던 일들을 밝히며 32개 기소건 중에서 31개에 대해 유죄 판결을 내렸다. 돈세탁과 불법 총기 소지, 마약 거래를 포함한 몇몇 범죄는 40년 전에 일어난 일이다. 벌저의 피해자들과 그 가족들은 그가 마침내 벌을 받게 되었다는 사실에 안도감을 표했다. 그 재판이 벌저가 저질렀을 법한 모든 범죄를 다루지 않았더라도 그는 30년을 감옥에서 보낼 것이다.

(a) 도시를 많이 개선했다
(b) 오랜 범죄 이력에도 불구하고 자유롭게 살았다
(c) 어떻게 해서든 판사들을 속이고 기만했다
(d) 다른 많은 이들에게 입힌 피해를 보상했다

빈칸 뒤의 But으로 보아 다음 문장의 반대되는 내용이 빈칸에 알맞다. 유죄 판결을 받았다는 내용이 이어지므로 범죄를 저지르고도 법의 구속 없이 자유롭게 지냈다는 (b)가 적절하다. 그가 판사들을 속이고 기만했는지에 관한 내용은 언급되지 않으므로 (c)는 적절하지 않다.

mob 마피아, 패거리 jury 배심원단 convict 유죄를
선고하다 reveal 폭로하다 go the lengths 실컷 ~하다
money laundering 돈세탁 illegal 불법적인 gun
possession 총기 소지 drug dealing 마약 거래 victim
피해자 relief 안도, 안심 trial 재판 commit 저지르다
criminal history 범죄 이력 cheat 속이다 fool 기만하다
court system 사법 제도 damage 피해

06

수련회의 지원자 200명 중에 30명의 인원 안에 재훈이 선발되
었다는 편지이므로 축하할 내용은 (c)가 가장 적절하다.

retreat 수련회 participation 참여 distinguished
뛰어난 candidate 지원자 packet 꾸러미, 뭉치 notable
중요한 accomplishment 업적 student council 학생
자치 위원회 acceptance 수락, 수용 respected 권위
있는, 훌륭한 inspiring 고무하는

07

덱스타라는 벼룩 방지 제품이 불임 화학 물질을 이용해 벼룩을
박멸하는 데에는 효과적이지만, 오랫동안 이 약을 복용한 대부
분의 개와 고양이가 이 암에 걸리는 치명적인 결과가 나타났다
고 하니 조심하라는 내용이다. 따라서 (a)가 적절하다.

beware 조심하다 flea 벼룩 ingest 삼키다 orally 입을
통해 sterilize 불임시키다 reproduce 번식하다 die off
차례로 죽다 sterilization 불임화 develop cancer 암에
걸리다 deadly 치명적인 veterinarian 수의사

08

전 세계적으로 생명 공학 분야에 관한 법적인 분쟁을 다루는 업
체의 홍보글이다. 고객이 있는 곳이 어디든 각 지역의 최상의 변
호사만을 고용하여 상담을 해 주고, 법과 관련된 전문성으로 고
객에게 혜택을 준다는 것이므로 빈칸에는 (c)가 적절하다. 법적
문제에 관한 서비스 제공이므로 (a)와 (b)는 적절하지 않다.

bioscience 생명 공학 regulation 규제 differ from
~에 따라 다르다 attorney 변호사 consultation 상담
coordinate 조직화하다 qualified 자격 있는 cross-
border 국경을 넘는 locality 인근, 소재지 complexity
복잡성 expertise 전문 지식 justice 정당성 stand for
~을 지지하다 multinational 다국적의

09

(a) 그렇지 않으면

(b) 이후에

(c) 하지만

(d) 그에 따라

빈칸 앞에서 윌리엄 셰익스피어의 작품에 의문이 있어 왔고, 그 진실을 알기 어렵다고 했지만, 여러 문서에서 그의 증거들이 발견되었다고 하므로 역접 관계의 접속사인 (c)가 가장 적절하다.

play 극, 희곡 poem 시 in doubt 의심스러운 author 저술하다 bear (이름을) 지니다 refer to ~을 나타내다 sufficient 충분한 evidence 증거 put ... to rest ~을 가라앉히다

10

경극은 중국의 문화적 정신을 대변한다고 한다. 이 예술 형태는 18세기 후반에 처음 나타나서 오늘날까지 이어지고 있다. 무대 위의 드라마를 탄생시키기 위해 음악과 노래, 무술을 사용한다. 경극의 줄거리는 배우의 섬세한 의상과 암시적인 움직임을 통해 주로 전달된다. **그래서** 연기자들은 각 등장인물의 역할을 전달하는 화려한 얼굴 화장을 한다. 동시에 무대 배경은 무척 간단하고 소품은 거의 쓰이지 않아, 관객이 무대 위 사람들에 집중하게끔 한다.

(a) 오히려

(b) 그래서

(c) 마침내

(d) 그렇기는 하지만

빈칸 앞에서 경극의 줄거리가 전달되는 방식을 설명하고 빈칸 뒤에 이에 따른 구체적인 방법이 언급되고 있다. 앞부분은 이유로, 뒷부분은 결과로 보면 (b)가 가장 적절하다.

Beijing Opera 경극 represent 대변하다 martial art 무술 elaborate 정교한 costume 의상 suggestive 넌지시 비추는 ornate 화려하게 장식한 convey 전달하다 prop 소품

Part II
11

영화 〈레인맨〉의 이야기에 맞게, 작곡가 한스 짐머는 특이한 악기를 선택했다. (a) 그와 함께 작업한 사람들은 그의 방식이 효율적일 거라는 것에 강한 의심을 보였다. (b) 여행 영화에서 들을 수 있는 보통의 기타나 현악기 대신, 신시사이저와 드럼을 이용했다. (c) 이런 이상한 음들로 주인공 레이먼드의 불안한 감정을 반영했다. (d) 이것은 효과가 있었고, 그는 영화 음악으로 아카데미상 후보에 올랐다.

작곡가 한스 짐머의 일반적이지 않은 악기 선택이 영화에 긍정적인 효과를 더해 성공적이었다는 내용이다. 하지만 (a)에서는 동료들의 의구심에 대해 언급하고 있으므로 글의 흐름에 어울리지 않는다.

composer 작곡가 unorthodox 특이한 doubtful 의심을 품은 approach 접근법 synthesizer 신시사이저 reflect 반사하다 be nominated for ~의 후보로 지명되다 score (영화의) 배경 음악

12

연방 통상 위원회가 확인한 바로, 재택근무 공고들은 2-3% 정도만이 합법적이다. (a) 겉으로는 손쉬워 보이는 기회들의 대다수가 실제로는 일자리를 찾는 사람들에게서 돈을 갈취하려는 속임수일 뿐이다. (b) 정당한 제안들이 있는데 종종 학위나 경력, 전문 지식을 요구한다. (c) 대표적인 예가 봉투 넣는 일인데, 실제로는 경제적 가치가 없는 쓸모없는 제품들을 만지는 일이다. (d) 뭔가 문제가 있다는 다른 징후로는 고용 전에 피해자가 수수료를 내야 하는 것으로, 이것은 엄밀히 말해 불법이다.

재택근무 공고의 대다수가 불법적이라는 내용이다. (b)는 합법적인 광고에 대한 것이므로 불법적인 재택근무에 관한 내용에서 벗어난다.

work-at-home 재택근무 legitimate 적당한, 합법적인 majority 대다수 seemingly 겉보기에 steal 훔치다 degree 학위 expertise 전문 지식 classic 전형적인 pay a fee 수수료를 지불하다 technically 엄밀히 말해 illegal 불법인

Part III
13

우리는 흔히 텔레비전이 휴식을 취하고 즐거움을 얻는 방법이라고 생각한다. 하지만 우리는 하루를 마무리하면서 느긋한 시간을 보내고 스트레스를 푸는 다른 방법이 있다는 것을 잊고 있다. 2주만 텔레비전을 멀리해 보라. 대신 야외에서 새를 관찰하거나 오랜 친구와 대화를 나누면서 시간을 보내면 어떨까? 이런 활동으로 주변의 세상과 관계들을 우리와 연결할 수 있는 반면, 텔레비전은 종종 고립감과 혼자라는 느낌을 줄 수 있다.

Q 이 글의 목적은?

(a) 지나친 TV 시청의 해악을 설명하려고

(b) 휴식을 위한 대안을 제시하려고

(c) 교육적 도구로서의 TV를 논의하려고

(d) 자연을 즐기는 것의 중요성을 강조하려고

텔레비전을 보는 것 외에 휴식을 취할 수 있는 방법을 제안하고 있으므로 (b)가 알맞다. 자연을 즐기는 일이 언급되었지만 글의 초점은 휴식을 취하는 방법에 맞추어져 있으므로 (d)는 적절하지 않다.

entertain 즐겁게 하다 slow down 느긋해지다 relieve 완화하다 do away with ~을 없애다 isolated 고립된 relax 휴식을 취하다 alternative 대신의 unexpected 뜻밖의

14

> 중독은 일시적으로 위안을 주는 행위지만, 현재의 상황을 변화시키지는 않는다. 그런 이유로 중독은 반복되는데, 대개 불쾌한 현실에 대처할 수 없다고 느끼는 환경에서 반복된다. 보통 이런 현실은 우리에게 중요한 일이지만, 이것을 바꿀 방법이 없다. 상황을 통제하지 못하도록 막는 것이 무엇인가를 아는 것이 중독의 패턴을 끝내는 것의 시작이다. 그저 충동에 맞서 싸우는 것은 문제의 근원을 해결하지 않는 단기적 접근이 될 뿐이다.
>
> **Q** 이 글의 주된 내용은?
> (a) 중독은 사악한 것을 피하려는 수단이다.
> (b) 사람들은 자신의 환경을 관리하도록 배워야 한다.
> (c) 중독적인 행위에서 패턴을 볼 수 있다.
> (d) 충동과 싸우는 것이 치유를 향한 첫걸음이다.

만족하지 못한 현실에 대처하지 못할 때 중독이 일어나며, 중독은 상황을 변화시키지 못하기 때문에 계속 반복된다고 한다. 중독을 끊기 위해서는 그 충동과 싸우는 것보다, 만족하지 못한 현실에 대해 아는 것이 우선이라는 내용이므로 (b)가 주된 요지이다.

addiction 중독 **temporarily** 일시적으로 **comfort** 편안하게 하다 **circumstance** 상황 **repetitive** 반복적인 **cope with** ~에 대처하다 **means** 수단, 방법 **hold back** ~을 저지하다 **merely** 그저 **urge** 충동 **short-term** 단기적인 **resolve** 해결하다 **root** 근원

15

> 선데이 포스트
> 경제 > 부동산
>
> 전 세계에서 가장 돈이 많이 드는 도시 중 7곳이 중국에 있는데, 그중에서도 베이징이 단연 최고다. 베이징에서는 평범한 가정이 평균적인 집을 사는 데 25년이 걸린다. 가격은 너무 빨리 오르고 있으며, 한 달 새 7% 이상 뛰어올랐다. 이것은 중국 정부의 커다란 골칫거리인데, 중국 정부는 생활 물가를 제어하려고 노력 중이다. 가격이 치솟는 만큼, 시민들의 불만도 커지고 있다. 그들은 재정적인 압박을 받고 있고 다른 재화나 서비스에는 소비를 줄일 모양새다.
>
> **Q** 이 글의 주제는?
> (a) 중국 정부가 국가 위기를 해결하기 위해 어떻게 노력하고 있는지
> (b) 집 임대료가 치솟는 원인에 대한 자세한 내용
> (c) 단 하나의 경제 문제로 인한 복합적인 결과
> (d) 사람들이 집을 사기 위해 저축하는 데 쓰는 전략

베이징의 물가 상승으로 파생되는 여러 가지 문제점에 대한 글이므로 가장 적절한 보기는 (c)이다.

out-price (가격 경쟁에서) 이기다 **typical** 일반적인 **average** 평범한 **living expense** 생활비 **soar** 치솟다 **discontent** 불만이 있는 **crisis** 위기 **rental** 임대 **multiple** 복합적인 **consequence** 결과 **strategy** 전략 **housing** 주택

16

> '큰 권력에는 큰 책임이 따른다'라는 말은 어쩌면 아주 옛날부터 있었던 인간 본성에 대한 현대식 표현이다. 사람들은 자연스럽게 권력이 있는 사람들의 지도를 기대한다. 혁명 전 프랑스 귀족 시대에 귀족이라는 이름이 있는 이들은 이런 도덕적 부담의 무게에 직면했다. 좋은 가문에서 태어난 사람들에게는 특권과 재정적인 지원이 있었던 반면, 이번에는 평민이 귀족으로부터 적절한 행동과 자비를 기대했다. 이런 유산은 '노블레스 오블리주'라는 말로 계속 존재하는데, 귀족은 올바르게 행동할 의무가 있음을 의미한다.
>
> **Q** 이 글의 주된 내용은?
> (a) 사회적 역할은 특정한 종류의 행동을 필요로 한다.
> (b) 일반 시민은 권한이 있는 사람들에게 자선을 베푼다.
> (c) 노블레스 오블리주는 현대 사회에 더 이상 적용되지 않는다.
> (d) 귀족 계급은 친절이 요구되는 법에 따라야 했다.

특권층의 사람들에게는 그에 합당한 자비와 사회적 행동을 기대했다는 내용으로 (a)가 적절하다. 노블레스 오블리주는 현대에도 적용된다는 것을 앞부분으로 알 수 있다.

reword 바꾸어 말하다 **instinct** 본능 **as old as time** 매우 오래된 **guidance** 지도 **aristocratic** 귀족적인 **era** 시대 **nobility** 귀족 (계급) **moral** 도덕적 **privilege** 특권 **well-born** 가문이 좋은 **commoner** 평민 **in turn** 차례로, 이번에는 **generosity** 자비 **legacy** 유산 **obligate** 의무를 지우다 **assume** (성질을) 띠다, 나타내다 **authority** 권위, 권한

17

> 과학자들이 줄어드는 꿀벌의 개체수 복원을 시도하는 한편, 지역 사회 단체들도 자신의 역할을 하고 있다. 그들은 벌 보호에 관한 인식을 높이기 위해 미국과 캐나다에서 전국 꿀벌의 날을 출범했다. 곤충들이 정상적인 식물 개체 수 유지를 책임지고 있기 때문에 꿀벌의 수가 감소한다는 소식은 사람들의 행동을 이끌었다. 최근의 이러한 응답은 사람들이 자신의 벌집을 갖기 시작하는 데 도움이 된다. 그리고 꽃을 만발하게 하는 이 날아다니는 일꾼들과 조화롭게 사는 방법과 유해한 살충제에 관한 교육도 제공한다.

과학자들 외에도 지역 사회의 단체들이 꿀벌 개체 수 복원을 위해 노력하고 있다는 내용이다. 따라서 새로운 단체가 꿀벌의 복원을 위해 애쓰고 있는 (c)가 옳다.

declining 줄어드는, 감소하는   launch 착수하다   raise 일으키다   diminished 감소된   prompt 유도[촉발]하다   beehive 벌집, 벌통   pesticide 살충제   live in harmony with ~와 사이좋게 지내다   bloom 꽃을 피우다   recover 복원, 회복

18

호텔에 인터넷과 시청각 장비를 갖춘 회의실이 있다고 했으므로 비즈니스 발표를 호텔에서 할 수 있음을 알 수 있으므로 (a)가 정답이다. 달링 항구에서 서큘러 부두까지가 5분 거리이지만 호텔과의 거리는 알 수 없으므로 (b)는 적절하지 않고, 수영장이 있다는 언급은 없으므로 (c) 또한 적절하지 않다. 회의실을 투숙객이 자유롭게 이용할 수 있다는 언급은 없으므로 (d) 또한 옳지 않다.

comfortable 아늑한   quay 부두   harbour 항구   audio-visual 시청각의   equipment 장비   satellite channel 위성 채널   within walking distance 걸어서 갈 수 있는 거리에

19

전쟁 관련 문서에 고래를 아르헨티나 잠수함으로 오인하여 공격했다고 했으므로 옳은 것은 (c)이다. 군에서 사과했다는 내용은 없으며, 군사 전문가는 음파 탐지 기술이 발전하여 이런 실수는 거의 없다고 말했다.

release 공개[발표]하다   navy 해군   mistake for ~으로 오해하다   submarine 잠수함   torpedo 어뢰로 공격하다   ironic 모순적인   sonar technology 수중 음파 탐지 기술   incident 일, 사건   wrongful 부당한   unavoidable 회피할 수 없는   admit 인정하다   detect 발견하다, 탐지하다   intended 의도된

20

아동 도서를 원작으로, 낙관적이고 밝은 소녀가 주변 사람들을 긍정적으로 변화시킨다는 내용의 영화라고 하므로 옳은 것은

(d)이다. 주인공인 여배우의 성격에 대한 언급은 없으므로 (a)는 적절하지 않다.

co-found 공동 설립하다　harsh 냉혹한　pass away 죽다
optimism 낙관주의　strict 엄격한　guardian 후견인
protagonist 주인공

21

> 알래스카의 만연의 골짜기는 1912년 화산 분출로 형성되었는데, 100번이 넘는 지진을 겪으며 모양이 형성된 곳이다. 최초 분출로 20세기 다른 어떤 때보다 큰, 13입방킬로미터의 땅을 바꾸어 놓았다. 이 골짜기의 이름은 최초 폭발 후 그곳을 조사했던 지질학자가 지었다. 그가 도착했을 때 땅의 수천 곳에서 연기가 올라오는 것을 목격했다. 결국에는 무너진 그 지역은 무수한 작은 협곡을 남겼고, 이제는 100제곱킬로미터에 걸쳐 있다.
>
> **Q** 이 글에 의하면 이 골짜기에 관해 다음 중 옳은 것은?
> (a) 한 번의 폭발이 오늘날 그곳의 모양을 만들었다.
> (b) 그곳의 풍경은 여러 지질학적인 사건들의 산물이다.
> (c) 새어 나오는 연기 때문에 동물이 살 수 없는 곳이 되었다.
> (d) 지구상에 가장 강력한 화산 분출로 형성되었다.

이 골짜기는 화산 분출로 형성되어 100번이 넘는 지진으로 형성된 것이므로 (b)가 가장 적절하다. (d)는 지문으로 보아서는 알 수 없다.

volcanic 화산의　eruption 폭발　displace 옮겨 놓다
cubic 입방체의　geologist 지질학자　survey 조사하다
explosion 폭발　collapse 붕괴되다　canyon 협곡
escape (가스가) 새다　unlivable 살 수 없는

22

> 리차드슨 씨께,
> 업타운 콘도의 침실 두 개짜리 아파트의 대기자 명단에 귀하의 성함이 다음 순서입니다. 거주자가 막 이사를 가서 다음 차례가 되셨습니다. 하지만 모든 지원자는 범죄 이력 심사를 통과하셔야 합니다. 승인이 완료되면 첫 달 집세는 6월 15일까지 내셔야 합니다. 아파트 예약을 위해 4일 안에 이 이메일에 답을 주셔야 하며, 그렇지 않으면 다음 분에게 연락이 될 것입니다. 아시다시피 많은 분들이 업타운 콘도에 살고 싶어 하십니다.
> 업타운 콘도 관리부 드림
>
> **Q** 편지에 의하면 리차드슨 씨가 5일을 기다렸다가 답신하면 어떻게 될 것인가?
> (a) 배경 심사에서 떨어질 것이다.
> (b) 월세를 더 많이 내야 할 것이다.
> (c) 이사할 기회를 놓칠 것이다.
> (d) 자기 집을 당장 떠나야 한다.

4일 안에 답신하지 않으면 다음 사람에게 연락할 것이라고 했으므로, 5일 뒤에 연락한다면 이 아파트로 이사할 수 없을 것이다. 따라서 정답은 (c)이다.

waiting list 대기자 명단　resident 거주자　move out 이사 나가다　applicant 지원자　criminal background 범죄 이력, 전과 기록　screening 조사, 심사　approve 승인하다　be eager to ～하고 싶어 하다

23

> 〈쥐라기 공원〉의 원작 소설에는 마지막 장면에서 티라노사우루스 렉스가 등장하지 않는다. 스티븐 스필버그 감독이 관객을 열광시키기 위해 영화의 마지막 장면에 이 공룡을 넣었다. 사실 티라노사우루스 렉스는 쥐라기 시대 다음인 백악기 시대가 되어서야 존재했다. 두 개 공룡 종만 빼고, 소설과 영화에서 등장한 대부분의 공룡은 쥐라기 시대가 끝난 후 수백만 년 뒤에나 출현하는 것들이다. 진화 생물학은 이런 경우, 스크린으로 살아 돌아온 공격적인 공룡을 본다는 스릴에 밀려난다.
>
> **Q** 이 글로부터 영화 〈쥐라기 공원〉에 관해 유추할 수 있는 것은?
> (a) 원작 소설에서 볼 수 있는 공룡들을 면밀히 따라갔다.
> (b) 몇몇 공룡만이 연대기적으로 일치한다.
> (c) 티라노사우루스 렉스는 영화의 시대에 속하지 않았던 유일한 공룡이었다.
> (d) 스필버그 감독은 정확성을 기하기 위해 철저하게 공룡학자들의 의견을 구했다.

실제 쥐라기 시대에 출현했던 공룡은 영화와 소설 속에서 두 개의 종밖에 없었다고 하므로 (b)가 가장 적절하다.

finale 대단원　wow 열광시키다　dinosaur 공룡
evolutionary biology 진화 생물학　take a backseat to ～에 밀리다　aggressive 공격적인　chronologically 연대순으로　accurate 정확한

24

> 심혈관계 운동은 특히 뇌로 가는 혈액과 산소의 흐름을 도와 새로운 신경 세포 형성을 돕는다. 특히 나이 든 사람들은 신체적으로 활동적인 생활을 유도함으로써 근육량과 정신 기능이 감소하는 것을 어느 정도 막을 수 있다. 이에 더하여 연구에 의하면 야외 운동은 이점을 더해 준다. 야외 운동은 실내의 러닝머신이나 페달 운동 기구에서의 반복적인 움직임이 필요 없고, 다양한 근육을 사용한다. 또한 사람들은 야외 운동이 더 즐거워, 더 규칙적으로 운동하게 되었다고 한다.

Q 이 글로부터 유추할 수 있는 것은?

(a) 실외 운동은 실내 운동보다 뇌에 훨씬 더 좋다.

(b) 러닝머신은 페달 운동 기구보다 건강상의 이점이 더 적다.

(c) 심장 건강을 목표로 하는 활동들은 나이가 들었을 때 가장 좋다.

(d) 체육관에서 하는 운동은 신체 단련의 의지를 약화시킬 수 있다.

심혈관계 운동의 이점에 대해 언급하면서 여기에 도움이 될 수 있는 야외 운동의 장점에 대해 이야기하고 있다. 실내의 반복적인 운동보다 다양한 근육을 사용하고, 더 규칙적으로 운동할 수 있기 때문에 좋다고 하므로 그 반대인 실내에서 하는 운동은 비교적 의지가 약화될 수도 있다는 것을 유추할 수 있다. 따라서 (d)가 적절하다.

cardiovascular 심혈관계 workout 운동 nerve cell 신경 세포 folk 사람들 muscle mass 근육량 repetitive 반복적인 stationary bicycle 실내 페달 운동 기구 work 사용하다 target 목표로 삼다 cardio health 심장 건강 undermine 약화시키다 commitment 의지, 약속 fitness 신체 단련

25

예수 탄생 몇 세기 후, 새 종교 지도자인 마호메트는 이슬람 종교를 창시했다. 젊은 시절에 마호메트는 평범한 상인이었지만 신의 목소리를 들은 후로는 자신의 종교적인 통찰을 기록하기 시작했으며, 이것은 이후에 코란으로 정리되었다. 마호메트는 수많은 신봉자들을 끌어들여 다양한 부족을 통합했다. 하지만 많은 사람들은 수 세기 동안 자리 잡고 있던 종교를 유지하기를 원하며 저항했다. 그럼에도 불구하고, 마호메트의 신봉자들은 그의 사후에 무슬림 제국을 일궜으며, 이슬람을 세계에서 두 번째로 큰 종교로 바꿔 놓았다.

Q 이 글로부터 이슬람에 대해 유추할 수 있는 것은?

(a) 반대 세력은 가까스로 이슬람을 한 지역에 가둘 수 있었다.

(b) 반대하는 자들이 이슬람이 퍼지는 것을 막았다.

(c) 많은 사람들을 매료시켰으며 시간이 흐르면서 퍼져 갔다.

(d) 이슬람의 이념은 다른 부족에게로 구전되었다.

수많은 신봉자들을 끌어들였고, 오늘날 세계에서 두 번째로 큰 종교로 커졌다고 하므로 (c)가 가장 적절하다. 미호메드의 기록은 코란으로 정리되었다고 하므로 (d)는 알맞지 않다.

merchant 상인 numerous 수많은 follower 신봉자, 추종자 unite 통합하다 tribe 부족 resist 반항하다 spiritual 영적인 in place 자리 잡은 oppose 반대하다 appeal to ~의 호감을 사다 orally 구두로, 입을 통해서

샌더스 씨께,

저는 지난주 당신이 〈노동 동향〉에 기고한 흥미로운 기사를 읽었습니다. 당신이 기사에서 언급한 것과는 다르게, 저는 일본의 몇몇 젊은 사람들이 정규직으로 일하는 것 대신에 파트타임 직업을 선택하고 있다고 들었습니다. 그들은 일본어로 "프리터족"이라고 명명되어 있습니다. 그것은 고등학교 혹은 대학 졸업 이후에 정규 직업을 시작하지 않고, 대신에 저숙련의 저임금 직업에서 돈을 버는 사람들을 의미합니다. 그들은 편의점, 값이 저렴한 식당 그리고 옷가게에서 시간당 10달러를 벌 뿐입니다. 왜냐하면 그들은 스스로에게 자유시간과 부담이 없는 책임을 줄 수 있기 때문입니다.

저도 대학 졸업 이후에 무엇을 하고 싶은지 결정하는 데 어려움이 있었습니다. 저도 또한 직업을 결정할 때 가장 중요한 요소가 무엇인지 궁금합니다. 직업을 갖는다는 것은 2008년 경제 위기 이후로 점점 더 어려워지고 있습니다. 많은 회사들이 새로운 직원들을 고용하려고 하지 않고 있기 때문입니다. 따라서 수많은 구직자들은 직업 시장에서 치열한 경쟁에 직면하는 것을 두려워하고 있습니다. 장래의 구직자로서 저는 당신으로부터 이야기를 듣고 싶습니다.

미셸 윌리엄스.

26 Q 편지의 주요 목적은 무엇인가?

(a) 직업 선택과 관련하여 고려해야 할 것에 대해 문의하기 위해

(b) 일본 사회에서 발견된 새로운 유형의 근로자의 정의를 내리기 위해

(c) 저숙련, 저임금 직업에 대한 대안을 논의하기 위해

(d) 젊은 사람들에게 실제 직업 시장에 직면하도록 조언하기 위해

27 Q 편지에 따르면 옳은 것은?

(a) "프리터족"이라고 불리는 젊은 사람들의 수는 미국 전역에 걸쳐 증가해왔다.

(b) 일본의 대부분의 프리터족들은 대학 졸업자들이다.

(c) 작가는 대학 졸업 이후 무엇을 할지 결정하지 못했다.

(d) 거대 기업들이 새로운 직원들을 고용할 계획이 있다는 것은 다행스러운 일이다.

26.

노동 시장 현황에 대한 글을 읽고 보낸 편지글이며, "I also wonder what the most important factor is when choosing a career"라는 내용을 통해, 글쓴이는 직업 선택과 관련하여 고려해야 할 것에 대해 문의하기 위해 편지를 썼다는 것을 알 수 있다. 따라서 정답은 (a)이다.

27.

직업 선택의 어려움을 호소하면서, "I have been having trouble deciding what I want to do after getting my university degree"라는 내용을 통해 현재 대학 졸업 이후에 무엇을 해야 할지 결정 못했다는 것을 알 수 있다. 따라서 정답은 (c)이다.

contribute 기고하다 label 명명하다, 이름 붙이다
convenience store 편의점 budget 값싼 demanding 지나치게 요구하는 crisis 위기 prospective 미래의, 장래의
curious 호기심이 강한 alternative 대안 confront 직면하다

28~29

구인광고: 프로젝트 매니저

e-디스커버리 분석사에서는 기술 산업에서 인공지능시스템을 개발하고 지원할 프로젝트 매니저를 찾고 있습니다. 우리는 인공지능의 기본적인 알고리듬을 만들고 개발 결과를 공유하는 것을 전문으로 하는 정부기관입니다.

역할

- 기획부터 운영까지 전체 프로젝트 관리 감독
- 기업의 요구를 충족시키기 위해 믿을만하고 달성할 수 있는 계획 만들기
- 보안의 적절한 기준을 세우고, 팀 구성원들에게 알리기
- 전체 프로젝트를 관리하기 위해 종합적인 팀 이끌기

자격요건

- 영국 태생 시민권자 혹은 귀화한 시민권자
- 프로젝트 매니저로서 성공적인 경력
- 복합적이고, 대규모의 개선 조치들에 대해 일한 경력
- 프로젝트 관리 라이프 사이클에 대한 철저한 이해
- 훌륭한 업무 관계를 형성할 수 있는 뛰어난 의사소통 기술 및 사업 전반에 걸친 매끄러운 일처리

---

28 Q 광고된 직업의 주요 특징 중 한 가지는 무엇인가?

(a) 다년간의 해외 경력

(b) 제한된 국적

(c) 프로그래밍 학위

(d) 유창한 외국어

29 Q 광고된 프로젝트 매니저에 대해 옳은 것은?

(a) 각 프로젝트의 최종 산물을 관리할 필요가 없다.

(b) 파트너사들의 프로젝트 계획을 관리할 것이다.

(c) 동일 분야에서 성과물을 가지고 있어야 한다.

(d) 신입 경력을 가지고 있기만 하면 된다.

28.

e-디스커버리 분석사에서 프로젝트 매니저를 구하는 광고이며, "Be a born or naturalized British citizen"이라는 내용을 통해 특정한 국적만이 지원 가능하다는 것을 알 수 있다. 따라서 정답은 (b)이다.

29.

프로젝트 매니저의 자격 요건에서, "Have a successful track record as a project manager"라고 언급했으므로, 동일 분야 경력이 필요하다는 것을 알 수 있다. 따라서 정답은 (c)이다.

analysis 분석 artificial intelligence 인공지능
governmental agency 정부기관 specialize in ~을 전문으로 하다 algorithm 알고리즘, 규칙 oversee 감독하다 conception 고안, 개념화 incorporate 통합하다, 구체화하다 credible 믿을 수 있는 instill 주입시키다 multi-disciplinary 종합적인, 다양한 분야의 naturalized 귀화한
initiative 이니셔티브, 조치, 계획 thorough 철저한, 완전한
outstanding 뛰어난 seamlessly 매끄럽게, 원활하게
nationality 국적 end product 결과물 look over 검토하다
possess 소유하다, 소지하다

30~31

〈세계를 상상하기〉

존 스티븐슨이 〈세계를 상상하기〉를 쓰고 감독하기 위해 썼던 5년의 기간이 마침내 성과를 거두고 있다. 그 상상력이 풍부한 감독은, 그 영화가 비록 미국 사회에서의 인종주의와 성차별과 같은 사회적 문제들을 회피하고 있지만, 감소하고 있는 미술적 사실주의를 소생시켰다. 냉전시기 볼티모어를 배경으로 하는, 그 영화는 우연히 소울메이트를 발견하게 된 벙어리인 청소부 여성을 보여준다. 또 다른 주인공인 리차드 젠킨스는 1960년대 초반의 미국의 억압적인 정치적 상황에서 살고 있는 은둔형 예술가를 적절하게 보여준다.

〈세계를 상상하기〉의 감독은 다양한 관점을 보여주면서, 그 영화가 성인들을 위한 것이라고 용감하게 말한다. 실제로, 그것은 작은 화면(텔레비전)에서 즐길만한 영화가 아니다. 시각 효과와 멋진 해저 풍경은 서사의 전체 비중을 이해하기 위해 거대한 규모를 요구한다. 지난 10년 동안 제작된 수많은 영화들 중에서, 그것은 감독이 달성하고자 했던 모든 것을 달성한 영화이다. 영화관에서 그것을 보는 경험은 관객들이 넋을 잃고 바라볼 만한 장면으로 감동을 받게 할 것이다.

---

30 Q 본문은 주로 무엇에 관한 것인가?

(a) 뛰어난 특성들을 가진 칭찬할 만한 영화

(b) 영화감독의 혁신적인 일생의 노력들

(c) 영화가 다루는 논쟁이 되는 사회적 조건들

(d) 영화에서 시각 효과의 중요성

31 Q 본문에서 추론할 수 있는 것은 무엇인가?

(a) 마술적 사실주의는 감소하는 영화 산업의 유일한 대안이 되어 왔다.

(b) 〈세계를 상상하기〉는 미국의 정치적 지형을 묘사한다.

(c) 그 영화의 시각적 효과는 서사에 의해 압도되고 있다.

(d) 감독의 성과에도 불구하고 여전히 미진한 부분이 있다.

30.

〈세계를 상상하기〉라는 영화에 대한 리뷰이며, 영화의 많은 특성을 제시한 이후 "The experience of watching it on the big screen will make audiences thrilled with its breathtaking scenes"라는 결론을 내리고 있으므로, 이를 통해 뛰어난 특성들을 가진 칭찬할만한 영화를 제시하기 위한 글이라는 것을 알 수 있다. 따라서 정답은 (a)이다.

31.

영화의 내용을 설명하는 과정에서, "appropriately portrays a reclusive artist living in the oppressive political situation of the early 1960s America"라는 내용을 통해 당대 미국의 정치적 상황을 묘사하고 있다는 것을 알 수 있다. 따라서 정답은 (b)이다.

eventually 결국 **pay off** 결실을 거두다 **imaginative** 상상의, 창의적인 **resuscitate** 소생시키다 **albeit** ~임에도 불구하고 **evade** 피하다, 회피하다 **racism** 인종주의, 인종차별주의 **mute** 침묵하는, 무언의 **inadvertently** 우연하게 **protagonist** 주인공 **appropriately** 알맞게, 적당하게 **portray** 묘사하다, 설명하다 **reclusive** 은둔형의 **oppressive** 강압적인 **small screen** 텔레비전 **magnificent** 화려한, 최상의 **grasp** 이해하다, 파악하다 **proclaim** 선언하다, 공포하다 **breathtaking** 대단한, 굉장한 **commendable** 칭찬할 만한, 훌륭한 **controversial** 논쟁적인 **outweigh** 능가하다

32~33

워싱턴 포스트
정치
워싱턴, 5월 15일 - 하원의원 수전 카슨(NY-2)은 전미 희귀병 연구 기관(FIRRD)에 대한 자금 지원 증가를 요청하는 법률을 제안했다. 그 하원의원은 그 법이 생명을 구하는 치료제들에 대한 연구를 촉진시켜주기를 기대하고 있다. 언론 인터뷰에서, 그녀는 생명을 구하는 발견들이 주기적으로 미국에서 이루어져야 하며, 의학적 연구에 대한 추가적 투자가 다른 발견들을 가속화할 것이라고 말했다.

제안된 기금 증가는 미국이 의학 연구에서 계속해서 주도적인 국가가 될 것이라는 점을 의미한다고 그 하원의원은 말했다. 그녀는 의학 연구에서의 투자가 루게릭병, 에볼라 바이러스, 알츠하이머병을 포함하여, 미국을 괴롭히는 수많은 중증 희귀병에 대한 치료제를 이끌어낼 것을 바라고 있다. 의학적 획기적 발전 이외에도, 그것은 의학 분야에서 수만 개의 직업을 창출함으로써 경제를 활성화시킬 것이라고 그녀는 추가적으로 말했다.

32 Q 뉴스 기사문에 따르면 옳은 것은?

(a) FIRRD의 연구는 기금 부족 때문에 다른 나라들에 뒤쳐져 있다.

(b) 미국은 투자에도 불구하고 생명을 구하는 치료제를 발견하지 못했다.

(c) 미국은 수많은 중증 희귀병을 해결하지 못했다.

(d) 기금 증가는 경제 상황을 악화시킬 뿐이다.

33 Q 뉴스 기사문에서 추론할 수 있는 것은?

(a) 제약사들은 생명을 구하는 치료제를 개발하는데 무관심하다.

(b) 제안된 법률안은 최종적으로 전반적인 경제 신장 효과를 가질 것이다.

(c) 미국은 치료제에 대한 의학적 연구에 자금을 지원하지 않았다.

(d) 대부분의 미국인들은 연방 예산 배정의 변화 필요성을 느끼고 있다.

32.

희귀병 치료를 위한 연구 기금 조성을 촉구하는 글이며, "a profusion of serious rare diseases plaguing America"라는 내용을 통해 현재까지 미국이 수많은 중증 희귀병을 해결하지 못했다는 것을 알 수 있다. 따라서 정답은 (c)이다.

33.

"it will boost the economy by creating tens of thousands of jobs in the medical field"라는 내용을 통해 수만 개의 직업 창출을 통한 경제 신장 효과가 있을 것이라는 점을 알 수 있다. 따라서 정답은 (b)이다.

representative 대표자, 하원의원 **legislation** 법 제정, 입법행위 **institution** 기관 **boost** 늘리다, 증가시키다 **investment** 투자 **a profusion of** 수많은 **plague** 괴롭히다, 성가시게 하다 **breakthrough** 발명, 비약적 발전 **lag behind** 뒤지다, 낙후되다 **a throng of** 수많은 **aggravate** 악화시키다, 가중시키다 **pharmaceutical** 제약의 **expansionary** 확장성의 **finance** 자금을 공급하다 **allocate** 할당하다, 배당하다

34~35

http://www.igcf.com/aboutus

우리 이야기 ∨ 뉴스 ∨ 기부 ∨ 블로그 ∨ 문의

국제 고릴라 보존 협회

국제 고릴라 보존 협회(IGCF)의 목적은 마운틴고릴라와 르완다, 우간다, 그리고 콩고 민주 공화국에 위치한 그들의 서식지를 보존하기 위한 협력적 활동을 촉진시키기 위한 것입니다. IGCF는 전 세계의 동물학자들이 수행하는 공동 프로젝트의 일부로 1993년에 설립되었습니다. 그 협회는 정부들이 심각하게 멸종 위기에 처한 마운틴고릴라와 그들의 서식지를 보존하도록 강요함으로써 지속가능한 토지 개발에 기여해왔습니다.

그러나 모든 활동이 매끄럽게 아무런 문제없이 진행된 것은 아닙니다. 그 협회는 지역 사회, 이익집단, 그리고 일반 대중들로부터 무자비한 반대에 직면하기도 했습니다. 심지어 연관된 관리들도 그 지역들 전역에서 보존 노력과 입법에 대한 지속적이고 협력적인 접근을 하는 것을 거부했습니다. 그럼에도 불구하고, 그 협회는 보존을 위한 지역 및 생태계에 근거한 접근법을 제안해왔습니다. 왜냐하면, 궁극적인 목적들 가운데 한 가지는 모든 종의 야생 생명체들을 포함하는 건강하고 균형 잡힌 환경을 유지하는 것이기 때문입니다.

34 Q 본문은 무엇에 관한 것인가?

(a) 아프리카 국가들의 멸종위기에 처한 마운틴고릴라 종

(b) 국제 동물 보호 단체의 수십년의 노력

(c) 동물 서식지에서의 지속가능한 토지 개발의 장애물

(d) 건강하고 균형잡힌 환경을 유지할 필요성

35 Q 본문에서 추론할 수 있는 것은?

(a) 단지 몇몇 동물학자들만이 동물 서식지의 유지를 고려하고 있을 뿐이다.

(b) 아프리카 국가들의 관리들은 다행스럽게도 그 협회에 동의하고 있다.

(c) 마운틴고릴라들의 지역 서식지들은 서로 많은 공통점이 있다.

(d) 마운틴고릴라들의 서식지를 보존하는 것은 널리 지지를 받지 못했다.

34.

국제 고릴라 보존 협회의 설립 목적과 활동에 대해 설명하는 글이며, 1993년 이래로 많은 활동을 하고 있다는 내용을 통해, 국제 동물 보호 단체의 수십 년간의 노력이 주제라는 것을 알 수 있다. 따라서 정답은 (b)이다.

35.

국제 고릴라 보존 협의 활동을 설명하는 과정에서, "faced with implacable opposition from local communities, interest groups, and the general public"이라는 내용을 통해 많은 단체들의 반대에 직면했다는 것을 알 수 있다. 따라서 널리 지지를 받지 못했다는 (d)가 정답이다.

conservation 보존 facilitate 촉진하다 collaborative 협력적인 habitat 서식지 nestle 위치시키다 coalition 제휴, 연합 sustainable 지속가능한 endangered 멸종위기에 처한 implacable 무자비한, 상당한 relevant 연관성 있는 consistent 일치되는, 일관된 conservation 보존 ultimate 궁극적인 obstacle 장애물 sustainable 지속가능한 assent 동의하다. 찬성하다 have in common with 공통점이 있다 endorse 지지하다, 후원하다

 ACTUAL TEST 4 p.194

Part I

01 (d)	02 (c)	03 (b)	04 (a)	05 (b)	06 (c)
07 (d)	08 (b)	09 (d)	10 (a)		

Part II

11 (d) 12 (a)

Part III

13 (d)	14 (a)	15 (c)	16 (b)	17 (b)	18 (c)
19 (d)	20 (b)	21 (c)	22 (a)	23 (b)	24 (a)
25 (d)					

Part IV

26 (d)	27 (a)	28 (b)	29 (c)	30 (b)	31 (d)
32 (c)	33 (b)	34 (d)	35 (b)		

Part I

01

오늘날 기업들은 **제품을 빠르게 대량으로 생산하는** 기술 없이는 사업을 할 수 없다. 이 기술은 헨리 포드가 자동차를 개발했던 100년도 더 전에 가능했던 일이다. 최초의 차 중 하나인 포드사의 모델 T가 큰 인기를 끌면서 회사는 그만큼 빨리 차량을 생산해 낼 수 없었다. 바로 그때 포드는 공장을 확장하고 이동식 조립 라인을 새로 만들어, 노동자들이 보다 효율적이 되도록 했다. 이 발명으로 회사는 더 빠르게 제품을 만들 수 있었고, 낮은 비용을 유지할 수 있었다.

(a) 사람들이 요구하면 차량을 생산하는

(b) 기계만을 이용해 제품을 만드는

(c) 전기로 달리는 차량을 만들어 내는

(d) 제품을 빠르게 대량으로 생산하는

헨리 포드가 공장을 확장하고 이동식 조립 라인을 만들어 제품을 빨리, 낮은 비용으로 만들 수 있었다는 내용이 이어지므로 빈칸에는 제품을 빨리, 많이 생산하는 기술이 적절하다. 따라서 (d)가 정답이다.

corporation 기업 do business 사업하다 expand 확장하다 assembly line 생산 라인 efficient 능률적인, 효율적인 cost 비용 rapidly 빠르게 in large numbers 대량으로

02

더 많은 고등학교에서 학생들을 주방에 투입하여 학교 급식을 돕도록 하고 있다. 이것은 학생들이 요리 기술을 배우고 식당 운영에 무엇이 필요한지 이해할 수 있도록 하는 훈련 프로그램이다. 참가 학생들은 재료와 메뉴, 조리법에 관한 결정을 돕는다. 교내 식당에서 그들의 반 친구들도 이제 냉동 포장 음식 대신 점심으로 건강에 좋은 것들을 먹기 때문에 그 프로그램을 좋아한다. 학교 관계자들은 많은 요리사들을 고용할 필요가 없고 학생들이 직접 해보는 학습을 경험하기 때문에 좋아한다. <u>이 제도가 모두에게 득이 되는</u> 것이다.

(a) 학생들이 공부하지 않고 일을 하는
(b) 이 프로그램이 학생들의 대학 준비를 돕는
(c) 이 제도가 모두에게 득이 되는
(d) 학교가 그들의 교수법을 점검했던

고등학교에서 학생들이 급식을 돕는 것에 대한 이점을 말하고 있다. 그리고 이런 프로그램을 학생들과 학교 관계자들 모두 좋아하므로 가장 알맞은 것은 (c)이다.

school meal 학교 급식 culinary 요리의 run 운영하다
ingredient 재료 cafeteria 교내 식당 frozen 냉동된
packaged 포장된 official 관계자, 당국 hands-on
실전의, 직접 해 보는 arrangement 제도, 방식 benefit
득이 되다, 유익하다 overhaul 정비[점검]하다

03

모든 애완견들에게 매일 털 손질이 필요한 여러 가지 이유가 있다. 주요 이점은 문제점들을 살펴보면서 동물의 건강 유지를 돕는 데 있다. 피부의 상처나 기생충을 조기에 발견할 수 있다. 부기나 불편한 움직임, 체온 변화는 모두 경고 신호이다. 게다가 이런 일상적 행위를 통해 주인은 개와 더 가까운 유대감을 형성할 수 있어 개들이 더 가족의 일원처럼 되도록 한다. 이런 식으로, 개는 <u>더 행복하고 더 건강한 애완동물</u>이 된다.

(a) 벌레나 피부 문제로부터 더 자유로운 동물
(b) 더 행복하고 더 건강한 애완동물
(c) 더 어리고 건강한 동물
(d) 벼룩 검사를 받는 대상

애완견의 털을 손질해 주면 여러 가지 이점이 있다고 한다. 우선 동물의 건강을 유지시킬 수 있고, 그 다음으로 정신적 유대감을 느낄 수 있다는 것이다. 따라서 털 손질로 인해 개는 더 건강하고 행복한 동물이 된다는 내용이 빈칸에 어울린다. 따라서 (b)가 적절하다. (a)는 이점의 일부만을 언급하므로 적절하지 않다.

necessity 필요 grooming (동물의) 털 손질 primary
주된, 기본적인 monitor 지켜보다 cut 상처 parasite
기생충 swelling (살의) 부기 body temperature 체온
warning sign 경고 신호 bond 유대감 flea 벼룩

04

상상하기 힘들겠지만 혼자 춤추는 것이 부적절한 때가 있었다. 1960년대까지 미국에서는 거의 모든 춤을 파트너와 함께 췄다. 하지만 전국에 걸쳐 문화적인 변화가 시작되면서 많은 사회적 기대들이 도전을 받았다. 기성세대와 젊은 세대는 전쟁, 관계, 예술 등 많은 주제를 둘러싸고 더욱 분열되었다. 동시에 음악은 더욱 시끄럽고, 더 공격적이고, 노골적인 예술가들을 포함하는 방향으로 발전하였다. 노래가 변화하면서 <u>음악에 맞춰 움직이는 방식도 달라졌다</u>.

(a) 음악에 맞춰 움직이는 방식도 달라졌다
(b) 새로운 정치적 관심들을 반영했다
(c) 세대 간의 관계도 달라졌다
(d) 사회적 신념 체계도 바뀌었다

글의 도입부터 주목해 보면 예전에는 파트너와 같이 춤을 추었던 것이 문화적으로 변하고 음악도 변화하면서 사람들의 춤의 방식도 달라졌다는 결론을 낼 수 있다. 따라서 (a)가 적절하다. 사회와 문화가 바뀌어 음악에 변화가 생겼다는 것이므로 (d)는 적절하지 않다.

improper 부적절한 set in 퍼지기 시작하다, 일어나다
social expectation 사회적 기대 generation 세대
divided on ~을 둘러싸고 분열된 evolve 발달[진화]하다
aggressive 공격적인 outspoken 노골적인 belief
system 신념 체계 transform 변형시키다

05

선데이 포스트
연예 〉 사람들

유명한 미국 흑인 토크쇼 진행자 오프라 윈프리가 방송에서 취리히의 고급 상점에서 쇼핑을 하던 중 푸대접을 받았다고 말했다. 오프라의 말에 의하면, 그녀는 여점원에게 값비싼 핸드백을 보여 달라고 요청했다. 그 여점원은 그 핸드백이 '너무 비싼' 것이라며 거부했다. 오프라는 그 여성이 자신이 유명한 연예인이라는 것을 알아보지 못했고 자신의 인종 차별적인 생각을 드러냈던 것이라고 말한다. 이는 오프라가 자주 이야기해 왔던 이슈로, 유색인은 결코 <u>디자이너 제품을 살 만큼 성공할</u> 수 없을 것이라는 생각이다.

(a) 미국의 유명한 TV 연예인이 될
(b) 디자이너 제품을 살 만큼 성공할
(c) 최첨단 유행 아이템을 맵시 있게 입을
(d) 인종 차별적 사건을 보도할 만큼 용감할

윈프리에게 '너무 비싼' 것이라며 물건을 보여 주지 않은 것은 그녀에게 그만한 돈이 없을 것이라고 가정했다고 볼 수 있고, 바꾸어 말하면 빈칸에는 (b)가 알맞다. 빈칸 앞의 부정어 never에 주의하자.

host 진행자 mistreat 홀대하다 celebrity 유명인사, 연예인 reveal 드러내다 discriminatory 차별적인 assumption 추측, 추정 a person of color 흑인, 유색인 personality 유명인 prosperous 번영한, 성공한 stylishly 맵시 있게 fashionable 유행하는 courageous 용감한 racist 인종 차별적인

06

> 한국의 명절인 추석의 전통 음식인 송편은 **그 안에 다양한 소가 들어 있는** 반달 모양의 떡이다. 그 안에는 참깨와 꿀을 버무린 것이나 달콤한 팥 반죽을 넣는다. 송편이라는 이름은 문자 그대로 소나무와 찐 떡이라는 의미로, 원래 떡을 솔잎과 함께 쪄 그 향이 스며들도록 했던 것에서 유래한다. 이 음식의 역사는 고려 시대로 거슬러 올라가는데, 전통적으로 가족들끼리 공동으로 준비했다.
>
> (a) 사람들에게 행운을 주기 위해 먹는
> (b) 다른 음식들과 곁들이는
> (c) 그 안에 다양한 소가 들어 있는
> (d) 그 모양이 추석의 보름달과 비슷한

빈칸 뒤에 송편의 소로 들어가는 것에 대해 설명하고 있으므로 가장 적절한 것은 (c)이다.

half-moon 반달 rice cake 떡 sesame seed 참깨 combination 혼합, 화합 sweetened 달콤한 paste 반죽 adzuki bean 팥 literally 문자 그대로 pine tree 소나무 steamed (음식을) 찐 pine needle 솔잎 absorb 빨아들이다 fragrance 향 date back to ~로 거슬러 올라가다 communally 공동으로 accompany 곁들이다 filling (음식의) 속, 소 resemble 닮다 harvest moon 보름달

07

> 원자력의 개념은 1933년 런던에서 일하던 헝가리 과학자가 처음 생각해낸 것이다. 하지만 이 초기의 발상에는 핵에너지에 매우 중요한 핵분열이 들어 있지 않았다. 분열은 원자들을 분열시켜서 자유 중성자를 생성하고, 따라서 **전기 생성에 필요한 물질을 만드는 것이다.** 이 기술은 1942년에 개발되었다. 이 새로운 능력으로 1951년 아이다호에 세계 최초의 원자력 발전소가 건설되었다. 우연한 일이지만 이곳은 세계 최초의 원자력 발전소 용융 사건이 일어난 곳이기도 했다.
>
> (a) 최신 핵무기 제작에 이용될 수 있다
> (b) 불필요한 에너지원인 태양 에너지를 만든다
> (c) 전기가 정전될 가능성을 없앤다
> (d) 전기 생성에 필요한 물질을 만드는 것이다

빈칸 뒤의 내용을 보면 이러한 아이디어를 이용해 발전소를 건설했다고 했으므로 전력을 생산하는 것이 주된 목적이었음을 알 수 있다. 따라서 (d)가 가장 적절하다. 나머지 선택지들은 원자력의 개념과 거리가 멀다.

nuclear power 원자력 nuclear fission 핵분열 split 분열시키다 atom 원자 free neutron 자유 중성자 capability 능력, 역량 nuclear plant 원자력 발전소 incidentally 우연히 meltdown (금속의) 용융 utilize 이용[활용]하다 nuclear weapon 핵무기 solar energy 태양 에너지 energy source 에너지원 possibility 가능성 blackout 정전

08

> 건물의 건축 양식에 대해 이야기할 때 **다양한 해석이 가능할** 수 있다. 대부분의 주택들이 여러 가지 스타일의 혼합체이기 때문에 종종 혼란스럽다. 자재들은 어느 한 시기에 속하는 것인 반면, 그 구조 체계는 다른 것에 영향을 받아 왔을지도 모른다. 그 구조상의 다른 부분들도 찾아볼 수 있다. 지붕은 현대주의자나 스페인의 영향을 받은 것인 반면, 지붕, 문이나 방 전체는 보다 고전적인 느낌일 수 있다. 이런 이유로 부동산 중개인과 건축가 같은 두 전문가들이 같은 건물을 다르게 설명할지 모른다.
>
> (a) 하나의 정의에 동의하기 쉬울
> (b) 다양한 해석이 가능할
> (c) 새로운 디자인 창조의 가능성이 있을
> (d) 다소 애매모호한 용어로 설명될

건물이 여러 가지 스타일로 혼합된 경우가 많다는 이야기로 보아 건물에 다양한 해석이 가능할 수 있을 것이라는 (b)가 가장 적절하다. 새로운 디자인을 창조한다는 것과 한 건물에 여러 가지 양식이 있다는 내용은 다르므로 (c)는 적절하지 않다.

architectural style 건축 양식 mixture 혼합체 material 재료, 자제 modernist 현대주의자 classical 고전적인 real estate agent 부동산 중개인 architect 건축가 interpretation 해석 vague 애매모호한 term 용어

09

> 기업들은 보통 이용 가능하고 가격이 적정한 도시 경계에 월마트 같은 '커다란 상자 같은 상점'을 짓는다. 앨라배마 주에 있든 미네소타 주에 있든 상점은 똑같이 생겨서 기업들이 동일한 디자인을 반복해서 이용하면 돈을 절약할 수 있다. 하지만 이제 도시가 커지고 자리를 찾기 더 힘들어지면서 상점 모델을 수정해야 한다. **그 결과,** 기업들은 옛날 거리의 상점과 창고 같은 기존의 공간을 사용하고 평면도를 꼭 맞게 다시 디자인해야 한다. 결국 사업적으로 돈을 더 쓰게 되는 것이지만 점포는 더 흥미롭고 다양한 모습을 갖추게 된다.
>
> (a) 또한
> (b) 그에 반해서
> (c) 간단히 말해서
> (d) 그 결과

빈칸 앞에서 도시가 커짐에 따라 반복적으로 이용했던 상점 모델을 수정해야 한다고 했고, 뒤에서 새로운 환경에 맞게 다시 디자인해야 한다고 했으므로 인과성을 나타내는 (d)가 가장 적절하다. 빈칸 앞뒤의 내용이 병렬적으로 연결되지 않으므로 (a)는 올 수 없다.

city limit 도시 경계 identical 똑같이 생긴 alter 수정하다
existing 현재 있는 storefront (거리에 면한) 상점 정면
warehouse 창고 floor plan (건물의) 평면도 varied 다양한

10

> 매일 같은 경로를 길동무와 함께 걸어서 출근하는 한 남자가 있었다. 함께 가는 사람은 대개 말이 없었지만, 그 남자는 가는 길이 단조롭다고 느꼈다. 그래서 생각을 많이 하지 않고 떠오르는 것은 뭐든지 쉴 새 없이 말했다. **그럼에도 불구하고** 그의 친구는 듣기만 하고 아무런 말도 하지 않았다. 어느 날, 그 친구는 남자에게 일주일 전에 이야기했던 것을 기억할 수 있느냐고 물었다. 그가 기억하지 못하자, 친구는 그에게 대화는 중요한 것이며, 지금 하는 말이 나중에 <u>스스로를 대변할 것이라고</u> 주의를 주었다.
>
> (a) 그럼에도 불구하고
> (b) 그런 이유로
> (c) 분명히
> (d) 예를 들어

빈칸 앞에서는 남자가 아무 말이나 계속했다는 이야기가 나오고 빈칸 뒤에서는 친구가 듣기만 하고 아무 말도 하지 않았다고 했으므로, 역접의 의미인 (a)가 가장 적절하다.

companion 동료, 말동무, 길동무 route 경로 journey 여정 monotonous 단조로운 continuously 끊임없이 caution 경고하다 speak for ~을 대변[대표]하다

Part II
11

> 환경 학자들은 레이더를 이용해 그린란드 빙원에 아주 작은 변화들도 기록한다. (a) 전역의 상공을 날며 그 아래 빙하를 속속들이 포착해 작은 균열들을 확인할 수 있다. (b) 이는 안전하게 착륙할 위치를 찾는 데 도움이 될 뿐만 아니라, 빙하가 깨질 법한 지역도 예측할 수 있도록 한다. (c) 그들은 변화를 아주 면밀하게 관찰하며 시간이 지남에 따라 지구 온도 변화의 영향을 더 잘 이해할 수 있다. (d) 몇 년 전, 그린란드의 빙하에 착륙한 한 항공기가 빙하가 너무 얇았던 탓에 물속으로 가라앉았다.

레이더를 이용하여 빙원의 변화를 알아보고 기록하여 지구의 온도 변화를 이해할 수 있다는 내용이다. (d)도 그린란드와 빙하에 관해 이야기하지만 항공기가 침몰한 것에 관한 것이므로 글 전체의 흐름에서 벗어난다.

chart 기록하다 ice field 빙원 entire 전체의 capture 정확히 포착하다 crack 균열 locate 위치를 찾다 landing

착륙 closely 면밀하게 aircraft 항공기 sink 가라앉다

12

> 샌안토니오 시는 시의 비차별 정책에 동성애를 추가하는 조례를 최근 통과시켰다. (a) 이 조례는 출마 준비를 하고 있는 보수 의원들에 의해 강력한 비판을 받고 있다. (b) 이전에 이 법령은 인종과 성, 나이, 장애, 종교에 근거한 차별로부터 사람들과 고용인들을 보호했다. (c) 이 법령은 사업에서 성적 선호에 근거해 일자리 또는 서비스직에서 사람들을 쫓아내는 것을 불법으로 간주한다. (d) 조항은 8대3의 큰 격차로 통과되었지만 시에서 제한할 수 있는 것을 넘어 수많은 논의와 반발을 초래했다.

동성애 차별이 비차별 정책에 포함되면서 그 성격과 의미에 대해 이야기하고 있다. (a)는 여기에 반발하여 비판하는 사람들에 관한 것으로 흐름에 맞지 않으며, 첫 문장에 이어, 과거 법령의 속성에 대해 언급하는 (b)가 자연스럽게 연결된다.

ordinance 법령, 조례 sexual orientation 완곡한 성적 기호
discrimination 차별 criticize 비판하다 conservative
보수적인 gear up ~할 준비를 하다 fun for office
공직에 출마하다 disability 장애 turn away 쫓아내다
preference 더 좋아함 provision 조항 backlash 반발

Part III
13

> 중앙아메리카 고지에서 재배된 풍부한 맛을 즐기는 분들은 멀리서 찾을 필요가 없습니다. 해발 고도 4천 피트의 다양한 희귀 게이샤 상록 관목에서 자라는 코아바는 그 최고급 품질로 차별성을 이어오고 있습니다. 그랑퀴 리초 고원의 기업 농장은 그 지역에 식물의 다양성을 가져오기 위한 정부의 지원으로 나무를 심었습니다. 혼합 재배로 강한 열대 과일 맛이 시큼한 초콜릿 맛과 섞이도록 합니다. 유기농 재배의 소규모 로스팅을 전문으로 하는 이 회사는 커피콩의 신선함과 독특함을 자부합니다.
>
> **Q** 주로 광고하고 있는 것은?
> (a) 중앙아메리카 산의 프리미엄 과일
> (b) 수확을 위한 혁신적인 기법
> (c) 인정받은 가정 재배 사업
> (d) 고품질의 가공된 농산물

한 커피 상품을 광고하는 글로, 후반부에서 커피콩 상품임을 알 수 있다. 최고급 품질의 유기농 커피콩을 로스팅해서 상품으로 내놓는 것이므로 (d)가 가장 적절하다. 로스팅하는 커피콩을 과일이라고 보기는 어려우므로 (a)는 적절하지 않다.

high-grown 고지에서 재배된 rare 희귀한 evergreen
shrub 상록 관목 elevation 고도 distinguish 차별화하다
plateau 고원 botanical 식물의 intense 강한 tropical
열대의 fruitiness 과일 맛 tart 시큼한 organically 유기
농으로 small-scale 소규모의 roasting 굽기 pride 자부하다

distinctive 독특한 premium 고급의, 값비싼 innovative 혁신적인 harvesting 수확 established 인정받은, 정평이 난 home-grown 집에서 가꾼 processed 가공된

14

환경과 식품 건강에 관한 최근의 논쟁은 유전적으로 변형된 유기체, 즉 GMO를 중점적으로 다루고 있다. 이 유기체는 추운 날씨에 견디는 것과 같이 특정 결과를 이루기 위해 그것의 DNA 구조가 변형된 식품들이다. 현재에는 GMO가 인체에 해를 끼친다는 얼마 되지 않은 증거들이 있을 뿐이다. 하지만 불확실함과 우려로, 활동가들은 기업들이 자기 제품에 GMO가 들어 있는지 여부를 구매자에게 알릴 필요가 없기 때문에 걱정하고 있다. 최근 보다 많은 구매자들이 정보를 제공받기를 원하고, 그것에 관해 공개적으로 말하고 있다.

Q 이 글의 주제는?

(a) GMO 제품에 라벨을 붙이기 위한 노력들

(b) DNA의 변화에 대한 연구

(c) 식품 가격이 적정하도록 만들 방법들

(d) 농작물이 겨울을 견디도록 돕기

GMO가 인체에 미치는 해로움에 대한 증거는 적지만 어떤 제품에 GMO가 들어 있는지 회사에서는 알릴 의무가 없기 때문에 모르고 먹을 수 있다고 우려한다. 그리고 그것에 관해 알기를 원하고, 공개적으로 이런 문제에 대해 발언한다고 하므로 (a)가 글의 주제로 가장 적절하다. GMO가 DNA 변형을 통한 것이지만, 이 글은 DNA 변형 연구보다는 GMO가 인체에 미치는 영향과 모르고 먹을 수 있다는 우려에 초점이 있으므로 (b)는 알맞지 않다.

genetically 유전적으로 modified 변형된 organism 유기체 alter 변경하다 outcome 결과(물) tolerance 내성 cause damage 해를 끼치다 uncertainty 불확실성 label 라벨을 붙이다, 필요한 정보를 적다 method 방법 crop 농작물 survive ~에서 살아남다, 견디다

15

심리학 보고서

캘리포니아에서 자폐증 진단을 받은 어린이의 수가 불과 8년 만에 4만 명으로 꾸준히 증가하고 있다. 자폐아들이 특수 교육 학생의 대다수를 차지하고 있는 반면, 다른 진단 역시 증가 추세를 보이고 있다. 이 기록은 또한 심장 상태와 천식, 간질 때문에 장애 수가 증가하고 있음을 보여 준다. 동시에 학습 장애가 있는 아이들은 줄어든 것으로 보고되었다. 한 부문은 증가했는데 다른 부문이 감소한 것이 환경 조건이나 다른 원인 때문인지 그 이유는 분명하지 않다.

Q 이 글의 주된 내용은?

(a) 진단의 더 정밀한 방법

(b) 아동의 자폐증에 대해 밝혀진 이유

(c) 발육기에 영향을 미치는 건강의 추세

(d) 장애인들을 위해 변화하는 상황들

어린이들 사이에 자폐증, 심장병, 천식, 간질 등 진단 수가 증가했고 학습 장애가 있는 아이들은 줄었다고 설명하고 있으므로 어린이들의 건강 상태의 변화에 관한 내용으로 볼 수 있다. 따라서 (c)가 정답이다.

diagnose 진단하다 autism 자폐증 steadily 꾸준히 comprise 차지하다 majority 대다수 special education 특수 교육 impairment (신체적·정신적) 장애 asthma 천식 epilepsy 간질 learning disability 학습 장애 decline 쇠퇴, 하락 the disabled 신체장애자들

16

몇 년간 전쟁 통에 살았던 아프가니스탄은 최근 파키스탄 원정팀을 초청해 십몇 년 만에 처음으로 축구 경기를 열었다. 그 경기는 두 나라 간의 평화적인 노력을 위한 것이었지만, 관람석에 모든 이들은 경기를 매우 진지하게 받아들였다. 아프가니스탄 팀이 3대0으로 이기자 팬들은 마치 월드컵에서 우승한 것 같았다고 말했다. 역시 점수가 중요했지만, 그 경기는 분명 사람들을 화합시키고 잠시나마 전쟁의 부담을 잊게 하는 데에는 성공했다.

Q 이 글의 주제는?

(a) 아프가니스탄에 스포츠 행사들의 재개

(b) 한 힘겨운 국가에 의미 있는 경기

(c) 향후 정치적 결정을 판가름할 경기

(d) 경기가 국제 현안을 해결하는 방식

오랫동안의 전쟁에 지친 국가가 축구를 통해 국민이 화합의 시간을 가지고 전쟁을 잊게 해 주었다고 하므로, 주제로 적절한 것은 (b)이다. 스포츠 행사들이 정상적으로 재개되었다는 것이 아니라 다른 나라와 한 번의 축구 경기를 가졌고 그 의미에 초점을 맞추고 있으므로 (a)는 적절하지 않다.

stand 관중석 matter 중요하다, 문제되다 return 재개 meaningful 의미 있는, 중요한 struggling 발버둥이 치는 determine 결심시키다 competition 경쟁, 시합

17

와서 로큰롤을 즐기세요!

신나는 주말을 위해 세계에서 가장 유명한 로큰롤 밴드들이 뉴욕 시에 모여 3일간 공연을 할 것입니다. 이 밴드 무리들은 50개국에 상당하는 세계 각지에서 오고 있습니다.

- 음악 애호가들은 싱글 패스를 구입해 축제의 모든 공연에 입장할 수 있습니다.
- 1일 패스나 단일 공연 티켓을 구입할 수도 있습니다.
- 밴드들은 첼시와 그리니치빌리지, 소호에 있는 클럽에서 무대를 펼칠 것입니다.

싱글 패스를 구입할 수도, 1일 패스, 단일 공연 티켓을 구매할 수도 있으므로 다양한 티켓 종류를 판다고 한 (b)가 가장 알맞다. (a)는 세계에서 유명한 밴드들이 오는 것이므로 현지 공연가들이 아니다. (d)는 로큰롤 음악들이라고 했으므로 다양성과는 거리가 멀다.

notable 유명한, 주목할 만한 collection 무리, 더미 represent ~에 해당[상당]하다 music-lover 음악 애호가 access 입장하다, 이용하다 take the stage 무대를 펼치다 performer 공연가 diverse 다양한 feature 특징으로 하다 variety 다양(성), 갖가지

18

맬러리는 요리 블로그를 운영하는 사람으로 듀어 씨의 회사 제품 리뷰를 자신의 블로그에 올리고 싶다는 의사를 전하고 있다. 따라서 (c)가 정답이다. 블로그는 이미 고정 방문자가 많기 때문에 (a)는 적절하지 않고, 리뷰를 올리기 위해서 요리 관련 제품을 쓰겠지만 그것이 최신 기기인지는 알 수 없으므로 (d)도 알맞지 않다.

operate 운영하다 recipe 요리법 approximately 거의 spread the word 말을 퍼뜨리다 average 평균 ~이 되다 high-end 고급의 gadget 도구

19

사람보다 기계와 더 친숙해 보이는 요즘의 청소년도 그들의 부모가 그랬던 것처럼 같은 것들에 대해 걱정하고 중요함을 부여한다고 하므로 (d)가 가장 알맞다.

readily 손쉽게 attachment 애착 fellow 동료의 young adult 청소년 privacy 사생활 present 나타내다, 표현하다 academics 학문 reliance on ~에 대한 의존 risky 위험한

20

몸에 가벼운 문제가 있을 때 이용할 수 있는 사이버 의료 서비스에 관한 글이다. 글의 마지막에, 편하게 의료 서비스를 받을 수 있어서 치료하기 쉽고 가격도 적절한 초기에 치료를 받게 된

다고 한다. 따라서 증세가 더 심각해지는 것을 예방할 수 있게 되므로 정답은 (b)이다. 가벼운 질병만 가능하므로 병고를 겪는 모두에게 해당하는 것은 아니다.

under the weather 몸이 안 좋은   physician 의사, 내과 의사   webcam 화상 카메라   sore 아픈   stitch 꿰매다   remedy 치료   virtual 가상의   low-income 저소득의

21

1982년 디즈니는 테마파크 컬렉션에 놀랍고 독특한 건물을 증축해 문을 열었다. 월트 디즈니 월드의 EPCOT 센터는 거대하고 하얀 18층 높이의 구체 외관으로 순식간에 유명해졌다. EPCOT 센터의 내부는 기술적 업적과 9개 국가들의 문화적 특징을 보여 주고 있어 실로 인상적이었다. 월트 디즈니는 원래 EPCOT가 2만 명의 사람들을 위해 잘 운영되는 도시가 되기를 원했지만, 이 야심찬 공동체를 탄생시키기 전에 세상을 떠났다. 대신 그 공원은 매년 수천 명의 여행객이 찾아오는 명소로 남아 있다.

Q 이 글에 의하면 EPCOT 센터에 대해 다음 중 옳은 것은?
(a) 매년 9개 국가에서 유명 인사들을 초대한다.
(b) 디즈니의 기술 발전을 보여 주기 위한 것이다.
(c) 놀이 문화 공간의 명소가 되었다.
(d) 원래 국제회의를 열기 위해 지어졌다.

매년 수천 명의 여행객들이 찾는 명소가 되었다고 하므로 놀이 문화 공간의 명소가 되었음을 알 수 있다. 따라서 (c)가 정답이다. 9개 나라의 문화적 특징을 보여 주는 것이므로 (a)는 적합하지 않고, 기술적인 업적이 드러난 건물이기는 하지만 기술의 발전을 보여 주는 것이 원래 목적은 아니므로 (b)도 옳지 않다.

addition 추가(물)   appearance 외관   sphere 구(체)   showcase 전시하다, 소개하다   technological 기술적인   originally 원래, 본래   well-run 잘 운영되는   attraction 명소   celebrity 유명인   landmark 역사적 건물

22

우리는 유명 인사들이 특이하고 대담하기를 원한다. 그들이 우리를 즐겁게 하면서 현대 생활에 대한 예술적인 표현을 하기를 기대한다. 하지만 미국 가수인 레이디 가가는 이러한 면을 새로운 정점으로 끌어올렸는지도 모른다. 한 축제에서 보여 준 최근 공연에서 그녀는 돼지 가면에서부터 스프레이 페인트와 닌자 의상에 이르기까지 수도 없이 의상을 갈아입었다. 어떤 순간에는 로마의 여신인 비너스처럼 옷을 입었다. 전체적인 쇼는 진정한 목적이 없는 무작위적인 캐릭터들의 기이한 진열이 되었다.

Q 이 글에 의하면 이 가수에 관해 다음 중 옳은 것은?
(a) 시각적으로 독특한 공연을 한다.
(b) 홍보를 위해 자신의 의류 브랜드를 입는다.
(c) 의상비를 위해 티켓 값을 더 부과한다.
(d) 관객들을 놀라게 해서 혼란스럽게 하는 것을 즐긴다.

돼지 가면에서 로마의 여신인 비너스까지 극에서 극으로 가는 수많은 의상을 선보이며 시각적으로 독특한 공연을 한다고 볼 수 있다. 따라서 (a)가 정답이다.

statement 표현   height 높음, 절정, 극치   bizarre 기이한   random 무작위의   visually 시각적으로   charge 값을 매기다   confuse 어리둥절하게 하다

23

옥시코돈은 1917년 이래로 암 환자들의 만성 통증을 치료하는 데 쓰였다. 그러나 1990년대 사람들은 통증 치료가 아닌 곳에 이 약을 쓰기 시작했고, 이 약이 주는 더없이 행복한 기분에 종종 중독되었다. 여러 사례에서 사람들은 더 빨리 약의 효과를 보기 위해 알약을 빻아 가루로 만들기도 했다. 제조업체는 알약을 물리적으로 바꾸는 것을 어렵게 바꾸었고, 입법자들도 변화를 꾀했다. 여러 국가에서 처방전 없이 옥시코돈을 소지하면 무거운 벌금을 내거나 감옥에 가게 된다.

Q 이 글로부터 유추할 수 있는 것은?
(a) 더 엄격한 법이 통과되어 옥시코돈 남용이 상당히 늘었다.
(b) 제조업체들은 이 약을 의학적 치료로만 쓰고자 했다.
(c) 현재 고통을 받는 암 환자들은 다른 형태의 약물을 선호한다.
(d) 현재 의사들로부터 옥시코돈 처방전을 받기가 어려워졌다.

제조업체는 중독을 막기 위해 가루로 빻기 어렵도록 만들었다고 했으므로 치료가 아닌 사용을 막으려 했고, 그것은 의학 치료로만 사용하도록 의도했음을 알 수 있다. 따라서 (b)가 적절하다. 다른 형태를 사용한 것은 중독에 대한 사람들이므로 (c)는 적절하지 않다.

chronic 만성적인   blissful 더없이 행복한   crush 찧다   pill 알약   powder 가루, 분말   physically 물리적으로   lawmaker 입법자   possession 소유   prescription 처방전   passage 통과   significantly 상당히, 두드러지게   abuse 남용, 오용   medication 약물

24

소말리아와 시리아 같은 나라에서 온 난민들은 대개 생활이 많이 다른 서구 국가로 이동한다. 이주는 난민들에게 훨씬 더 안전한 환경을 제공하는 반면, 그들은 종종 문화적 충격을 경험한다. 그들의 출신국에는 대개 서구 사회의 현대적인 사치품이 없다. 오히려 난민들은 자신의 소유지를 경작하고 스스로 옷을 지어 입고 도구를 만들면서 자랐다. 유럽과 미국에 있는 후원 기관들은 난민들이 전통적인 관습을 향유할 수 있는 프로그램을 제공하고 있다.

Q 이 글로부터 유추할 수 있는 것은?

(a) 난민이 자신의 문화 풍습과의 연결 고리를 짓는 것은 중요하다.

(b) 이주민들은 새로운 나라에 자신들의 예전 생활 방식을 가져올 수 있다.

(c) 다른 환경에 적응하는 데에는 상당한 위험을 감수한다.

(d) 이전 이후의 상태는 흔히 혼란스럽고 위험하다.

난민들이 문화적 충격을 겪게 되고, 후원 기관들은 그들이 전통 관습을 유지하도록 돕는다고 했으므로 (a)가 가장 적절하다. 이민자들이 문화 충격을 받는다고는 했으나 그들이 자신의 문화를 가져온다는 것과 관련된 내용은 없으므로 (b)는 적절하지 않다.

refugee 난민 relocate 이주하다 immigration 이주 lack ~이 없다 luxury 사치(품) practice 관습 ritual 의례, 풍습 considerable 상당한

25

컬러 프로젝트는 자원봉사 그림 그리기 프로젝트를 통해 볼티모어 시를 향상시키려는 지역적인 노력이다. 컬러 프로젝트는 거주자들과 사업주들이 집과 상점을 단장할 형편이 안 되는 이웃 지역의 건물을 단장한다. 어떤 곳은 간단히 페인트를 새로 칠하기만 하면 된다. 다른 사업을 위해서는 자원봉사자들이 벽화를 디자인해 전 공동체가 즐길 수 있는 예술 작품으로 몇 해 동안 외벽을 변화시킬 것이다. 3년 전에 그림 그리기를 시작한 이후로 저소득 지역의 부동산 가치가 이미 약간 상승하였다.

Q 컬러 프로젝트에 대해 이 글이 시사하는 것은?

(a) 다양한 소득 수준에 도움을 제공한다.

(b) 시의 망가진 건축물을 수리하는 것이 목표이다.

(c) 사람들이 자신의 집을 페인트칠하여 새롭게 하도록 고무한다.

(d) 예술적인 영향과 경제적인 영향 모두 갖고 있다.

건물 외벽을 새로 색칠함으로써 예술적으로 변모할 뿐 아니라 그곳의 부동산 가치가 조금 상승했다고 하므로 이 프로젝트가 예술적, 경제적으로 영향을 준다고 볼 수 있다. 따라서 (d)가 적절하다.

resident 거주자 afford to ~할 형편이 되다 spruce up 단장하다 makeover 단장 coat (페인트 등의) 칠 mural 벽화 exterior 외관의 property value 부동산 가치 assistance 도움, 원조 varying 변화하는 run-down 망가진 structure 건축물

Part IV
26~27

평론: 〈다운사이징〉에 나타난 서사와 인간 역사에 관해

인간의 멸종 그리고 급진적인 반이상향의 미래는 영화 산업에서 전형적인 주제가 된 것 같다. 알렉산더 페인의 최신 영화, 〈다운사이징〉 또한 임박한 생태학적 재앙의 풍경을 보여준다. 그것은 다소 반이상향적이고 종말론적인 절망감을 보여주는 미래이다. 페인은 관객들에게 과학자들이 만들어 상업적 이용을 위해 적용된 기술적 절차를 보여준다. 사람들은 이상적인 목적을 달성하기 위해 약 4인치에서 5인치까지 거의 고통 없이 줄어들 수 있다. 그 목적은 지구의 환경에 덜 타격을 주고, 더 적은 쓰레기를 발생시킴으로써 지구를 지속가능하게 하기 위한 것이다.

그러나 페인은 새로운 기술적 혁신을 완전히 수행하는 데 주의한다. 작아진다는 매력적인 접근법은 인간들이 직면한 실제 문제를 해결해 주지 못한다. 사람들은 그들의 신체를 줄이는 것이 더 적은 자원을 소비하게 해 줄 것이고, 사치와 부를 약속할 것이라고 희망하지만, 그들을 위한 계획 공동체인 레저랜드에서 축소된 사람들은 보통 크기의 삶과 비교하여 예상치 못하게 외롭다고 생각한다.

26 Q 본문은 주로 무엇에 관한 것인가?

(a) 생태학적 재앙들로 가득한 세계에서의 위험

(b) 다운사이징 기술의 상업적 잠재성들

(c) 새로 건설된 공동체에서의 사치스럽고 부유한 삶들

(d) 새로운 기술과 그것의 예상치 못한 결과

27 Q 본문에서 추론할 수 있는 것은?

(a) 기술적 혁신은 인간의 불행에 대한 근본적인 해결책이 될 수 없다.

(b) 생태학적 재앙들은 사람들 사이에 기정사실이 되었다.

(c) 지구에서 삶을 지속시키는 것은 과학자들에게 가장 큰 어려움이 될 것이다.

(d) 영화감독들은 사회의 끝이라는 종말론적 경고를 받아들이기를 거부한다.

26.

영화 〈다운사이징〉에 등장하는 인간을 축소시키는 혁신적 기술의 개발과 그 결과에 대해 평가를 하면서, 선의의 목적을 통해 개발된 기술이 부정적인 결과를 가져올 수 있다는 내용을 통해, 새로운 기술과 그것의 부정적인 결과가 주제임을 알 수 있다. 따라서 정답은 (d)이다.

27.

"find themselves unexpectedly alone compared with their regular-size lives"라는 내용을 통해 다운사이징 기술은 인간의 궁극적인 문제를 해결하지 못했다는 것을 알 수 있다. 따라서 정답은 (a)이다.

extinction 멸종   radically 본질적으로, 과격하게   dystopian
반이상향   imminent 임박한, 긴박한   ecological 생태학적인
catastrophe 대참사, 불행   apocalyptic 종말론적인
despair 절망, 실망   procedure 과정, 절차   shrink 줄이다,
감소시키다   take a toll on 타격을 입히다   sustainable
지속가능한   cautious 주의하는, 신중한   encounter 직면하다,
맞서다   potentiality 잠재력   luxurious 사치스러운, 일류의
consequence 결과   innovation 혁신   fundamental
근본적인   misfortune 불행   fait accompli 기정사실

28~29

28.

도서전에서 고객관리를 할 수 있는 직원을 뽑는 구인 광고이며,
"Acquaintance with children's literature"를 통해 자격 요
건 중 아동 도서에 대한 전문 지식이 필요하다는 것을 알 수 있
다. 따라서 정답은 (b)이다.

29.

여러 가지 자격 요건이 제시되어 있으며, "Remarkable inter-
personal relations skills with peers and especially
customers"라는 내용을 통해 동료 및 고객과의 대인관계가
중요하다고 했으므로, 의사소통능력이 필요하다는 것을 알 수
있다. 따라서 정답은 (c)이다.

representative 대표자   expertise 전문지식   diploma
졸업장   acquaintance 지식   appropriate 적절한
proficiency 숙달, 숙련   remarkable 주목할 만한, 눈에
띄는   flexible 유연한, 유동적인   qualification 자격요건
permanent 영구적인, 영원한   temporary 일시적인
mandatory 의무적인, 강제적인

30~31

30 Q 기사에 따르면 옳은 것은?

(a) 멕시코 정부는 사람들의 미국 이민을 금지해왔다.

(b) 이민자들의 송금은 멕시코의 주요 재원 중 하나이다.

(c) 미국 정부는 보통 모든 불법 이민자를 추방하고 있다.

(d) 대부분의 현재 허가서들은 정부가 재발급하지 않을 것이다.

31 Q 신문기사의 주요 내용은 무엇인가?

(a) 멕시코인에게 이민을 촉구하는 자유 무역 협정

(b) 미국에서 불법 이민자들을 보호하기 위한 프로그램

(c) 미국에서 일할 수 있는 새로운 허가서를 발급하기 위한 절차

(d) 멕시코인들이 미국으로 국경을 넘는 것을 막기 위한 새로운 정책

30.

멕시코인들의 불법 이민을 규제하려는 미국의 정책에 대해 설명하는 지문이며, "they will exhaust Mexico's financial resources by curbing their uncontrollable people influx"라는 내용을 통해 이민자들의 유입이 중단되면 재원이 고갈될 것이므로, 이민자들의 송금이 멕시코의 재원들 중 하나라는 것을 알 수 있다. 따라서 정답은 (b)이다.

31.

불법 이민자 규제 조치로, "some proper countermeasures to stop people from crossing the border"라는 내용을 멕시코 정부에 요구하겠다는 내용이므로, 멕시코인들이 미국으로 국경을 넘는 것을 막기 위한 새로운 정책이 이 글의 주요 내용이다. 따라서 정답은 (d)이다.

immigrant 이민자 threaten 위협하다 abandon 포기하다, 폐기하다 come up with 떠올리다, 생각해내다 countermeasure 대책, 대안 discontinue 중단시키다 exhaust 고갈시키다 curb 억제시키다 deferred 연기된, 지연된 a profusion of 수많은 illegally 불법적으로 existent 실존하는, 현행의 entrant 입국자, 신입생 expatriate 국외거주자 remittance 송금, 송금액 deport 추방하다

32~33

◀ 마이클

〈나〉

안녕하세요? 마이클.

먼저 이렇게 연락드리는 점을 용서해주세요. 실수로 당신의 전화번호를 지웠고 제 이메일 계정도 닫힌 상태예요. 본론으로 들어갈게요. 제 아들 잭의 결혼식이 당신이 함께 해 주셨으면 합니다. 그는 우리 외아들이기 때문에 우리 모두에게 매우 뜻 깊은 행사가 될 것입니다. 그는 자넷과 결혼할 예정이며, 그들은 당신이 그들의 결혼식을 축복해 준다면 매우 감사해 할 것입니다. 결혼식은 5월 12일에 개최될 예정이며, 장소는 콩코드 호텔 연회장이 될 것입니다. 최소 결혼식 일주일 전에 당신의 답변을 주시기 바랍니다. 감사합니다.

〈마이클〉

안녕하세요? 캐서린.

예상치 못했던 좋은 소식이군요. 당신 아들의 결혼식에 초대해 주셔서 매우 기쁩니다. 저도 행복한 한 쌍의 아름다운 축하의 일부가 되기를 기대하고 있습니다. 결혼식 선물 목록이 있다면 가능한 빨리 알려주세요.

32 Q 메시지에 따르면 옳은 것은?

(a) 캐서린은 자기 외동딸의 결혼식에 마이클을 초대하고 있다.

(b) 캐서린은 다른 방문객들에게 아들의 축복을 빌어주기를 요청할 것이다.

(c) 마이클은 결혼식 전에 캐서린의 문자 메시지에 답변을 해야 한다.

(d) 마이클은 캐서린에게 결혼식 초대에 대해 정중하게 거절하고 있다.

33 Q 대화 메시지에서 추론할 수 있는 것은?

(a) 캐서린은 결혼식에 단지 몇 명의 친구들만 초대해야 한다.

(b) 마이클은 잭의 결혼식에 선물을 가져갈지도 모른다.

(c) 캐서린은 마이클에게 아들 결혼식 들러리가 되어달라고 부탁하고 있다.

(d) 마이클은 잭과 자넷을 위해 재미있는 일정을 짜고 있다.

32.

첫 번째 메시지는 결혼식 초대장이며, "I'm expecting your reply at least a week before the wedding"라는 내용을 통해, 마이클이 결혼 일주일 전에 답변을 해야 한다는 것을 알 수 있다. 따라서 정답은 (c)이다.

33.

마이클의 답변 중 "Please let me know as soon as possible if a wedding gift registry is available"라는 내용을 통해 결혼식 선물을 준비해 갈 가능성이 높다는 것을 알 수 있다. 따라서 정답은 (b)이다.

auspicious 길조의, 상서로운 oblige 강요하다 venue 장소 banquet 연회 celebration 축하 registry 등록, 기록 available 이용할 수 있는 gracious 상냥한, 정중한 be supposed to ~하기로 되어 있다, ~해야 한다

34~35

MC 에셔: 공상 이면의 수수께끼

실제 세계에서 존재할 수 없는 왜곡된 공간들은 모리츠 코넬리스 에셔의 예술에서 독특한 이미지들 가운데 하나이다. 그의 이미지들은 비현실적으로 모든 방향으로 뻗어있는 계단과 마네킹과 같은 인물들을 특징으로 한다. 그의 작품들을 감상하는 동안, 관람객들은 그를 둘러싼 세계에 대한 예리한 관찰과 그의 공상에 대한 묘사를 인식할 수 있다. 그의 예술작품들은 현실이 충분히 놀랍고 매력적이라는 것을 보여줌으로써 국제적인 인기를 얻게 되었다.

그러나, 그의 현재의 명성에도 불구하고, 에셔는 50대가 되어서야, 예술가로서 생계를 유지할 수 있었으며, 주류적인 인기를 얻게 되었다. 그때까지, 그는 기이한 기하학적인 세계의 주요한 주제들을 확립했다. 더 최근에는, 그의 표현들은 영화들에 영감을 제공해왔다. 예를 들어, 〈박물관이 살아있다: 비밀의 무덤〉에서, 랜슬롯, 테디 루즈벨트, 그리고 래리 달리는 그림 〈상대성〉에 들어가며, 그 그림에 특징인 동일한 이상한 중력을 경험한다.

34 Q 본문의 주제는 무엇인가?

(a) 왜곡된 이미지들이 어떻게 주류 주제가 되었는지

(b) 세계에 대한 예리한 관찰이 왜 쉽게 공감을 불러 일으키는지

(c) 예술작품이 왜 영화 산업과 같은 다른 분야에서 자주 이용되는지

(d) 한 예술가의 작품들이 어떻게 유명해지며 현대 문화에 영향을 주었는지

35 Q MC 에셔에 대해 추론할 수 있는 것은?

(a) 그의 그림들 속의 인물들은 현실적으로 묘사되었다.

(b) 그의 그림들은 때때로 현대 영화의 배경으로 이용되고 있다.

(c) 현실에 대한 그의 예리한 묘사는 인기를 보장해주지 못했다.

(d) 그는 50대에 도달하기 전에 충분한 부를 축적했다.

34.
에셔의 인생 후반기에 유명해진 작품 기법에 대해 설명하는 내용이며, "his expressions have provided inspiration for films"라는 내용을 통해 그의 작품이 다른 문화 영역에도 영향을 주었다는 것을 알 수 있다. 정답은 (d)이다.

35.
에셔의 그림이 현대 문화에 끼친 영향을 설명하는 과정에서, "in *Night at the Museum: Secret of the Tomb*, Sir Lancelot, Teddy Roosevelt, and Larry Daley enter the painting *Relativity*"라는 내용을 통해, 그의 그림이 영화의 배경으로 이용되었다는 것을 알 수 있다. 정답은 (b)이다.

enigma 수수께끼 distorted 왜곡된 characterize ~을 특징으로 하다 mannequin 마네킹 appreciate 감상하다 acute 예리한, 날카로운 description 묘사, 설명 enchanting 매혹적인, 황홀한 mainstream 주류의 principal 주요한 inspiration 영감 gravity 중력, 중대함 evoke 불러일으키다 affect 영향을 주다 keen 예리한 guarantee 보장하다 accumulate 축적하다, 모으다

 ACTUAL TEST 5 p.214

Part I

01 (d) 02 (b) 03 (c) 04 (b) 05 (d) 06 (b)
07 (c) 08 (a) 09 (d) 10 (b)

Part II

11 (a) 12 (b)

Part III

13 (d) 14 (d) 15 (a) 16 (d) 17 (a) 18 (c)
19 (b) 20 (c) 21 (c) 22 (d) 23 (c) 24 (d)
25 (c)

Part IV

26 (a) 27 (b) 28 (b) 29 (d) 30 (d) 31 (a)
32 (b) 33 (c) 34 (b) 35 (c)

Part I

01

멸종 위기의 자이언트 판다를 걱정하는 사람들은 **이 동물이 잘 살도록 도울 방법을 논의하고** 있다. 동물원에서 판다를 사육하는 것은 개체 수를 증가시킬 뿐만 아니라, 일부는 이렇게 해서 사람들이 이 동물에 더 많은 관심을 갖게 한다고 생각한다. 이런 발상은 인식을 높임으로써 더 많은 사람들이 동물을 보호하는 데 힘을 보태리라는 것이다. 다른 사람들은 그 방법은 돈이 너무 많이 들어서, 그 돈이 대신 자연 서식지 보호에 이용될 수 있다면 판다가 자신의 환경에서 회복될 수 있다고 말한다.

(a) 우리가 그들에게 어떤 영향을 미칠지 걱정하고

(b) 손을 잡고 판다들을 야생으로 내보내려고

(c) 판다가 살 더 넓은 지역을 찾으려 노력하고

(d) 이 동물이 잘 살도록 도울 방법을 논의하고

멸종 위기의 판다들의 개체 수를 늘리고 사람들의 관심을 받게 하기 위해 동물원에 데려오는 한편, 한쪽에서는 자연에서 살도록 투자한다면 회복될 것이라고 한다. 따라서 자이언트 판다를 걱정하는 사람들이 이 동물이 잘 살도록 하는 방법을 논의한다는 내용이 가장 적절하므로 (d)가 정답이다.

endangered 멸종 위기에 있는 breed 사육하다
awareness 인식 preserve 지키다, 보존하다 natural habitat 자연 서식지 cage 우리, 새장 wild 야생 (상태)
thrive 잘 살다

02

> 집단 따돌림은 오늘날의 학교에서 큰 문제이지만, **친구들이 때로 여러분을 괴롭힐 수 있음을** 인식하는 것이 중요합니다. 친구들이 서로에게 장난치는 것은 정상적인 일이지만 그 정도가 너무 지나치면 주의하세요. 여러분이 없을 때 친구들이 자신에 관해 나쁘게 말한 것을 안다면, 그것은 여러분이 잘못된 사람과 붙어 있는지도 모른다는 또 다른 신호입니다. 어울려 다니는 사람들이 여러분이 내키지 않는 것들을 하기 원한다면 그들은 자신의 편이 아님을 알게 됩니다. 바로 이때가 남에게 좌지우지되지 않고 혼자 설 때입니다!
>
> (a) 여러분의 급우들에게 의지할 수 있음을
> (b) 친구들이 때로 여러분을 괴롭힐 수 있음을
> (c) 왕따가 많은 젊은이들에게 영향을 주지 않음을
> (d) 여러분의 교우 관계가 도전해 올 것임을

함께 어울리는 사람들이 내가 없을 때 나의 험담을 한다거나, 내가 원하지 않는 것을 하기를 원한다면 그들에게서 벗어나야 한다는 내용이다. 따라서 친구라 하더라도 나를 괴롭힐 수 있다는 것을 인식하는 것이 중요하다는 (b)가 적절하다. (d)는 친구가 왕따를 시킬 것이라는 단정적인 어조이므로 글의 맥락에 어울리지 않는다.

bully (약자를) 괴롭히다   **buddy** 동료   **tease** 놀리다, 징난하다   **take note** ~에 수목하다   **pal** 친구   **cuddle up to** ~에 바짝 다가앉다   **hang out** 어울리다, 시간을 보내다   **stand up for oneself** 남에게 좌우되지 않다, 자립하다   **count on** 의지하다, 믿다   **harass** 괴롭히다, 희롱하다

03

> 사회진화론은 동물 세계에 대한 찰스 다윈의 진화론으로부터 발전되었다. 사회진화론은 어떤 사람들은 타인보다 생존에 더 적합함을 시사한다. 1800년대 후반과 1900년대 초반에는 개방 자본주의와 인종 차별, 큰 국가가 작은 나라를 탈취하는 것 등을 정당화하기 위해 사회진화론이 이용되었다. 우월한 그룹이 무력으로 자신들이 원하는 것을 얻는 게 허용되어야 한다는 생각이었다. 이제는 부정적인 용어로 간주되는 이 발상은 **생물학적 이론을 사회 구조에 적용하였다.**
>
> (a) 자본주의자 사상의 기반이 되었다
> (b) 사람들에게 유럽 진화론을 교육했다
> (c) 생물학적 이론을 사회 구조에 적용하였다
> (d) 사람들 사이의 관계를 묘사하는 데 도움이 되었다

첫 문장에서 사회진화론은 생물학적 이론인 진화론에서 비롯되었다고 하며, 자본주의와 인종 차별, 식민지 개척을 정당화하는 수단이 되었다고 한다. 따라서 이런 발상이 생물학적 이론을 사회적으로 적용했다고 볼 수 있으므로 (c)가 적절하다.

Social Darwinism 사회진화론   **evolution** 진화   **justify**

정당화하다   **capitalism** 자본주의   **racism** 인종 차별   **superior** 우월한   **by force** 무력으로   **negative** 부정적인   **foundation** 초석, 토대

04

> 친애하는 주민 여러분께
>
> 여러분께 곧 있을 **건물의 공사 프로젝트**에 관해 알리는 것은 중요한 일입니다. 월요일과 화요일에는 인부들이 주차장을 개선할 예정이니 거리에 주차하셔야 할 것입니다. 수요일과 목요일에는 엘리베이터를 교체할 예정이니 계단을 이용하셔야 합니다. 금요일과 토요일에는 배관공이 파이프를 수리할 예정이라 아파트가 일시적으로 단수될 것입니다. 일요일까지는 모든 프로젝트가 완료될 것입니다.
>
> 관리부 드림
>
> (a) 방문객들을 위한 새로운 주차 절차
> (b) 건물의 공사 프로젝트
> (c) 여러분의 가전제품 향상
> (d) 아파트의 관리 사무실에 있을 변화

주차장 공사, 엘리베이터, 파이프를 수리, 교체하는 것이므로 건물의 공사 프로젝트에 대한 공고이다. 따라서 (b)가 정답이다.

alert 알리다   **upcoming** 다가오는, 곧 있을   **plumber** 배관공   **be off** 끊기다   **temporarily** 일시석으로   **procedure** 절차, 방법   **construction** 공사   **improvement** 개선, 향상   **home appliance** 가전제품

05

> 남부의 기질과 태도에 관한 연구로서, 〈뜨거운 양철 지붕 위의 고양이〉는 **갈등이 표면 아래에 놓여 있음**에도 평범한 삶에 대한 이야기를 보여 준다. 테네시 윌리엄스의 호평 받는 이 희곡은 힘겹게 자기 자신을 잃지 않으면서도 겉으로 만사형통인 것처럼 행동하려는 옛날 미시시피 주의 한 가족을 보여 준다. 진실과 거짓에 대한 주제와 남부 사회의 겉치레가 극에 계속된다. 원작의 마지막 대사인 "그게 사실이라면 우습지 않을까?"는 예의 바른 행동과 감춰졌지만 실제인 상황 사이의 괴리를 표현한다.
>
> (a) 유쾌한 많은 것들을 묘사하고 있음
> (b) 평이함에 대한 비평이 있음
> (c) 문화에 공허함이 있음
> (d) 갈등이 표면 아래에 놓여 있음

이 희극이 옛 남부의 겉치레, 감춰진 진실과 겉으로 드러나는 거짓에 대해 다루고 있다는 것은 일상의 표면 아래에 놓인 갈등을 보여 준다고 정리할 수 있다. 따라서 (d)가 정답이다.

character 기질, 특징   **manner** 태도, 관습   **acclaimed** 호평 받는   **keep up appearance** 겉치레하다   **portray** 묘사하다   **cheerfulness** 쾌활함, 유쾌함   **criticism** 비평, 비난   **simplicity** 평이함, 단순함   **emptiness** 공허   **conflict** 충돌,

갈등 **beneath the surface** 표면 아래, 내막의

06

> 엄밀한 의미에서 라틴어에서 말하는 아기는 아직 말을 할
> 수 없는 존재다. 하지만 아기는 일반적으로 한 살이 되어
> 가면서 몇 단어로 말을 하기 시작한다. 몇 달이 채 되지 않
> 아도 소리 내는 것을 좋아해 종종 부모의 즐거움이 된다.
> 아기는 처음부터 주변의 소리와 주위에서 하는 말을 들으
> 며 미소와 웃음으로 화답한다. 아기는 우리의 말에 혼란스
> 러워 하는 것처럼 보일 때조차도 <u>끊임없이 언어의 새로운
> 요소를 배우고 있다.</u>
>
> (a) 기술 훈련에 도움이 되는 관찰을 하고 있다
> (b) 끊임없이 언어의 새로운 요소를 배우고 있다
> (c) 계속 부모의 말의 상당 부분을 이해하고 있다
> (d) 주위의 보이는 것과 들리는 것에서 즐거움을 얻고 있다

아기는 태어난 지 몇 달이 안 되었어도 소리를 내기 시작하
고 한 살이 되어 가면서 몇 단어로 말을 시작한다는 내용이다. 빈
칸이 있는 마지막 문장에서 아기는 우리의 말에 혼란스러워 하
는 것처럼 보여도, 말을 하기 위한 습득의 단계를 거치고 있다
는 내용이 이어지는 것이 자연스럽다. 따라서 (b)가 정답이다.
아기가 부모의 말을 잘 이해하고 있다는 언급은 없으므로 (c)는
적절하지 않다.

strict 엄격한 infant 유아, 아기 typically 보통, 대개
approach ~에 다가가다 observation 관찰 acquire
습득하다 constantly 끊임없이 entertain 즐겁게 해 주다

07

> **심리학 보고서**
>
> 새로운 연구는 재정적 압박 아래 사는 사람들이 IQ 테스트
> 에서 더 안 좋은 성과를 낸다는 것을 보여 준다. 가난한 사
> 람들이 덜 똑똑하다는 것은 아니다. 그보다, 돈 문제에 관
> 한 끊임없는 걱정이 지적 능력의 많은 부분을 잡아먹는 것
> 이다. 그들의 상황에 대한 스트레스가 밤잠을 잃는 것과 유
> 사하여, 뇌가 점점 더 둔화되고 예리함이 줄어드는 것이다.
> 이 연구의 결과로 볼 때, 가난한 사람들은 <u>돈과 지적인 에
> 너지의 공급이 부족하다고</u> 말하는 것이 타당하다.
>
> (a) 지적 결핍이 그들의 환경으로 이어진다고
> (b) 교육 자료들이 너무 비싸다고
> (c) 돈과 지적인 에너지의 공급이 부족하다고
> (d) 필요한 교육을 찾기 힘들다고

가난한 사람들이 갖는 돈 문제에 대한 걱정이 그들의 지적 능력
에까지 부정적인 영향을 준다는 연구 결과이므로 빈칸에 가장
적절한 것은 (c)이다. (a)는 원인과 결과를 바꾸어 말하고 있으
므로 적절하지 않다.

financial strain 재정적 부담 constant 거듭되는 **eat
up** ~을 잡아먹다 brainpower 지적 능력 finding 결과
in poverty 가난한 intelligence 지능 educational
resource 교육 자료 **in short supply** 공급이 딸리는

08

> 삼투란 구성 요소의 농도를 같게 하기 위한 액체의 자연적
> 성향이다. 그래서 담수와 해수가 만나면 삼투를 통해 염분
> 이 담수에 퍼진다. 바다에서 마실 수 있는 물을 얻기 위해
> 서는 역삼투의 방법이 사용된다. 해수에 압력이 가해지면,
> 해수는 얇은 막을 통과하는데, <u>물은 통과하지만 소금은 남
> 아 있다.</u> 역삼투는 외딴 지역을 순찰하는 군인 같이 깨끗한
> 물이 필요한 사람은 누구라도 활용할 수 있다.
>
> (a) 물은 통과하지만 소금은 남아 있다
> (b) 중요 영양소는 더하지만 동시에 물의 순도에는 한계를 둔다
> (c) 나중에 사용하기 위해 소금은 남겨 두고 마실 수 있는
>   물은 막는다
> (d) 커다란 용기에 담아 반대 방향으로 돌린다

삼투와 역삼투의 원리에 관한 내용으로, 빈칸 앞 문장에서 소금
물인 바닷물을 마실 수 있으려면 사용되는 방법이라고 하므로
문맥상 소금기는 남고 물이 통과한다는 것이 알맞다. 따라서 (a)
가 정답이다.

osmosis 삼투 natural tendency 자연적 성향 liquid
액체 equalize 동등[평등]하게 하다 concentration
농도 freshwater 담수 seawater 해수 saltiness
소금기 drinkable 마실 수 있는 reverse osmosis
역삼투 membrane (얇은) 막 patrol 순찰하다 remote
멀리 떨어진 hold back 제지하다 purity 맑음, 청결
simultaneously 동시에 reserve 남겨 두다 reverse
거꾸로의, 반대의

09

> 소비자들은 상품을 구입하는 데 있어 오프라인의 서점에
> 덜 의지하고, 중요한 구매를 위해 인터넷으로 눈을 돌리고
> 있다. 이에 대응하여 더 많은 기업이 웹을 통해 자사의 상
> 품을 쇼핑객과 연결해 주는 법을 배우고 있다. **예를 들어,**
> 사람들은 이제 차량에서부터 화장실 휴지에 이르기까지 모
> 든 것을 온라인으로 구매하고 자기 집 문 앞까지 배달시킬
> 수 있다. 개인들은 온라인 창고 세일을 개설해 이러한 디지
> 털 시장에 참여할 수도 있다. 크레이그리스트 같은 웹 사이
> 트들은 사람들이 물건을 올려 같은 도시에 사는 구매자들
> 에게 직접 판매할 수 있게 해 준다.
>
> (a) 그렇긴 하지만
> (b) 상관하지 않고
> (c) 그렇지 않으면
> (d) 예를 들어

앞 문장에서 기업들이 점점 더 웹을 이용해 소비자들을 만나려는 노력을 한다고 했고, 뒤에서는 그러한 상황에 대해 구체적으로 사람들이 어떻게 웹을 이용해 기업들과 만나게 되는지를 보여 주고 있으므로 (d)가 적절하다.

consumer 소비자 purchase 구매 in response 이에 대응하여 corporation 기업 doorstep 문간 participate 참여하다 garage sale 창고 세일

10

> 1756년의 외교 혁명 당시 유럽의 오래된 힘의 균형이 급격하게 변화했다. 오스트리아와 프랑스는 오랜 경쟁국이었지만, 프로이센 왕국의 프리드리히 2세에 대항하여 힘을 합쳤다. 영국은 전통적으로 오스트리아의 동맹국이었다. <u>그러나</u> 영국은 유럽에서 자신들의 경쟁국인 프랑스에 대항하여 힘의 균형을 이루기 위해 프로이센 왕국의 부흥을 도왔다. 프로이센 왕국의 확장이 오스트리아 영토를 잠식하기에 이르자, 오스트리아와 영국의 관계는 자연스럽게 틀어졌다.
>
> (a) 그에 따라
> (b) 그러나
> (c) 유사하게
> (d) 게다가

앞 문장에서 영국은 오스트리아의 오랜 동맹국이었다고 설명하고 뒤에서는 오스트리아와의 관계가 틀어졌다고 했으므로 역접의 접속어가 오는 것이 가장 자연스럽다. 따라서 (b)가 정답이다.

long-standing 오래된, 다년간의 join forces 힘을 합치다, 협력하다 ally 동맹국 favor 찬성하다, 돕다 at the expense of ~에 손해를 끼쳐 territory 영토 sour 불쾌해지다

Part II
11

> 서번트 증후군은 복잡한 방식으로 뇌에 영향을 미친다. <u>(a) 이 증후군은 제대로 이해되지 않고, 그것이 어떻게 아기들에게 영향을 미치는지에 관해 충분히 설명한 이론이 없다.</u> (b) 이러한 비정상을 경험하는 사람들은 종종 지능 검사를 형편없이 보며, 사회적으로 다른 사람들과 소통하는 데 문제가 있다. (c) 그래도 그들은 수학이나 음악, 미술, 암기 등 무엇이 되든 한 가지 특정한 기술에 특출 난 능력이 있다. (d) 또한, 어떤 물건이나 생각이 다른 것보다 더 중요한지를 알기 때문에 다른 사람들이 안전히 처리하지 못하는 복잡한 정치적, 법적인 문제를 해결할 수 있다.

서번트 증후군이 복잡한 방식으로 뇌에 영향을 미친다는 내용으로 서번트 증후군을 갖고 있는 사람들의 문제점이나 능력에 대해 이야기하고 있다. (a)는 서번트 증후군에 대한 이해가 없으며 아기들에게 미치는 영향에 관한 이론이 없다는 내용으로 글의 설명과 모순된다.

adequately 충분히 abnormality 이상, 기형 intelligence test 지능 검사 interact 소통하다 exceptional 특출 난 memorization 기억, 암기 navigate (힘들거나 복잡한 상황을) 다루다, 처리하다

12

> 직원을 고용할 때, 고용주들은 알맞은 능력을 찾을 뿐만 아니라 지원자가 거짓말을 하거나 자신의 능력을 과장하지는 않는지를 본다. (a) 첫 만남에서 누군가가 진실한지 아닌지를 아는 것은 매우 힘든 일이지만, 분명 어떤 사람들은 다른 사람들보다 더 능하다. <u>(b) 그 사람이 얼마나 자주 허위 진술을 하는지 판단할 방법은 거의 없다.</u> (c) 실험을 통해 의심이 많은 사람들은 진실을 말하는 사람과 거짓말하는 사람을 골라내는 것을 가장 못하는 것으로 밝혀졌다. (d) 의심이 많은 사람들은 낯선 사람의 성격을 가늠하는 자신의 능력에 지나치게 자신만만하기 때문이라고 과학자들은 본다.

고용주가 직원을 뽑을 때는 지원자의 능력뿐만 아니라 그들의 도덕성도 살핀다면서, 진실한 사람과 거짓말하는 사람을 골라내는 한 실험에 대해 이야기하고 있다. 따라서 (b)는 전체 맥락에서 벗어난다.

applicant 지원자 exaggerate 과장하다 truthful 정직한, 진실한 makes a false statement 허위 진술을 하다 suspicious 의심 많은 overconfident 지나치게 자신만만한 assess 가늠하다, 평가하다 personality 성격

Part III
13

> 1799년 로제타석의 발견은 최초로 이집트의 상형문자에 대한 이해를 가능케 했다. 로제타석은 처음에는 신전에 전시되어 있었으며, 3가지 언어로 쓰인 구절이 있는데, 그중 하나가 이집트 활자다. 각 구절들이 동일한 메시지를 전하고 있는 게 분명해지자, 그 구절들은 이집트 문자를 해독하는 데 사용될 수 있었다. 그런 다음 고고학자들은 무덤과 피라미드, 기타 사물들을 장식하는 기호에서도 배울 수 있었다. 이것으로 초기 시대의 생활을 알 수 있었다.
>
> Q 이 글의 주제는?
> (a) 불가사의한 사건을 이해하는 과정
> (b) 다양한 언어들 사이의 관계
> (c) 귀중한 물건의 소유를 놓고 벌이는 싸움
> (d) 새로운 문화적 발견으로 이어진 인공 유물

로제타석의 발견으로 이집트의 상형문자에 대한 이해가 가능했다고 하면서 그 과정을 통해 초기 시대의 생활을 알 수 있었다고 하므로 이 글의 주제는 (d)가 가장 적절하다.

hieroglyphic 상형문자 script 필기 문자 passage 구절 decode 해독하다 archeologist 고고학자 adorn 장식하다 revelation 폭로 artifact 인공 유물

14

〈미국 지질 조사〉의 한 보고서는 오염된 개울이 습지를 통해 여과되면서 분명 득을 본다는 걸 발견했다. 올바니 대학의 생물학과 교수진을 비롯한 조사팀은 습지 채널링 프로젝트의 경과를 확인했다. 프로그램은 작년 애디론댁 산맥에 있는 새러낵 호수에서 시작했다. 그곳의 개울은 산성비와 공업 유출로 인해 질산과 황, 알루미늄이 높은 수치를 보였다. 습지에서 채취한 물 샘플은 이런 유해 물질 수치가 낮아졌음을 보여 주는데, 아마도 유기물과 결합한 결과일 테다.

Q 다음 중 뉴스 보도의 요점은?
(a) 새러낵 호수가 청결 평가를 받을 예정이다.
(b) 산성비가 애디론댁 산맥의 큰 문제가 된다.
(c) 대학이 산업 오염 수치가 높다는 것을 발견했다.
(d) 습지가 시냇물의 질에 도움이 된다.

이 프로젝트로 오염된 개울이 습지를 통과하면서 여과되어 유해 물질의 수치가 낮아졌다는 내용이므로 뉴스의 제목으로 (d)가 적절하다.

polluted 오염된 stream 시내, 개울 benefit from ~로부터 이익을 얻다 filter 여과하다 wetland 습지 headed by ~을 비롯하여 faculty 교수진 biology 생물학 progress 경과, 추이 nitric acid 질산 sulfur 황 acid rain 산성비 industrial 공업의 runoff 유출 액체 toxin 유해 물질 bind 둘러 감다 organic matter 유기물 evaluate 평가하다

15

많은 선진국은 무기를 생산하지만 다른 국가에 무기를 직접 판매하는 것은 피하려 한다. 그러기 위해 선진국들은 종종 권력을 위해 파벌들이 서로 싸우는 아프리카와 라틴 아메리카 같은 지역의 정치 지도자나 군사 지도자와 타협하는 다른 중개인들을 활용한다. 예를 들어, 콩고의 반군은 중국이나 러시아에서 생산된 총을 사용해 왔다. 이런 시스템 속에서 자신들이 세금으로 낸 돈이 이러한 상호 작용을 자원하고 있는데도 불구하고, 국민들은 어떻게 무기가 국경을 건너는지 이해하기 힘들게 된다.

Q 이 글의 주된 내용은?
(a) 무기 거래의 복잡한 움직임
(b) 시간에 걸친 무기의 진화
(c) 다른 대륙들의 정치적 다툼
(d) 무기 거래상의 추적 불가능함

무기를 생산해도 다른 나라에 직접 팔기는 힘들다고 했고 중개인을 이용하여 팔고 있는 경우에는 국민들이 그런 과정을 이해하기 어렵다는 이야기를 하고 있으므로 무기 판매에 있어서 복잡한 과정들이 있음을 주제로 볼 수 있다. 따라서 (a)가 적절하다.

advanced country 선진국 manufacture 생산하다 make arrangements 협의하다 faction 당파, 분파 rebel 반역자, 반군 international boundary 국경선 arms 무기 operation 작용, 움직임 evolution 진화 strife 투쟁, 다툼 inability 무능, 할 수 없음 trace 추적하다

16

선데이 포스트
연예 〉 영화

중국 출신의 이 안 감독의 작품은 무술 서사 영화 〈와호장룡〉에서부터 현실적인 시대극인 〈센스 앤 센서빌리티〉까지 다양하다. 날아다니는 배우들로 관객을 매료시킨 작품이 있는가 하면, 오래된 소설을 전원적인 영국의 삶으로 가져온 작품도 있다. 그의 최신 작품은 새로운 방향으로 나가는데, 1960년대와 1970년대의 가장 위대한 권투 경기를 스크린 위 3D 역사로 만들어 냈다. 영화 제작에는 스크린으로 옮겨졌던 다른 어떤 작품들과 다른 영화를 만들기 위해 첨단 특수 효과를 쓸 거라는 얘기도 있다.

Q 이 뉴스 보도의 주된 내용은?
(a) 자신의 통상적인 주제에서 벗어나기를 시도하는 영화 제작자
(b) 스크린에서 최초로 보이는 60년대 경기
(c) 이 감독의 획기적인 특수 효과를 넣은 최근 영화
(d) 다양성이 있는 감독으로서 평판을 강화해 주는 새 영화

무술 영화에서 영국 시골의 삶까지 다양한 영화를 만들 뿐 아니라 이제는 첨단 특수 효과를 이용해 또 다른 새로운 작품을 만들 거라고 하므로 (d)가 가장 알맞다. 새 영화에서 특수 효과를 이용한다는 소식이 핵심이 아니라 이 감독의 다양한 작품 세계가 주제이므로 (c)는 적절하지 않다.

epic 서사시, 대작 range ~의 범위에 이르다 period piece 시대물 stun 큰 감동을 주다 rural 시골의 rumor 소문을 내다 groundbreaking 획기적인 reputation 평판

1960년 댈러스는 워싱턴 D.C. 남부에서 프로 미식축구팀을 창단한 최초의 도시가 되었다. 카우보이스가 경기에서 이기는 데에는 두 번의 시즌을 겪어야 했지만, 그들은 곧 역사를 만들었다. 그 팀은 1966년부터 20년 연속 매 시즌을 지는 경기보다 이기는 경기가 더 많은 성적으로 마무리하는 영광을 누렸다. 미식축구 역사상 그 어떤 팀도 이 업적을 달성하지 못했다. 오늘날, 그들의 업적과 정신으로 인해 카우보이스는 '미국의 팀'으로 유명하다.

Q 이 글에 의하면 카우보이스에 관해 다음 중 옳은 것은?

(a) 그들의 이야기는 수년간 한 나라를 매료시켰다.

(b) 그들의 아주 초기 경기들은 기존의 기록들을 깼다.

(c) 그들의 특출한 재능이 팬들에 의해 간과되었다.

(d) 그들은 스포츠팬들의 편견에 맞섰다.

20년 연속으로 이기는 경기가 더 많은 성적으로 시즌을 마무리하는 기록을 가지고 있고, 이 기록은 깨지지 않아, '미국의 팀'으로 유명하다고 하므로 옳은 것으로 (a)가 적절하다. 창단 후 두 번의 시즌을 겪고 나서 역사를 만들었다고 하므로 (b)는 적절하지 않다.

professional 프로의 **make history** 역사에 남을 일을 하다 **streak** 연속 **feat** 위업 **performance** 실적, 업적 **enchant** 매료시키다 **existing** 기존의 **exceptional** 특출한 **talent** 재능 **overlook** 간과하다 **prejudice** 편견

고블린 상어는 지구상에서 가장 매력적이지 않은 바다 생물 중 하나일 것이다. 고블린 상어는 길고 납작한 코와 입술에 매달려 있는 못 같이 생긴 이빨이 있다. 다행히도 이 생물을 본 사람은 거의 없는데, 100미터 깊이의 수중 협곡에서 헤엄치기 때문이다. 고블린 상어의 불쾌한 외모의 또 다른 모습은 축 늘어진 몸과 짧은 지느러미인데, 이것으로 고블린 상어가 재빠르게 헤엄치지 않는다는 것을 알 수 있다. 고블린 상어의 보기 드문 몇 가지 외모들은 조상에서 기인한 것 같다. 고블린 상어는 약 1억 2500만 년 된 선사 시대 상어의 계통이다.

Q 이 글에 의하면 고블린 상어에 대해 옳은 것은?

(a) 전 세계의 해변에서 발견되어 왔다.

(b) 보통의 다른 상어의 형태와 외모를 가진다.

(c) 과거 시대의 해양 생물과 가장 유사하다.

(d) 강력한 심해 포식자로 알려져 있다.

글의 마지막에 고블린 상어가 보기 드문 외모를 가진 것은 선사 시대 상어의 계통이기 때문이라는 것으로 보아 (c)가 가장 적절하다. 수중 협곡의 심해에 산다고 하므로 (a)는 알맞지 않으며, 포식자로서의 고블린 상어에 대한 언급은 없으므로 (d)도 적절하지 않다.

unattractive 매력적이지 못한 **marine species** 해양 생물 **flat** 납작한 **underwater canyon** 수중 협곡 **aspect** 양상, 면모 **unwholesome** 건강해 보이지 않는, 불건전한 **look** 외모 **flabby** 축 늘어진 **fin** 지느러미 **ancestry** 조상, 혈통 **descend** 계통을 잇다, 자손이다 **prehistoric** 선사 시대의 **spot** 발견하다 **feature** 특징 **deep sea** 심해의 **predator** 포식자

많은 단체들이 전 세계적으로 여성들의 평등을 옹호하고 있지만, 한 단체는 개발도상국들에게 주어지는 재정적 지원인 대외 원조에서의 성별 차이에 주목한다. Women Thrive Worldwide는 여러 가지 프로젝트를 진행하고 있다. 그들은 국제 연합에 제3세계 국가의 젊은 여성들을 위한 교육 개선을 위해 도와줄 것을 요청하고 있다. 그들은 또한 여성에 가해지는 폭력에 맞서는 프로그램을 지지하는 미국 내 법안을 추진하고 있다. 이런 문제들에 보다 많은 관심을 이끌어 내는 것으로, 이 단체는 불평등으로 고통 받는 여성들이 언젠가 더 나은 삶을 살게 되기를 희망한다.

Q 글에 의하면 Women Thrive Worldwide에 관해 다음 중 옳은 것은?

(a) 업무의 대부분을 미국의 여성 평등에 몰두한다.

(b) 더 가난한 나라에 사는 여성들의 환경 개선을 위해 활동한다.

(c) 근본적으로 여성들을 위한 더 나은 근로 환경을 만들어낸다.

(d) 그들의 프로젝트 중 하나가 지도자들 간의 연계를 만들 것이다.

이 단체는 대외 원조에 있어서 성별의 차이에 주목하고, 제3세계 국가의 여성을 위한 교육 개선을 위해 도움을 요청하고 있다고 하므로 (b)가 적절하다. 미국뿐만 아니라 개발도상국들의 여성 평등에 대해서도 활동하고 있다고 하므로 (a)는 적절하지 않다.

organization 기구, 단체 **advocate** 옹호하다 **equality** 평등 **gender gap** 성별 격차 **foreign aid** 대외 원조 **developing country** 개발도상국 **push for** ~을 계속 요구하다, 촉구하다 **favor** 장려하다, 지지하다 **violence** 폭력 **inequality** 불평등 **devote** 헌신하다, 몰두하다 **basically** 근본적으로 **working environment** 근로 환경

20

공지

데이비스 고등학교가 올해 졸업반의 여행지를 정했습니다! 학생들은 각종 지질 형성과 서식지에 관해 공부하기 위해 코스타리카를 여행할 기회를 갖게 될 것입니다. 저희는 활화산과 열대 우림에 서식하는 곤충들을 발견하게 될 나비 보호 구역을 방문할 것입니다. 또한 멸종 위기의 바다거북을 보호하기 위한 해변 정화 활동에도 참여할 것입니다. 마셜 선생님이 이번 여행의 인솔자입니다. 더 많은 정보는 마셜 선생님의 교실을 방문하세요.

Q 공지에 의하면 다음 중 옳은 것은?

(a) 화산 근처에 나비 서식지가 있다.

(b) 학생들은 안전을 이유로 사화산에 갈 것이다.

(c) 학생들은 멸종 위기종을 돕기 위한 노력에 참여할 것이다.

(d) 수학여행 정보는 학교 웹사이트에 올라와 있다.

지문 중간에서 멸종위기의 바다거북을 보호하기 위해 해변을 청소할 것이라고 했으므로 정답은 (c)이다.

destination 목적지 **senior** 졸업반의 **geological** 지질학적인 **formation** 형성 **active volcano** 활화산 **sanctuary** 보호 구역 **populate** 살다, 거주하다 **rainforest** 열대 우림 **endangered** 멸종 위기의 **brand new** 완전 새로운 **vacation** (여행 등의) 휴가 **natural landscape** 자연 경관 **environmental protection** 환경 보호

21

우리 모두 시리아의 시민들에게 가해진 최근의 화학 무기 공격에 국제적인 대응이 필요하다는 점에 동의할지는 몰라도, 미국은 군사 행동을 취하기 위한 대의명분과 예상을 진지하게 고려해야 한다. 첫째로 우리는 왜 미국이 이번 일을, 예컨대 수천 명이 사망했지만 아무런 조치도 없었던 르완다 사태와는 다르게 취급하는지 반드시 물어야 한다. 그리고 우리는 미국이 이제 십 년 넘게 전쟁에 연루되었다는 점을 알아야 한다. 역사는 중동에서 군사적 노력이 절대로 간단하거나 쉽지 않음을 보여 준다.

Q 글쓴이에 대해 다음 중 옳은 것은?

(a) 강력한 조치가 신속히 취해져야 한다고 생각한다.

(b) 공격에 타당한 증거가 있다고 확신하지 않는다.

(c) 시리아 문제에 대응하는 것에 대해 조심스럽다.

(d) 더 많은 국제적인 원조를 보기를 원한다.

미국이 시리아 사태에 대해 군사 행동을 취하기 전에 신중한 고려가 있어야 하며, 역사적으로 이 문제가 간단하거나 쉽지 않다는 것을 알 수 있다고 말하고 있으므로 글쓴이는 이 문제에 대응하는 것에 조심스럽다는 것을 알 수 있다. 따라서 (c)가 정답이다.

chemical weapon 화학 무기 **military action** 군사 행동[작전] **conflict** 투쟁, 충돌 **be engaged in** ~에 관여[참여]하다 **brief** 간단한, 짧은 **swiftly** 신속히, 빨리 **cautious** 조심스러운 **assistance** 도움, 지원

22

암흑 에너지 이론은 우주의 팽창에 관해 설명하려 한다. 중력은 60억 년 전 암흑 에너지와의 전쟁에서 졌던 것으로 생각된다. 하지만 암흑 에너지가 실제 존재한다고 모두가 확신하는 것은 아니고, 일부는 그저 추측일 뿐이라고 생각한다. 새로운 암흑 에너지 조사(DES)가 시작되어 지금까지 매우 정확하게 약 3억 개의 은하의 거리와 속도를 기록하고 있다. 그리고 DES 같은 프로그램들이 더 많이 생겨, 기존의 이론들을 시험할 더 많은 자료들이 생길 것이다.

Q 이 글에 의하면 DES에 관해 다음 중 옳은 것은?

(a) 이 프로젝트는 새 이론들을 만들어 내기 위한 것이다.

(b) 이 조사는 정확한 새로운 정보를 제공할 것이다.

(c) 이것은 단지 60억 년 전으로 시간만 거슬러 올라갈 것이다.

(d) 이로부터 얻은 데이터는 중력의 확장을 측정할 것이다.

새로운 암흑 에너지 조사가 새로운 기록과 자료들을 생기게 할 것이라고 하였으므로 가장 적절한 보기는 (b)이다. (a)는 새 이론을 만들어 내는 것이 아니라 기존 학설들을 시험해 볼 것이라 했으므로 적절하지 않다.

dark energy 암흑 에너지 **expansion** 팽창 **gravity** 중력 **lose the war** 전쟁에 지다 **convinced** 확신하는 **hypothesis** 가설, 추측 **set out** 시작하다, 나서다 **record** 기록하다 **galaxy** 은하계 **accuracy** 정확(도) **precise** 정확한, 정밀한 **look back** 되돌아보다 **measure** 측정하다, 판단하다

23

가족과 친구들에게

이제 결혼 50주년을 맞은 저희 부모님, 준과 루이스를 축하하기 위한 기념 파티에 저희와 함께 해 주세요. 6월 2일 브렉스톤 호텔에서 특별한 파티를 열 예정입니다. 저녁 식사가 제공되며, 부모님의 사랑 이야기의 중요한 순간들과 어린이 안전 네트워크의 공동 창립자로서의 두 분의 수많은 성취를 연대순으로 담은 영상물을 상영할 생각입니다. 어린이 안전 네트워크는 수천 명의 아동이 위험한 가정에서 탈출할 수 있도록 도왔습니다. 저희는 부모님이 무척 자랑스럽고, 여러분께서 오셔서 부모님을 성원해 주시기를 희망합니다.

제시카, 데이비드, 마크 드림

Q 편지로부터 이 부부에 관해 유추할 수 있는 것은?

(a) 그들의 사업은 가족의 부를 성공적으로 끌어올렸다.

(b) 자신들의 차이를 이해하기 위해 부단히 노력했다.

(c) 건강한 개인적인 관계와 직업적인 관계를 나눴다.

(d) 그들의 결혼 생활은 유머와 즐거움이 특징이었다.

부부로서 개인적인 관계뿐만 아니라, 어린이 안전 네트워크의 공동 설립자로서 직업적인 관계도 나눴다고 볼 수 있으므로 (c)가 가장 적절하다. 사업으로 인해 부를 쌓았다는 언급은 없으므로 (a)는 옳지 않다.

host 주최하다   chronicle 연대순으로 기록하다
accomplishment 성취   cofounder 공동 창립자
applaud 갈채를 보내다   wealth 부   characterize
특징짓다   playfulness 우스꽝스러움

24

〈심리학 저널〉의 연구에 의하면, 사람들은 보통 매우 충격적인 경험을 한 후에 공포와 슬픔, 불안감을 지속적으로 느낀다. 어린아이들은 어른과는 다른 증상이 나타나며, 부모가 주위에 없는 정신적 충격으로 잠자기나 배변 훈련에 문제가 있을 수 있다. 더 큰 아이들은 학교에서나 친구들과 함께할 때의 행동에서 외상 후 스트레스 장애를 표출할 수도 있다. 10대는 우울증이나 대인 기피, 약물 남용과 같이 어른들의 그것과 더욱 유사한 증상을 보인다.

Q 연구로부터 유추할 수 있는 것은?

(a) 생애의 어떤 시기든 치료가 항상 가능하다.

(b) 아이가 어릴수록 경험은 덜 충격적이다.

(c) 10대는 어른보다 그 증상들로 인해 더 위험하다.

(d) 다양한 연령의 사람들이 각기 다른 것에서 외상을 경험한다.

어린아이, 청소년, 어른이 각기 다른 종류의 정신적 외상을 드러낸다고 하므로 가장 적절한 것은 (d)이다. 10대와 어른의 증상이 유사하기 때문에 더 위험하다고 볼 근거는 없으므로 (c)는 적절하지 않다.

lasting 지속적인   anxiety 불안   traumatic 외상성의, 매우 충격적인   different than ~와 다른   toilet training 배변 훈련   trauma 정신적 외상[충격]   post-traumatic stress disorder 외상 후 스트레스 장애   depression 우울증
withdraw 움츠러들다, 틀어박히다   substance abuse 약물 남용   stage 시기, 단계   at risk 위험한   various 다양한

25

인간은 수 세기 동안 근처에 있는 붉은 행성에 도취되었다. 현대에는 화성을 더 잘 이해하고 화성이 생명이 살 수 있는 행성인지 조사하기 위해 최첨단 탐사가 이루어졌다. 많은 사람들이 우리가 이런 탐사에 너무나 많은 돈을 소비하고 있다고 한다. 더 나은 사회 기반 시설을 개발하는 데 사용될 수 있는 돈을 말이다. 하지만 이러한 화성으로의 여행에는 다른 기능이 있다. 이것은 지구의 역사를 이해하는 데 도움이 되고, 미래 생존 방식에 더 많은 가능성을 제공하며, 어린이들의 과학에 대한 관심을 북돋우고 기른다.

Q 글쓴이가 가장 동의할 만한 것은?

(a) 인간의 더 큰 문제가 우리의 주된 관심사일 수 있다.

(b) 화성으로의 우주 비행은 유용한 정보를 거의 가져오지 않는다.

(c) 우주 연구에 대한 투자는 값어치를 한다.

(d) 다른 행성을 탐사하는 것은 지구 너머의 미래를 보장해 준다.

사람들은 화성 탐사에 돈을 너무 많이 쓴다고 말하지만, 글쓴이는 이러한 탐사가 지구의 역사를 이해하는 데 도움이 되고, 미래의 생존을 위해 필요할지도 모르며, 어린아이들이 과학에 관심을 갖게 한다고 하며 긍정적으로 보고 있다. 따라서 이런 투자가 값어치를 한다는 (c)가 적절하다. 다른 행성을 탐사하는 것이 미래의 다른 가능성이 될 수 있다고 하므로 미래 보장과는 거리가 멀다.

entrance 황홀하게 하다   exploration 탐사   sustain
유지하다   infrastructure 사회 기반 시설   function 기능
cultivate 양성하다, 함양하다   mission 임무   yield (이익을)
가져오다, 낳다   investment 투자   price tag 가격표
ensure 확실하게 하다, 보증하다

Part IV
26~27

우리 엄마는 항상 너무 우유부단해 보였으며 과도하게 의존적인 것처럼 보였다. 왜냐하면 내가 생각하기에 그녀는 단지 주부로서의 역할만을 선택했었기 때문이다. 나는 그녀의 선택에 반대했으며, 심지어 언젠가 그 굴레에 빠질까봐 두려워하기 시작했다. 그러나 내가 페미니스트 서적을 접하고 나서야, 비로소 사회적 관습을 극복하기 위해 훨씬 더 많은 용기가 필요했을 것이라는 짐을 끼닫게 되었다. 그 책을 정독하는 동안, 나는 처음으로 엄마를 이해하게 되었으며, 그녀의 내적 강점과 인내심을 존경하게 되었다.

그 이후로 엄마와 나의 관계는 극적으로 개선되었다. 비록 엄마가 선택했던 역할을 내가 결코 수용하지 않을 것이라고 결심했지만, 나는 왜 엄마가 그러한 선택을 하게 되었는지 완전히 이해하게 되었으며, 있는 그대로 그녀의 삶을 존중하게 되었다. 더 나아가, 나는 우리 사회에서 다른 여성들의 삶에 대해 훨씬 더 민감한 관점을 갖게 되었다. 나는 사람들이 자연스러운 질서라고 흔하게 받아들였던 많은 문화적 기준들을 재평가하기 위해 노력해왔다.

---

26 Q 본문에서 작가는 주로 무엇을 논의하고 있는가?

(a) 여성적 삶에 대한 자신의 각성과 관점의 변화

(b) 여성들의 전통적 역할과 관심에 대한 수용

(c) 자신의 어머니와의 관계 형성의 어려움

(d) 여성들의 삶에 대한 억압적인 사회적 기준과 관습들

27 Q 작가에 대해 옳은 것은?

(a) 어머니는 아버지의 생활 방식에 완전히 의존적이었다.

(b) 한 권의 페미니스트 서적은 자신의 엄마를 이해하는 데 중요한 동기가 되었다.

(c) 그녀는 엄마와 화해하기를 오랫동안 원해왔다.

(d) 그녀는 여전히 사회에서의 여성들의 삶에 무관심하다.

26.

여성의 삶에 대한 글쓴이의 깨달음 대해 설명하는 글이며, "not until I came across a feminist tome did I realize it would take much more courage to get over social customs"라는 내용을 통해, 여성의 삶에 대한 관점이 변했다는 것을 보여주고 있다. 따라서 정답은 (a)이다.

27.

"not until I came across a feminist tome"라는 문장에서 페미니스트 서적이 그녀의 엄마를 이해하게 된 계기가 되었다는 것을 알 수 있다. 정답은 (b)이다.

wishy-washy 우유부단한   overly 지나치게, 과도하게   kick against 저항하다   wear a chain 사슬에 묶이다   tome 서적   get over 극복하다   peruse 정독하다   venerate 존경하다, 경배하다   endurance 인내, 참을성   dramatically 극적으로   adopt 채택하다, 받아들이다   revere 공경하다   sensitive 민감한   re-evaluate 재평가하다   norm 기준   awakening 각성, 자각   perspective 관점   repressive 억압적인   be reliant on ~에 의존하다   serve as a momentum 계기가 되다   reconcile 화해시키다, 중재하다   indifferent 무관심한

28~29

◀ 제인

〈나〉

안녕, 제인.

나는 노숙인들을 위한 기금을 마련하기 위한 자선 바자에 너를 초대하고 싶어. 그것은 다음 주 토요일 오후 2시 시민 회관에서 개최될 예정이야. 이 행사는 공동체를 풍요롭게 만들기 위한 수단으로써 공동체 구성원들을 위한 특별한 모임이 될 거야. 그것은 개회식으로 시작해서, 중고품 판매로 이어질 거야. 그것은 또한 다른 공동체 구성원들과 교류할 수 있는 기회를 제공할 것이고, 네가 함께 해서 그 행사를 빛낼 수 있을 것 같아. 늦어도 내일까지는 참석여부를 알려줘. 필요하면, 너의 집 앞에 오후 1시에 태우러 갈게.

〈제인〉

안녕, 존.

너의 자선단체의 자선 바자에 초대해 줘서 고마워. 너의 다른 공동체 구성원들을 정말 보고 싶어. 이 행사는 너를 만나는 것을 훨씬 더 특별하게 해 줄 것 같아. 나는 너와 이 귀중한 시간을 보내고 싶고, 다른 공동체 구성원들과 친해질 수 있는 좋은 기회를 갖기를 바라. 또한, 나를 태우러 와 준다고 제안해 주어 고마워. 오후 1시에 기다리고 있을게.

---

28 Q 존은 왜 메시지를 보냈는가?

(a) 그는 자선단체 개회식에 제인을 초대하기를 원한다.

(b) 그는 제인이 기금모금 자선 행사에 참석하기를 원한다.

(c) 그는 제인에게 이웃들과의 약속에 대해 말하기를 원한다.

(d) 그는 행사에 참석하는 것을 확인하기를 원한다.

29 Q 대화 메시지에서 무엇을 추론할 수 있는가?

(a) 제인은 자선 바자에 중고품들을 보낼 것이다.

(b) 제인은 다른 주민들과 교류하기를 원하지 않는다.

(c) 제인은 시민회관이 어디에 있는지 알지 못한다.

(d) 제인은 존과 함께 자선 행사에 갈 예정이다.

28.

"I'd like to invite you for a charity bazaar"라는 내용을 통해 존은 제인이 자선단체 행사에 참석하기를 원한다는 것을 알 수 있으므로 정답은 (b)이다.

29.

제인은 행사에 대한 초대에 대해 응하면서, "I'll be waiting for you at 1 p.m."이라고 했으므로, 그들이 함께 행사에 갈 것이라는 점을 알 수 있다. 따라서 정답은 (d)이다.

charity 자선단체   bazaar 바자   get-together 모임, 회합   enrich 향상시키다, 부유하게 하다   absolutely 절대적으로   confirm 확인하다   beneficent 선을 행하는, 인정 많은   get acquainted with 교제를 맺다   interact 상호작용하다

http://www.jobrecruit.com/wanted/journalism/dadecounty

홈 ∨ 회사 ∨ 기사 ∨ **구인**

구인: 기자

〈리빙 컬처〉는 동시대의 사건을 보도하는 플로리다의 선도적인 온라인 플랫폼으로, 데이드 카운티에서 일할 수 있는 경력 있는 지역 특파원을 찾고 있습니다. 저희는 저널리즘과 커뮤니케이션 학위뿐만 아니라 보도와 관련한 연관된 경력이 있는 사람을 찾고 있습니다. 뛰어난 글쓰기 능력과 세부사항에 대한 열정을 가진 영어가 모국어인 사람이어야 합니다.

저희 회사의 중요한 구성원으로서, 당신은 다음 업무를 맡을 것입니다.

◇ 지역의 사건에 대한 새로운 콘텐츠를 발견하고, 조사하고, 자세히 기술해야 합니다.

◇ 기사, 인터뷰, 리뷰, 그리고 독자투고 등을 포함하여 콘텐츠를 쓰고 보도해야 합니다.

◇ 소셜 미디어에 대한 지식이 있어야 하며, 웹 사이트에 주간 뉴스레터를 게시해야 합니다.

◇ 장기적인 특별 기사문을 계획하고, 기술하고, 관리해야 합니다.

◇ 지역의 유명인사들과의 인터뷰 일정을 잡고 감독해야 합니다.

◇ 외부 필진에 의해 쓰인 내용물을 검토하고 편집해야 합니다.

◇ 본사에서 진행되는 격월 모임에 참석해야 합니다.

만약 이 직업에 관심이 있고 자격이 있다면, 자기 소개서, 이력서, 그리고 글을 쓴 샘플들을 보내주세요. 모든 서류를 recruit@lculture.com으로 보내주세요. 감사합니다.

30 Q 광고된 직위에 대해 옳은 것은?

(a) 합격자는 본사에서 내근직으로 근무하게 될 것이다.

(b) 지원자들은 어떤 분야에서든 대학 학위를 가지고 있어야 한다.

(c) 합격자는 소셜 미디어가 능숙해야 한다.

(d) 합격자는 정기적인 회의에 참석해야 한다.

31 Q 광고문에서 추론할 수 있는 것은?

(a) 데이드 카운티에서 일어나고 있는 사건들은 기사문의 주제가 될 것 같다.

(b) 소셜 미디어는 새로운 기사문들의 주요 플랫폼이 되었다.

(c) 전국의 유명인사들과의 인터뷰를 준비하는 것이 업무에 포함되어 있다.

(d) 〈리빙 컬처〉에 나오는 대부분의 기사문들은 외부 필진들에 의해 쓰인다.

30.

〈리빙 컬처〉의 현지 특파원을 뽑는 구인 광고이며, "Participate in bimonthly meetings at headquarters"라는 내용을 통해, 정기적으로 회의에 참석해야 한다는 것을 알 수 있다. 따라서 정답은 (d)이다.

31.

"Discover, scrutinize, and develop new content about events in the region"이라는 내용을 통해, 기사문의 주제가 데이드 카운티에서 일어나는 사건들일 가능성이 높다. 따라서 (a)가 적절하다.

contemporary 당대의, 현대적인　correspondent 특파원　relevant 적절한, 관계가 있는　passion 열정　scrutinize 정밀하게 조사하다　content 내용　celebrity 유명인사　contributor 기고 작가　bimonthly 격월간의　headquarters 본사　in-house 내부의　proficient 능숙한　periodical 주기적인, 정기적인

데모그래픽						
홈	사설	정치	비즈니스	국제	문화	스포츠

노령 인구: 중국의 문제가 되다

스콧 애덤스

UN에 따르면 중국은 세계 어떤 곳보다 더 빠르게 노령화되고 있다. 정규직으로 일할 수 있는 사람들과 노동력에 포함될 수 없는 사람들의 차이를 비교하는 부양률은 2050년까지 전체 인구의 48%까지 증가할 수 있다. 중국의 노령 인구는 국가 부채만큼 큰 문제가 될 것 같다. 중국은 그 국가의 정책 입안자들이 경기 침체 때문에 지출을 재평가하고 있는 이 때에 노령화되고 있는 중이다.

그러나 중국 정부는 모든 인구를 위해 부담할 수 있을 정도의 충분한 안전망을 가지고 있지 않다. 중국의 증가하는 공공부채와 더딘 성장은 정부가 모든 노령 인구, 특히 적절한 개인 예금 및 은퇴자금이 없는 사람들에게 연금지급을 확장하는 것을 책임지지 못하게 만든다. 1960년대 베이비붐 이후 30년 이상의 한 자녀 정책으로 이어졌으며, 그것은 그 나라에서 노동 인구 구조를 왜곡하고 있다. 노령인구의 경제적 부담은 형제자매들 사이에 분담하기 보다는 한 아이에게 전가되고 있다. 인구가 노령화되면서, 정부는 노령 은퇴자들을 돌보기 위해 정부 자금의 상당 부분을 전환해야 한다.

32 Q 중국의 노령 인구의 통계는 무엇을 암시하는가?

(a) 정부는 UN으로부터 협조를 요청받아 왔다.

(b) 중국은 노인 부양률의 급속한 증가에 직면하게 될 것이다.

(c) 노령인구에 의해 유발된 문제들은 국가 부채만큼 심각하지는 않다.

(d) 노령 인구는 정부의 정책입안자들에게 관심사가 아니다.

33 Q 중국에서 노령인구에 대해 옳은 것은?

(a) 중국 정부에 의해 충분히 재정적으로 지원받아 왔다.

(b) 이후의 삶을 부양하기 위한 충분한 재정적인 재원을 가지고 있다.

(c) 한 자녀 정책이 가져온 심각한 결과이다.

(d) 노령 인구의 재정적 부담은 몇몇 형제자매들 사이에 분담되고 있다.

32.

중국의 노령화의 위기에 대해 설명하는 지문이며, "The dependency ratio … could rise up to 48% of the whole population by 2050"라는 내용을 통해 노령 인구 부양률이 급속히 증가될 것이라고 예측할 수 있다. 따라서 정답은 (b)이다.

33.

베이비 붐 세대 이후에 30년간의 한 자녀 정책이 시행된 상황에서, "distorts the labor demographic structure in the country"라는 내용을 통해, 한 자녀 정책이 노동인구의 왜곡을 유발했고 이것이 심각한 부정적 결과를 가져왔다는 것을 알 수 있다. 따라서 정답은 (c)이다.

dependency ratio 부양률   labor force 노동력
policymaker 정책입안자   re-evaluate 재평가하다
slowdown 감소, 침체   safety net 안전망   liable
책임이 있는, ~할 것 같은   extend 제공하다   pension
연금   distort 왜곡하다   demographic 인구의, 인구통계의
divert 전환하다, 돌리다   grave consequence 심각한 결과

34~35

산업화 이전의 가족 구조

1700년대 이전 산업화 이전 시기에, 사회적 요인들은 가족 구조에 영향을 끼쳤으며, 그것들이 시간이 지나면서 변화하도록 유발했다. 그 당시 각 가정은 많은 수의 아이들을 가지고 있었으며, 지배적인 가정에 기반한 경제를 특징으로 하였다. 가정은 고용뿐만 아니라, 건강관리, 교육, 그리고 복지와 같은 다른 기능들을 제공했다.

각 가정은 남성 가부장, 그의 아내와 아이들, 그리고 때때로 노부모로 구성되어 있었다. 모든 가족 구성원들은 가족의 생존을 유지하기 위하여 생산의 단위로서 함께 일했다. 그리고 결혼은 사회적 경제적 목적을 기반으로 하여 이루어졌다. 그들은 낭만적인 사랑이라기보다, 상당히 계약상의 협정이었다. 가정주부들은 분명히 남편들에게 종속되어 있었다.

게다가 비록 각 가정은 많은 수의 아이들을 가지고 있었으나 함께 사는 가족 구성원들의 수는 크지 않았다. 부모들이 오랜 기간에 걸쳐서 많은 아이들을 낳고 길렀기 때문에 그들의 성인이 된 아이들은 독립적인 생계를 위해 가족을 떠났다.

34 Q 본문의 주제는 무엇인가?

(a) 산업화 이전 시기의 지배적인 경제

(b) 산업화 이전의 가정의 구조

(c) 1700년대 이전의 결혼 절차

(d) 산업화 이전 시기에 노동력 확보의 필요성

35 Q 본문에 따르면 옳은 것은?

(a) 가정의 구조는 사회적 요인들과 관계가 없었다.

(b) 가족들은 모든 가족구성원들에게 단지 주요한 경제적 원천으로만 기능했다.

(c) 가족 구성원들 사이에 경제적 협력은 지속을 위해 필요했다.

(d) 모든 가족 구성원들은 한 가정에서 지속적으로 함께 살았다.

34.

1700년대 이전 산업화 이전 시기 가정의 구조와 특징에 대해 설명하는 글이므로, 정답은 (b)이다.

35.

가족의 구성이 생산과 경제적 지속성에 영향을 끼친다는 것을 설명하고 있으며, "All the family members worked together as a productive unit to sustain the family""'s survival"이라는 내용을 통해, 가족 사이의 경제적 협력이 필수적이었다는 것을 알 수 있다. 따라서 정답은 (c)이다.

impact 영향을 끼치다   be characterized by ~을
특징으로 하다   dominant 지배적인   productive 생산적인
sustain 지속시키다   contractual 계약의, 계약상의
definitely 확실히   subordinate 종속된   rear 기르다
element 요소, 요인   cooperation 협력

TEPS Test of English Proficiency developed by Seoul National University

독해 Reading Comprehension

Actual Test 1

#	a	b	c	d		#	a	b	c	d
1	ⓐ	ⓑ	ⓒ	ⓓ		26	ⓐ	ⓑ	ⓒ	ⓓ
2	ⓐ	ⓑ	ⓒ	ⓓ		27	ⓐ	ⓑ	ⓒ	ⓓ
3	ⓐ	ⓑ	ⓒ	ⓓ		28	ⓐ	ⓑ	ⓒ	ⓓ
4	ⓐ	ⓑ	ⓒ	ⓓ		29	ⓐ	ⓑ	ⓒ	ⓓ
5	ⓐ	ⓑ	ⓒ	ⓓ		30	ⓐ	ⓑ	ⓒ	ⓓ
6	ⓐ	ⓑ	ⓒ	ⓓ		31	ⓐ	ⓑ	ⓒ	ⓓ
7	ⓐ	ⓑ	ⓒ	ⓓ		32	ⓐ	ⓑ	ⓒ	ⓓ
8	ⓐ	ⓑ	ⓒ	ⓓ		33	ⓐ	ⓑ	ⓒ	ⓓ
9	ⓐ	ⓑ	ⓒ	ⓓ		34	ⓐ	ⓑ	ⓒ	ⓓ
10	ⓐ	ⓑ	ⓒ	ⓓ		35	ⓐ	ⓑ	ⓒ	ⓓ
11	ⓐ	ⓑ	ⓒ	ⓓ						
12	ⓐ	ⓑ	ⓒ	ⓓ						
13	ⓐ	ⓑ	ⓒ	ⓓ						
14	ⓐ	ⓑ	ⓒ	ⓓ						
15	ⓐ	ⓑ	ⓒ	ⓓ						
16	ⓐ	ⓑ	ⓒ	ⓓ						
17	ⓐ	ⓑ	ⓒ	ⓓ						
18	ⓐ	ⓑ	ⓒ	ⓓ						
19	ⓐ	ⓑ	ⓒ	ⓓ						
20	ⓐ	ⓑ	ⓒ	ⓓ						
21	ⓐ	ⓑ	ⓒ	ⓓ						
22	ⓐ	ⓑ	ⓒ	ⓓ						
23	ⓐ	ⓑ	ⓒ	ⓓ						
24	ⓐ	ⓑ	ⓒ	ⓓ						
25	ⓐ	ⓑ	ⓒ	ⓓ						

Actual Test 2

#	a	b	c	d		#	a	b	c	d
1	ⓐ	ⓑ	ⓒ	ⓓ		26	ⓐ	ⓑ	ⓒ	ⓓ
2	ⓐ	ⓑ	ⓒ	ⓓ		27	ⓐ	ⓑ	ⓒ	ⓓ
3	ⓐ	ⓑ	ⓒ	ⓓ		28	ⓐ	ⓑ	ⓒ	ⓓ
4	ⓐ	ⓑ	ⓒ	ⓓ		29	ⓐ	ⓑ	ⓒ	ⓓ
5	ⓐ	ⓑ	ⓒ	ⓓ		30	ⓐ	ⓑ	ⓒ	ⓓ
6	ⓐ	ⓑ	ⓒ	ⓓ		31	ⓐ	ⓑ	ⓒ	ⓓ
7	ⓐ	ⓑ	ⓒ	ⓓ		32	ⓐ	ⓑ	ⓒ	ⓓ
8	ⓐ	ⓑ	ⓒ	ⓓ		33	ⓐ	ⓑ	ⓒ	ⓓ
9	ⓐ	ⓑ	ⓒ	ⓓ		34	ⓐ	ⓑ	ⓒ	ⓓ
10	ⓐ	ⓑ	ⓒ	ⓓ		35	ⓐ	ⓑ	ⓒ	ⓓ
11	ⓐ	ⓑ	ⓒ	ⓓ						
12	ⓐ	ⓑ	ⓒ	ⓓ						
13	ⓐ	ⓑ	ⓒ	ⓓ						
14	ⓐ	ⓑ	ⓒ	ⓓ						
15	ⓐ	ⓑ	ⓒ	ⓓ						
16	ⓐ	ⓑ	ⓒ	ⓓ						
17	ⓐ	ⓑ	ⓒ	ⓓ						
18	ⓐ	ⓑ	ⓒ	ⓓ						
19	ⓐ	ⓑ	ⓒ	ⓓ						
20	ⓐ	ⓑ	ⓒ	ⓓ						
21	ⓐ	ⓑ	ⓒ	ⓓ						
22	ⓐ	ⓑ	ⓒ	ⓓ						
23	ⓐ	ⓑ	ⓒ	ⓓ						
24	ⓐ	ⓑ	ⓒ	ⓓ						
25	ⓐ	ⓑ	ⓒ	ⓓ						

Actual Test 3

#	a	b	c	d		#	a	b	c	d
1	ⓐ	ⓑ	ⓒ	ⓓ		26	ⓐ	ⓑ	ⓒ	ⓓ
2	ⓐ	ⓑ	ⓒ	ⓓ		27	ⓐ	ⓑ	ⓒ	ⓓ
3	ⓐ	ⓑ	ⓒ	ⓓ		28	ⓐ	ⓑ	ⓒ	ⓓ
4	ⓐ	ⓑ	ⓒ	ⓓ		29	ⓐ	ⓑ	ⓒ	ⓓ
5	ⓐ	ⓑ	ⓒ	ⓓ		30	ⓐ	ⓑ	ⓒ	ⓓ
6	ⓐ	ⓑ	ⓒ	ⓓ		31	ⓐ	ⓑ	ⓒ	ⓓ
7	ⓐ	ⓑ	ⓒ	ⓓ		32	ⓐ	ⓑ	ⓒ	ⓓ
8	ⓐ	ⓑ	ⓒ	ⓓ		33	ⓐ	ⓑ	ⓒ	ⓓ
9	ⓐ	ⓑ	ⓒ	ⓓ		34	ⓐ	ⓑ	ⓒ	ⓓ
10	ⓐ	ⓑ	ⓒ	ⓓ		35	ⓐ	ⓑ	ⓒ	ⓓ
11	ⓐ	ⓑ	ⓒ	ⓓ						
12	ⓐ	ⓑ	ⓒ	ⓓ						
13	ⓐ	ⓑ	ⓒ	ⓓ						
14	ⓐ	ⓑ	ⓒ	ⓓ						
15	ⓐ	ⓑ	ⓒ	ⓓ						
16	ⓐ	ⓑ	ⓒ	ⓓ						
17	ⓐ	ⓑ	ⓒ	ⓓ						
18	ⓐ	ⓑ	ⓒ	ⓓ						
19	ⓐ	ⓑ	ⓒ	ⓓ						
20	ⓐ	ⓑ	ⓒ	ⓓ						
21	ⓐ	ⓑ	ⓒ	ⓓ						
22	ⓐ	ⓑ	ⓒ	ⓓ						
23	ⓐ	ⓑ	ⓒ	ⓓ						
24	ⓐ	ⓑ	ⓒ	ⓓ						
25	ⓐ	ⓑ	ⓒ	ⓓ						

Actual Test 4

#	a	b	c	d		#	a	b	c	d
1	ⓐ	ⓑ	ⓒ	ⓓ		26	ⓐ	ⓑ	ⓒ	ⓓ
2	ⓐ	ⓑ	ⓒ	ⓓ		27	ⓐ	ⓑ	ⓒ	ⓓ
3	ⓐ	ⓑ	ⓒ	ⓓ		28	ⓐ	ⓑ	ⓒ	ⓓ
4	ⓐ	ⓑ	ⓒ	ⓓ		29	ⓐ	ⓑ	ⓒ	ⓓ
5	ⓐ	ⓑ	ⓒ	ⓓ		30	ⓐ	ⓑ	ⓒ	ⓓ
6	ⓐ	ⓑ	ⓒ	ⓓ		31	ⓐ	ⓑ	ⓒ	ⓓ
7	ⓐ	ⓑ	ⓒ	ⓓ		32	ⓐ	ⓑ	ⓒ	ⓓ
8	ⓐ	ⓑ	ⓒ	ⓓ		33	ⓐ	ⓑ	ⓒ	ⓓ
9	ⓐ	ⓑ	ⓒ	ⓓ		34	ⓐ	ⓑ	ⓒ	ⓓ
10	ⓐ	ⓑ	ⓒ	ⓓ		35	ⓐ	ⓑ	ⓒ	ⓓ
11	ⓐ	ⓑ	ⓒ	ⓓ						
12	ⓐ	ⓑ	ⓒ	ⓓ						
13	ⓐ	ⓑ	ⓒ	ⓓ						
14	ⓐ	ⓑ	ⓒ	ⓓ						
15	ⓐ	ⓑ	ⓒ	ⓓ						
16	ⓐ	ⓑ	ⓒ	ⓓ						
17	ⓐ	ⓑ	ⓒ	ⓓ						
18	ⓐ	ⓑ	ⓒ	ⓓ						
19	ⓐ	ⓑ	ⓒ	ⓓ						
20	ⓐ	ⓑ	ⓒ	ⓓ						
21	ⓐ	ⓑ	ⓒ	ⓓ						
22	ⓐ	ⓑ	ⓒ	ⓓ						
23	ⓐ	ⓑ	ⓒ	ⓓ						
24	ⓐ	ⓑ	ⓒ	ⓓ						
25	ⓐ	ⓑ	ⓒ	ⓓ						

Actual Test 5

#	a	b	c	d		#	a	b	c	d
1	ⓐ	ⓑ	ⓒ	ⓓ		26	ⓐ	ⓑ	ⓒ	ⓓ
2	ⓐ	ⓑ	ⓒ	ⓓ		27	ⓐ	ⓑ	ⓒ	ⓓ
3	ⓐ	ⓑ	ⓒ	ⓓ		28	ⓐ	ⓑ	ⓒ	ⓓ
4	ⓐ	ⓑ	ⓒ	ⓓ		29	ⓐ	ⓑ	ⓒ	ⓓ
5	ⓐ	ⓑ	ⓒ	ⓓ		30	ⓐ	ⓑ	ⓒ	ⓓ
6	ⓐ	ⓑ	ⓒ	ⓓ		31	ⓐ	ⓑ	ⓒ	ⓓ
7	ⓐ	ⓑ	ⓒ	ⓓ		32	ⓐ	ⓑ	ⓒ	ⓓ
8	ⓐ	ⓑ	ⓒ	ⓓ		33	ⓐ	ⓑ	ⓒ	ⓓ
9	ⓐ	ⓑ	ⓒ	ⓓ		34	ⓐ	ⓑ	ⓒ	ⓓ
10	ⓐ	ⓑ	ⓒ	ⓓ		35	ⓐ	ⓑ	ⓒ	ⓓ
11	ⓐ	ⓑ	ⓒ	ⓓ						
12	ⓐ	ⓑ	ⓒ	ⓓ						
13	ⓐ	ⓑ	ⓒ	ⓓ						
14	ⓐ	ⓑ	ⓒ	ⓓ						
15	ⓐ	ⓑ	ⓒ	ⓓ						
16	ⓐ	ⓑ	ⓒ	ⓓ						
17	ⓐ	ⓑ	ⓒ	ⓓ						
18	ⓐ	ⓑ	ⓒ	ⓓ						
19	ⓐ	ⓑ	ⓒ	ⓓ						
20	ⓐ	ⓑ	ⓒ	ⓓ						
21	ⓐ	ⓑ	ⓒ	ⓓ						
22	ⓐ	ⓑ	ⓒ	ⓓ						
23	ⓐ	ⓑ	ⓒ	ⓓ						
24	ⓐ	ⓑ	ⓒ	ⓓ						
25	ⓐ	ⓑ	ⓒ	ⓓ						

뉴텝스 출제 원리와 해법, 정답이 보인다!

NEW TEPS 기본편 독해

뉴텝스 300+ 목표 대비

- 서울대텝스관리위원회 NEW TEPS 경향 완벽 반영
- 뉴텝스 300점 이상 목표 달성을 위한 최적의 기본서
- 올바른 독해를 위한 문장 구조 이해 중심의 문법 수록
- 신유형을 포함한 뉴텝스 독해의 파트별 문제풀이 공략법
- 뉴텝스 독해의 기본기를 위한 주제별 필수 어휘 제공
- 뉴텝스 실전 완벽 대비 Actual Test 5회분 수록
- 고득점의 감을 확실하게 잡아 주는 상세한 해설 제공
- 모바일 단어장 및 보카 테스트 등 다양한 부가자료 제공

Reading